U0637293

本书为

教育部人文社会科学重点研究基地道德文化研究中心

湖南省中国特色社会主义道德文化协同创新中心

国家重点学科——湖南师范大学伦理学学科

湖南省优势特色重点学科——湖南师范大学哲学学科

湖南省重点学科——湖南师范大学哲学学科

教育部人文社会科学重点研究基地重大项目《当代中国

女性美德建设研究》（11JJD720010）资助成果

中华道德文化研究丛书

当代女性美德建设研究

李桂梅◎著

中国社会科学出版社

图书在版编目(CIP)数据

当代女性美德建设研究／李桂梅著．—北京：中国社会科学出版社，2017.8

ISBN 978-7-5203-0693-5

Ⅰ.①当…　Ⅱ.①李…　Ⅲ.①女性—道德建设—研究—中国　Ⅳ.①D648

中国版本图书馆 CIP 数据核字（2017）第 163483 号

出 版 人	赵剑英
责任编辑	冯春凤
责任校对	张爱华
责任印制	张雪娇

出　　　版	中国社会科学出版社
社　　　址	北京鼓楼西大街甲 158 号
邮　　　编	100720
网　　　址	http://www.csspw.cn
发 行 部	010-84083685
门 市 部	010-84029450
经　　　销	新华书店及其他书店

印　　　刷	北京君升印刷有限公司
装　　　订	廊坊市广阳区广增装订厂
版　　　次	2017 年 8 月第 1 版
印　　　次	2017 年 8 月第 1 次印刷

开　　　本	710×1000　1/16
印　　　张	17
插　　　页	2
字　　　数	277 千字
定　　　价	78.00 元

凡购买中国社会科学出版社图书,如有质量问题请与本社营销中心联系调换

电话:010-84083683

版权所有　侵权必究

目　录

第一章　中国女性美德概要

美德是指符合一定社会道德规范要求，为社会大多数人普遍认同、期望和赞美并尽力奉行的优秀的道德品质或德行，是一个社会最高价值评判标准在个人身上的体现。女性美德是女性具有的符合一定社会道德规范要求并且为社会推崇的优秀的道德品质。女性美德有其历史发展过程，在不同的社会和时代，它的具体内容和要求有所不同，既具有特殊性，又有普遍性。今天加强女性美德建设具有重要意义。

第一节　美德与女性美德

女性美德的内涵是什么？如何理解女性美德的特点？这是研究问题的出发点。

一　女性美德的内涵和特点

美德的英文词是"virtue"，古希腊人所理解的"virtue"，本意是卓越、优秀、圆满。古希腊哲学认为任何一个事物都有属于它自己本性的特有功能，如马的功能就在于奔跑，眼睛的功能在于看，刀子的功能在于切东西。一个事物的美德就是它充分履行其功能，那么，一匹有德行的马也就是这匹马在运用其功能中表现出卓越、优秀。希腊人在思考客观事物的美德的同时，也开始思考人的美德。人不同于动物，他（她）是社会存在物，需要依靠共同体生存。而共同体就需要有大家认可的行为规范，就要有共同体所需要和赞赏的品性，这样才能维持共同体的存在和发展。于是美德也就从人的天然本性、功能、特长开始转向了人的社会性方面，而且主要指人在社会生活中的品德和优点。对于人来说，如果一个人的社会角色扮演得非常成功，并取得杰出成就，他就具有了"virtue"，成为有美德的人。亚里士多德是古代关于美德解释最有影响的哲学家，他认为"人的德性就是种使人成为善良，并获得优秀成果的品质"。① 在他看来，美德就是人的心灵的可嘉和卓越的特征，是个人值得赞赏的品质。他把美德看作是灵魂的品质特征，灵魂的不同部分有不同的美德，与灵魂的理性部分对应的美德被称为理智美德，与灵魂的非理性部分对应的美德被称为道德美德。按照亚里士多德的看法，理智美德是指智慧、理解与明智，需要通过学习获得，需要一定的阅历和经验；道德美德是指慷慨、审慎、勇敢与节制等，它与人的欲望、情感相关联，是情感、欲望的合乎中道，它的特征在于适中、适度，在于两极中的中道，如慷慨就是浪费与吝啬之间的中道。道德美德的获得主要通过不断重复的行动，道德美德是通过习惯而养成的，亚里士多德认为美德是一种选择的品质。

当代西方对美德的诠释主要有两种取向：一是亚里士多德主义或称新亚里士多德主义；二是非亚里士多德主义。但不管怎样，对美德的理解有一些共识，都认为美德是优秀的品质，这种品质是后天获得和培养形成的；美德不仅体现为一种行为，还体现为认知、情感和意志；美德是对人的自然本性的一种校正，具有美德能使人把道德付诸行动并始终按道德行事。在中国，美德是指高尚美好的品质，这种品质具有"德"的性质。甲骨文中有"德"字的原形，即"彳"加一个"直"字，表示目不斜视、双脚不偏离道路，直达目标。在西周的金文中，"德"字已经有了现代德字的形状：由"彳""直"和"心"三个字组成，在直字下面加了一个"心"字，这就意味着德的行为既要发自内心又要正直，既有按照通行的准则去行的意思又要求按照这个准则去思考。这时"德"字已有正直、公开、去行、去想的四层含义。"德"字在西周初期的文献中已随处可见，不仅称文王、武王的伟大业绩为"德"，而且将他们获得天下的方法、才能和品德称为"德"，并认为有了这种"德"，就能获得天下，从而提出"敬德保民"的思想。春秋时期"德"的概念又有进一步发展，把王者"克明德"的"德"称为"政德"，将各种宗法道德规范和个人的品德也概括为

---

① 〔古希腊〕亚里士多德：《尼各马可伦理学》，苗力田译，中国社会科学出版社1999年版，第35页。

"德"，而且区分为"吉德"和"凶德"。《左传·文公十八年》载："孝、敬、忠、信为吉德；盗、贼、藏、奸为凶德。"《周易·系辞》曰："地势坤，君子以厚德载物。"孔子把周人的美德思想提高到新的阶段，创立了"仁学"，提出"道之以德、齐之以礼、有耻且格"的王道。孟子则进一步使"德"根植于人心，并将仁与义结合，认为仁义礼智是人应具备的四大美德，以"仁义"作为最高的美德。荀子则视"礼"为最高境界的美德。儒家提倡以"格物"为基础，以"致知"为途径，以个人"修身"为根本，形成了"仁"、"智"、"勇"三达德，"仁"、"义"、"礼"、"智"、"信"为五常德的模式。古人认为德是内外之合，如郑玄所释，"在心为德，施之为行"（《周礼·地官》）。中国学者大都认为美德作为一种涵养、教化而成的心灵品质，其行为表现就是要能在具体情境中做出恰当、正当、合宜的行为。

　　根据美德的最初含义，综合当今学界对美德的看法，我们认为美德是指符合一定社会道德规范要求，为社会大多数人普遍认同、期望和赞美并尽力奉行的优秀的道德品质或德行，是一个社会最高价值评判标准在个人身上的体现。其中道德是美德的基础，规范内化是美德的实质，而行为则是美德的外化。女性美德是指女性具有的符合一定社会道德规范要求并且为社会推崇的优秀的道德品质。当代中国女性美德是指女性具有的符合当代社会道德规范要求并被社会尊奉的优秀道德品质，它继承了传统女性美德的合理内容。

　　美德具有内在性、自律性、超越性等特征。美德是道德规范在内化过程中形成的人格积淀，是外在的道德规范的内化或人格化。美德作为主体的品性，内在地规范个体自身做或不做某种行为，它不像规范是外在于个体的，是从外部规范个体的行为。美德这种潜在的品质只有通过行为外化出来，才能确证个体的美德，发挥美德的社会作用。美德是自觉意识的凝结。不自觉或不自愿的行为，尽管可能表面符合规范，但由于缺乏自律性，并不是真正的美德行为。出于制度或规范，可能会导致合乎美德的行为，但很难造就有内在美德的个体。一个遵循道德规则的人未必是本心向善的，只有具有内在善的品格的人，才能真正做出道德行为。在亚里士多德看来，美德就是既使得一个人好又使得他出色完成他的活动的品质。美德具有能动性，即使在没有外在规范的约束或者既有的规范已经不适应的情况下，美德也能促使个体自主地选择正确的道德行为，实现应有的道德价值。这是美德超越性的第一层含义，即美德能够超越既有的规范的局限性，在规范已经失效的状况下发挥作用。美德的超越性的第二层含义是指美德提升生活品质和人生价值。美德是以一种善好生活观念为目标的，人的善好就是"心灵的合道德的活动"，正是美德确立了精神生活的向度，促使人不断脱离动物性，而努力追求人成为人的品质，从而提升了精神生活在人生活中的位置，促进了人的本质的全面发展。

女性美德具有美德的一般特征，但由于女性作为"女"人，在漫长的历史发展中，她有着由其生理、心理和在自己的活动领域中发展出的独特的优秀的性别特征，表现在女性美德方面，相对而言更具宽容的品性，更注重和谐，更强调关怀。

女性美德更具宽容的品性。这是由于女性在感官上比男性敏锐。研究表明，女性对触觉的敏感性比男性强，她们对他人的触摸以及触摸他人时的感觉都比较准确，这是由于女性抚育婴儿的缘故，她需要有敏锐的感觉收集有关婴儿健康的线索。女性比男性更善于倾听，母亲需要有良好的听觉来照顾好子女，而子女长大后又把这一特性传递给后代，正是这种自然选择使女性的听觉比男性灵敏。而且女性在视觉、色彩方面也有其优势，这使得女性在任何需要与人相处和相互理解的工作中具有优于男性的善解人意的能力。她们的观察更细致，更富于情感，更能设身处地感受到别人的痛苦，更善于处理人际关系，表现出更多的亲社会心理和行为，进而表现出更宽容的品质。

传统社会女性这种品质局限在家庭的小天地里，现代女性活跃在社会的各个方面，她们的宽容品质影响社会，是这个社会的宝贵财富。下面的这篇文章足以见证一个母亲令人震撼的爱和宽恕。

这是一个发生在平凡人身上的感人故事，它让人眼中满含泪水，心中又充满温暖、感动和触及灵魂的震撼。故事的主人公是张艳伟，6年前，她的儿子因见义勇为被人杀死，这个日夜思念爱子的母亲，给儿子写了6年的信，每天在儿子墓前念。在经历了对杀人犯刻骨的恨后，她最终选择了宽恕，接受调解原谅了那个杀人犯，一个跟她儿子一样的年轻人。(3月23日《中国青年报》)

那连续写了 6 年的 2000 多封信让人震撼，它们见证了母爱的伟大；更让人震撼的是她的宽恕，竟原谅了夺去爱子生命的杀人犯。作出这种超越仇恨的选择，需要多强大的灵魂、多博大的胸怀，又忍受着多巨大的疼痛。有人这样形容这个母亲：她的心脏有两个心房，一个在流血，一个在宽恕。是的，被感动击中的人们，能看到母亲那流血的心。

让她最终选择宽恕的，也许是时间的力量，也许是凶手的奶奶跪在她面前"希望留孙子一命"的哀求眼神，也许是在隔着阴阳界与儿子通信时的感触。有一天，她给儿子写信时，宽恕的念头一闪而过："如果这个杀人的年轻人被处死，是不是又会多一个老人，像自己一样生不如死？"虽然她后来的想法反复过，不过，当她产生这样的想法时，这个母亲就足够伟大了。

是啊，血债血偿固然能平息一时之痛，却不能换来孩子的复生，痛苦仍长久存在。但以命抵命，却有了另一个家庭的破碎，另一个母亲的痛苦。道理虽如此，我们却不能苛求这种宽恕，于情于理于法都不能。我们没理由苛求受害者同情别人，尤其是同情施害者。宽恕的道理很好说，可要求痛不欲生的母亲选择宽恕，同样残忍。可是，这个母亲做到了！因为难能，所以可贵。

多年前美国弗吉尼亚枪杀案发生后，学校举行悼念仪式时，不仅给 32 个遇难的学生点燃蜡烛，还有第 33 根蜡烛为自杀的凶手而燃。这是宽恕之烛，这根蜡烛是为了弥合枪杀案给人们带来的仇恨阴影，让人们选择宽恕。这位母亲的选择，比弗吉尼亚的那第 33 根蜡烛还让人震撼，因为这种宽恕，是最爱自己的孩子、最恨那个凶手的母亲做出的。

我们之所以震撼，是因为对这种爱很陌生，而习惯寻求"血债血偿"的正义，宽容和宽恕，似乎很不受人待见。也许，这位宽恕杀子凶手的母亲，能让我们慢慢醒来。快意恩仇的仇恨，只能激起更多的仇恨，而爱与宽恕，拯救的不仅是别人，也是自己。[1]

---

[1]　曹林：《一个母亲的爱与宽恕令人震撼》，《新京报》2011 年 3 月 24 日，http://www.bjnews.com.cn/opinion/2011/03/24/113107.html。

　　能容纳别人的人是可敬的，而宽恕则是一种极高的美德，一个能饶恕杀子凶手的母亲更为崇高。因为她自己的生活不是充满仇恨，而是充满爱，她的内心也得到了释放。

　　女性的宽容善良也得到了一些科学研究的证明。英国爱丁堡大学的研究人员曾对958对双胞胎进行了调查，其中既有基因完全相同的同卵双胞胎，也有存在基因差异的异卵双胞胎，以研究基因和环境各自在多大程度上影响性格。调查结果发现，基因和环境在形成人的善良性格方面都有作用，但人与人之间不一样，且存在明显的性别差异：女性的善良性格约50%的程度上来自于基因，而男性的这一比例只有约20%，即男性的善良性格主要靠后天培养，也就是说女性天生善良的程度要高于男性。[①]

　　女性美德更注重和谐。女性是人类生命的直接创造者和养育者，在家庭中扮演着重要角色。协调家庭成员关系、家庭与家庭之间关系、家庭与邻里关系是她日常生活中的一项重要内容，她在生活中更深切地意识到人与人之间关系的紧密性和依存性，她的意识里呈现出更多的关系化的色彩。她向往人与人之间的和谐，反对人与人之间的对立和战争。我们常说，女性是情感的动物，其实指的是女性对人的生命的重视大大超过对抽象原则与信仰的关心。女性情感中最核心、最根本的是母性，这一人类面对自己孩子时产生的情感，促使人类对未成熟的生命加以保护、滋养和培育。在母性的思考中，生命的重要性是第一位的，生命的价值高于一切。女性格外关注孩子的身体健康和生命的安全，任何时候好好活着是母亲对孩子的最高期待。女性大都反对战争，主张和平。由于母亲与孩子的关系是依赖情感维系的，这种关系不是占有和被占有或征服与被征服的关系，而是关怀与被关怀或爱护与被爱护的关系，母爱是无条件的，它表现为慈悲与仁爱，是对差异性的尊重。如果将母子这种关系推及到其他社会关系，那人与人之间的关系将会变得更加和谐，整个世界也将变得更加美好。其实整个地球村就是一个大家庭，依照母性原则建构的社会更具包容性，女性的宽容品性能使所有不同类型的人、不同民族的人都生活得幸福而有尊严。

――――――――――

　　① 英国爱丁堡大学：《研究显示女性天生更加善良一些》，中国妇女研究网 http://www.wsic.ac.cn/academicnews/ 84426. htm。

由于女性更多地维持家庭的日常生活，她更关注水、空气和土壤。解决生活之需使她认识到人与自然的依存关系，而且作为生育者，她更能体验自身与自然的联系。在这个过程中她形成了人与自然和谐相处、不掠夺自然的价值观念。如生态女性主义就认为我们不仅相互关联，而且还与动物和植物相互关联，避免自我毁灭只有一种方式，那就是加强我们之间的关联和与自然的关联。自然界的物质是可以消耗殆尽的，为了后代的生活，我们必须简单生活，减少消费以达到保护自然的目的。

女性美德更多地具有关怀他人的品格。从古至今，女性在生活中更多地扮演关怀者的角色，绝大部分的关怀工作都是由女性完成的。时至今日，女性依然被强烈期待着在必要时承担关怀和关照的任务，因为良好的社会公共关怀服务并不能替代人性关怀，即个人的温暖的关切，尤其是人们渴望亲情，渴望有亲情的人的关怀和照顾。因而千百年的社会性别规训，使得关怀已成为历史赋予女性的"社会性遗传"①。

20世纪下半叶女性主义伦理学者创立了关怀伦理学，认为男女两性存在道德取向的差异，女性独特的经验促使其发出了不同于传统伦理学的正义的道德声音，将过去边缘化的被忽视的女性关怀美德作为伦理学的理论基点。女性主义伦理学重要人物卡罗尔·吉利根教授在其代表作《不同的声音——心理学理论与妇女发展》中，基于男女两性不同的心理气质，从性别平等的角度将人类体现在男女两性上的道德特质，分别归纳为"正义的伦理"和"关怀的伦理"。正义伦理更多体现男性心理特征，把自我视为独立和自主的一种存在，强调与他人的分离，追求正义和权利，富于征服性，把道德看作人的权利的排列。"关怀伦理"更多体现女性心理特征，来自女性特有的道德体验，是在家庭这一私人生活领域中逐渐培养的。它把自我看成是一种相互关系中的存在，善于照顾人际关系，注重与他人的合作，富于责任与温情。正义伦理遵循的是"理"的原则，处理问题时从抽象的原则和规范出发，经过严密的逻辑推理做出决定。而关怀伦理依据"情"的直觉，注重"说情"的逻辑，面临道德问题时，重视具体的情境和关系。卡罗尔·吉利根通过研究发现，女性重视的是关系、关联、责任和关怀，女性倾向于把道德定义为对他人的责任，女性的道德发展始终围绕关怀一词，从关怀自我到关怀他人，

―――――――――――

① 周小李：《社会性别视角下的教育传统及其超越》，教育科学出版社2011年版，第140页。

最后自我和他人都成为关怀对象，女性在与他人的关联中走向成熟。内尔·诺丁斯则进一步指出，妇女先天具有关系伦理倾向，这种关系伦理是铲除贫穷、战争等邪恶的有效途径。"关怀是人类生活中的一个基本要素。"① 在她看来，传统的女性美德能够促进人类社会关系的改善，能够培养出更少进攻性和侵略性的人格，能够促使人类的生产和生活方式持续发展。女性这种关注他人利益和需求的道德理性，不是像某些学者所说的是她道德低下和劣等的标志，而恰恰是她道德成熟的表现和特征。

关怀伦理虽然体现了女性的特征，但女性道德并不是简单地等同于关怀伦理，关怀伦理也并不仅仅属于女性，它也属于男性。男性也同样应该认识到关怀的意义，关注他人的需要和情感。只有将关怀伦理与正义伦理结合，超越关怀性别化的局限，才能制定最合理的政策，使社会治理得更好。没有关怀，正义是不完整的。同样没有正义，关怀不仅失去意义，而且也无法实现。任何一个正义的社会都需要合作、照顾、非暴力及和平等美德，在今天拜金主义和工具理性盛行的年代，关怀应成为全人类珍视和共享的品质，成为人类生活必需的一种道德能力。我们的教育应把培养关怀美德作为教育的道德目的之一。

二 女性美德的结构和功能

美德是内在的优秀道德品质，因而美德结构与道德品质结构有相似之处。综合已有的研究成果，我们认为美德包括女性美德是由道德认识、道德情感、道德意志构成的有机统一体。美德是个体道德行为的结果，道德行为形成于道德意志，道德意志形成于道德认识和道德情感，道德情感形成于道德认识。个人道德认识是道德行为的心理指导、必要条件，是美德的指导因素和首要环节；个人道德情感是道德行为的心理动因、必要条件，是美德的动力因素、决定性因素，是美德的基本环节；个人道德意志是道德行为的心理过程、充分且必要条件，是美德的过程因素、最终环节。②

---

① ［美］内尔·诺丁斯：《始于家庭：关怀与社会政策》，侯晶晶译，教育科学出版社 2006 年版，第 11 页。

② 王海明：《论品德结构》，《湖南师范大学社会科学学报》2008 年第 2 期。

从一般意义上说，所有的道德行为都源于道德认知，是以对一定社会的道德规范及其社会意义的认识为前提。社会的道德规范为人们的道德选择和评判提供了普遍的标准，规范对行为具有普遍引导作用。没有如何做的知识，仅凭一腔热情，也只能停留在善良的愿望中。因而美德首先要求有知善的能力。但人的行为总是在具体的情境中进行的，道德规范不可能穷尽一切情境，离开对具体境遇的分析，我们的行为就很难达到善的要求。因而只是了解一般规范而不能在具体的境遇中正确应对是无法形成美德的。现在，我们正处在一个思想观念多元化和复杂化的时代，先进文化、落后文化和腐朽文化同时并存，正确思想和错误思想、主流意识形态和非主流意识形态相互交织，个人品质受到各种文化观念和思想意识的影响，人们辨别道德领域的是非善恶的难度加大。在这种复杂的环境下，提高个体的道德认知能力和水平就显得非常重要。

但知善与行善之间还存在某种距离。没有道德认识，不可能有相应的道德行为和品德；但个体形成一定的道德认识后，也不一定会有相应的道德行为和品德。个人道德认识只是道德行为和品德的必要条件而非充分条件。"成熟的道德判断是成熟的道德行为的一个必要条件，而非充分条件。"①

道德情感是伴随着道德认识而产生的一种内心体验，它是个体对道德关系、道德行为或道德人格的情绪反应。道德情感是一切道德活动得以进行的主体保证，是道德行为的推动力。道德情感作为人类特有的一种高级情感，是人们在对道德必然性的认识和体验中形成的，它对人的情欲进行节制和引导，使情合乎社会道德要求。道德情感的形式多种多样，概括起来主要包括两类：一是指向他人和社会的道德情感活动，如同情、尊重等；二是指向自身的道德情感活动，如羞耻、自尊等。② 道德情感的形成有赖于社会赏罚机制的完善。个体在社会中做善事，品格高尚，社会给予他肯定和赞赏，他就能从社会那里得到他所能得到的一切；如果做坏事，品质败坏，社会给予批评和惩罚，他就丧失他从社会那里得到他所能得到的一切。社会形成这种惩恶扬善的氛围，个体就会逐渐悟出一个道理，美德是个人

---

① 沈六：《道德发展与行为之研究》，商务印书馆1967年版，第230页。
② 唐凯麟编著：《伦理学》，高等教育出版社2001年版，第250页。

安身立命之本，立志做一个有美德的人的道德情感就会很强烈。反之，如果社会赏罚机制不完善，个人便不可能形成正确的道德认识，进而认为个人的幸福与美德无关，老实人反而吃亏，于是原本个人具有的做一个有美德的人的道德情感则会慢慢泯灭。道德情感源于道德认识，最终则形成于社会因个人品德好坏而给予个人的赏罚实践。道德情感是道德行为的动力，但道德情感只是引发道德行为的必要条件而非充分必要条件。这也就是说有了道德情感，也未必会有相应的道德行为，还需要有道德意志。

道德意志是个体在实现其道德情感和愿望的过程中所表现出来的克服困难的勇气和毅力。它与道德认识、道德情感紧密联系，相互渗透，但它又高于认识、情感，它不满足于反映、静观和思考，而是要从意识发展到行动。因而道德意志活动包括两个阶段：一是作出道德决定的阶段；二是执行道德决定的阶段。这两个阶段都需要个体的道德意志作出努力。第一个阶段主要是解决动机之间的冲突。人的愿望和目的是多方面、多层次的，在多种愿望和目的不能同时满足的情况下，就会发生相互之间的冲突，道德意志必须对此作出决定，究竟哪个成为意志活动的动机。另外，达到目的的手段也是多样的，手段之间也会面临冲突和选择。面对动机和手段的冲突，如果善的动机战胜了恶的动机，价值大的善的动机战胜了价值小的善的动机，正当的手段战胜了不正当的手段，价值大的善的手段战胜了价值小的善的手段，则说明个体的道德意志强。

但个体的道德意志的强弱，更重要也是更为关键的是表现在执行道德决定的阶段，这是道德意志活动的最后环节，关系到意志活动的实现和活动的道德价值。作出道德决定相对容易，而要执行和实现这一决定的过程是很艰难的，它需要主客观条件的相互配合。对于个体而言，意志的自主性和自决性，克服困难的毅力和抵御不良诱惑的自制力在执行道德的行为决定阶段尤为重要。主体具备这些意志品质，道德意志坚定，则能够实现自己的愿望和理想，否则，意志力弱，在困难面前败下阵来，则无法实现自己的目标。心理学家已经证实，个体的成功与否，根本原因在于个体是否有坚强的意志和不屈不挠的精神。其实不论是作出道德决定还是执行道德决定，都必定要克服困难。所以，个人道德意志归根到底是个人克服困难从而使道德目标从动机确定到实际实现的整个心理过程。个体道德意志坚定，意味着他不但具有相应的道德认识和强烈的道德感情，而且能够作出道德的决定，克服执行道德动机和决定过程中的所有困难，从而作出相应的道德行为，最终具有相应的道德品质。道德意志是道德品质形成的充分且必要条件。

美德是通过一定的行为活动呈现出来的，这也是美德功能发挥的过程。美德具有对内和对外两种功能。对内功能主要有教育功能、自我调控功能、价值导向和激励功能。美德的对外功能是美德对外部环境的适应和改造，它是对内功能实施的外部结果，具体表现为美德的社会价值。关于美德的社会价值，笔者在后面会有详细的分析，这里不再赘述。

美德的教育功能是指美德能够通过知识传授、情感熏陶和榜样引导等方式，造就社会舆论，形成社会风尚，培养人们的品质。当一定的美德通过各种教育方式真正深入到社会舆论中，形成一种社会风气时，良好的社会氛围就会对人们的行为产生重大影响。它能唤起人们的道德自觉性和积极性，促使人们自觉自愿按照社会的道德要求来调控自己的利益关系和行为，以维护社会的秩序，保障人们安定和谐的生活。美德的教育功能是最基础性的，它是美德的调节功能、导向功能和激励功能发挥作用的前提，但同时美德的教育功能又只能在美德的调节功能、导向功能和激励功能中才能得到具体实现，否则，美德教育就会沦为空洞抽象的说教，无法实现其教育效果。

美德的自我调控功能，它是美德最重要的社会功能，是美德本身具有的能力，是主体的高度意志自制力的显现，即为了实现一定的价值目标而自觉实施的对主体自身的行为控制。美德对个体行为的调控表现在两个方面，一方面表现为克服主体不正当的欲望和情感，排除影响主体价值目标实现的障碍，制止可能发生的恶行；另一方面表现为对行为整个过程的监督和检查，以保证价值目标实现的过程中行为方向的正确性和行动的持久有效性，确保价值目标的实现。美德的调控功能与法律等其他调节方式相比，具有正面性、自觉性、经常性、多层次性等特点，它发挥作用的方式主要有社会舆论、社会习俗和人们的内心信念，因而它能在更大程度上、更广的范围内影响人们的行为和交往，并对人们的利益关系和行为起到巨大的调控作用，以保证人们在各种复杂的环境中，即使面临不良诱惑，也能保证自己始终践行道德要求。

美德的价值导向功能是指美德对主体发挥的引导和指引方向的作用。

这种导向功能主要体现在三个方面：一是引导主体价值取向；二是确立主体的价值目标；三是制定主体行为的具体规范。美德的导向功能是在调节个人同他人或社会群体的矛盾中，实现人们对社会倡导的价值观念的认同，自觉把自己的思想和行为纳入社会所需要的秩序轨道，使自己真正成为具有高尚道德品质的人。

美德的激励功能是指美德能够帮助个体确立正确的价值目标，激发主体努力实现价值目标的决心和毅力。这种功能是通过美德的教育、调控、导向功能实现的，它通过榜样示范、舆论评价等方式在全社会营造良好的氛围，充分发挥个体美德的自觉性和能动性，促使个体向自己确立的价值目标前进，实现自己的道德追求，真正成为全面发展的人。

第二节　女性美德的历史发展

中国封建社会以维护男权为目的，以男尊女卑为社会基本原则。女性长期被束缚和禁锢在"三从四德"的道德枷锁中，没有独立人格和人身自由。近代兴起的妇女运动对传统礼教进行了猛烈的抨击，否定一切传统的女性道德，这是在特定的时代背景下作出的选择。但是今天我们再回过头来看，近代对传统的全盘否定有其偏激之处，中国传统道德有其优秀的地方，中国女性传统美德中的精华应该为我们今天女性道德建设所重视。

一　传统社会的女性美德

1. 忠贞不渝

"忠贞不渝"是传统女性婚恋道德的基本要求。爱情是忠贞纯洁的，建立在性爱基础上的爱情具有排他性，这就决定了恋爱双方必须对自己所爱之人忠心不二。在没有恋爱自由的中国封建社会，对爱情的真诚集中体现在对婚姻的真诚上。中国传统道德要求妇女做到"妇女家，从一而终是正论；莫因为，夫陋家贫生外心"。[①]《诗经》中记载了大量

---

① 张福清编注：《女诫——妇女的枷锁》，中央民族大学出版社1996年版，第339页。

的妇女对于爱情和婚姻忠贞的诗文。如"君子于役，不知其期。曷至哉？鸡栖于埘，日之夕矣，羊牛下来。君子于役，如之何勿思！君子于役，不日不月。曷其有佸？鸡栖于桀，日之夕矣，羊牛下括。君子于役，苟无饥渴！"① 这首《王风·君子于役》描写了一位妇人思念正在远方服役的丈夫，期盼丈夫归来，担心丈夫没有吃饱，没有穿暖，形象地刻画了一位对爱情和婚姻坚定不移的妇人形象。又如"上邪！我欲与君相知，长命无绝衰。山无陵，江水为竭，冬雷震震，夏雨雪，天地合，乃敢与君绝！"② 这首汉乐府民歌《上邪》流传千古，表达了女子对爱人热情奔放和至死不渝的感情。"女子不事二夫"、"从一而终"等观念就是对忠贞不渝的最好解读。

2. 相夫教子

传统社会主张男主外女主内，内外有别，男人的活动舞台是社会，参加社会政治、经济、文化活动，妇女的活动范围仅限于家庭，女性只能操劳家事，所谓"正位于内"。男人的职责就是建立功业、光耀门楣。而女性的目标则是成为男人背后那位能够相夫教子的贤妻良母。贤妻良母，是对传统社会女性最高的价值评价和道德认可。

相夫，即满足丈夫的需求，帮助丈夫成就事业。首先，相夫要做到包容和理解丈夫。封建社会时期很多大文学家能够潜心学问，达到常人无法达到的造诣，与其妻子的支持和付出是分不开的。如陶渊明的妻子翟氏，在丈夫不肯为五斗米折腰而放弃县令职位的时候，并没有任何怨言，而是尊重丈夫的意愿，与丈夫回归田野，过着清贫的日子，最终陶渊明成为一位流传千古的诗人。又比如明代散文家归有光之妻王氏，心中只有一个想法，那就是让丈夫潜心读书。为此她一个人挑起了家庭的重担，她对公婆精心侍奉，对归家姐妹热情相待。哪怕家里遇到经济困难，她也一个人想办法解决，不想让丈夫知道。面对应试失败的丈夫，她充满关爱和鼓励，最终归有光成为一代大文学家。其次，相夫要做到劝诫丈夫。《女孝经》中曰："若夫廉贞孝义，事姑敬夫扬名，则闻命

① 《传统国学典藏》编委会编著：《诗经》，中国画报出版社 2012 年版，第 70—71 页。
② 王兰英：《汉乐府民歌赏析》，内蒙古人民出版社 1987 年版，第 11 页。

矣。敢问妇从夫之令，可谓贤乎？……故夫非道，则谏之。"①"昔楚庄王晏朝，樊女进曰：'何罢朝之晚也，得无倦乎？'王曰：'今与贤者言，乐不觉日之晚也。'樊女曰：'敢问贤者谁欤？'曰：'虞丘子'。樊女掩口而笑，王怪问之，对曰：'虞丘子贤则贤矣，然未忠也。妾幸得充后宫，尚汤沐，执巾栉，备扫除，十有一年矣，妾乃进九女。今贤于妾者二人，与妾同列者七人。妾知妨妾之爱，夺妾之宠，然不敢以私蔽公，欲王多见博闻也。今虞丘子居相十年，所荐者，非其子孙，则宗族昆弟，未尝闻进贤而退不肖，可谓贤哉？'王以告之，虞丘子不知所为，乃避舍露寝，使人迎孙叔敖而进之，遂立为相。夫以一言之智，诸侯不敢窥兵，终霸其国，樊女之力也。"②由此可见，劝诫丈夫也是帮助丈夫成就事业不可忽视的一部分。总的来说，做一个相夫的贤妻，要时刻以丈夫的利益为先，以家庭为重。

教子，就是要求母亲不仅要悉心照顾和呵护孩子的身体和心理，使其身心健康，更要言传身教，努力培养孩子的道德品质，教育孩子成为正直、善良的人，具有健全的道德人格。"大抵人家，皆有男女。年已长成，教之有序。训诲之权，亦在于母。"③"孟母三迁"的故事家喻户晓。孟母就是中国传统社会一个典型的良母，这说明良母对孩子的作用和影响，在孩子的成长过程中无人能替代。一个母亲对孩子必须有爱心，有责任心，但要爱得适度。"富贵之家，爱子过甚。子所欲得，无不曲从之。性既纵成，一往莫御。"④

3. 端庄优雅

"端庄优雅"是四德的集中体现。端庄优雅，首先，要做到说话大方得体，不对人恶言相向。"择辞而说，不道恶语，时然后言，不厌于人，是谓妇言。"⑤ 即说话不仅要符合礼仪，不恶语伤人，还要符合时宜，才不会招致人讨厌，甚至要做到"虽童仆有过，不令以恶言骂之。故颐兄

---

① 张福清编注：《女诫——妇女的枷锁》，中央民族大学出版社1996年版，第11页。

② 同上书，第9页。

③ 同上书，第18页。

④ 同上书，第122页。

⑤ 同上书，第3页。

弟平生，于饮食衣服无所择，不恶骂，教使然也。"① 因为"言而中节，可以免悔。发不当理，祸必随之"。② 其次，要做到打扮合礼，温婉和煦。"盥浣尘秽，服饰鲜洁，沐浴以时，身不垢辱，是谓妇容。"③ 妇女穿衣打扮要讲究礼仪，让人赏心悦目。"妇女妆束，清修雅淡，只在贤德，不在打扮。"④ 最后，要做到行为谨慎，举止端庄。"清闲贞静，守节整齐，行己有耻，动静有法，是谓妇德。"⑤ "妇德"是指妇女要严格遵守封建礼教，不能逾越，举止端庄，给人以美的感受。如女子在接待客人时要知道懂礼数，"整顿衣裳，轻行缓步。敛手低声，请过庭户"。⑥ "妇人之行，不可以不谨也。自是者，其行专；自矜者，其行危；自欺者，其行矫以汙。行专则纲常废，行危则嫉戾兴，行矫以污则人道绝。有一于此，鲜克终也。"⑦ 即"贞静幽闲端庄诚一，女子之德性也"。⑧ 传统社会女性所体现出来的端庄典雅的举止言行是当代我国女性学习的榜样。

4. 勤俭持家

勤俭持家是中国传统妇女的美德之一。结了婚的妇女要从婆婆手中接过打理家务的事务。勤俭持家，首先，要做到夙兴夜寐，即早起晚睡。《女论语》曰，身为女子，要"五更鸡唱，起着衣裳"⑨、"晚寝早作，勿惮夙夜。"⑩ 把该料理的家务料理好。其次，要做到善于女工。古代对女子四德教育中关于"妇功"的教育就是以培养女性勤俭持家的美德为目的。何谓"妇功"，郑玄谓之丝麻也。《女诫》曰："专心纺织，不好戏笑，洁齐酒食，以奉宾客，是谓妇功。"⑪ 一般而言，古代女子到十岁左右便开始接受女工的教育，以便将来婚后可以料理家事。《礼记·内则》

① 张福清编注：《女诫——妇女的枷锁》，中央民族大学出版社1996年版，第76页。
② 同上书，第24页。
③ 同上书，第3页。
④ 同上书，第54页。
⑤ 同上书，第3页。
⑥ 同上书，第16页。
⑦ 同上书，第24页。
⑧ 同上书，第23页。
⑨ 同上书，第16页。
⑩ 同上书，第2页。
⑪ 同上书，第3页。

记载：“女子十年不出，姆教婉娩、听从，执麻枲，治丝茧，织纴组纫，学女事，以共衣服。观于祭祀，纳酒浆……礼相助奠。”① 然后，女子不仅要做到善于妇功，更要勤于妇功。明仁孝文皇后徐氏《内训》讲：“怠惰恣肆身之殃也，勤励不息身之德也。是故农勤于耕，士勤于学，女勤于工。”② 由此可见，习女工是当时女性勤俭持家的一项重要要求。最后，还要做到节约简朴。一个家庭如果骄奢淫逸，即使再大的家产也会消耗殆尽。想要家庭“长治久安”，就必须节俭。“管家之女，惟俭惟勤。勤则家起，懒则家倾。俭则家富，奢则家贫。”③ 中国古代女子在长期的教育和实践中，养成了勤俭持家的传统美德。

5. 孝老敬亲

“孝老敬亲”是中华民族的传统美德。在中国传统社会教育上，男性注重的是“礼、乐、射、御、书、数”六艺的教育，而女性则以家庭教育，尤其是德行教育为主。“孝老敬亲”就是妇女德行教育的重要内容。

孝老，即孝顺自己的长辈。孝老要做到以下几点：第一，奉养和尊敬长辈。“曾子曰：孝有三，大孝尊亲，其次弗辱，其下能养。”（《礼记·祭义》）明仁孝文皇后在《内训》里曰：“养非难也，敬为难。”④ 未嫁之前，女子要尽心侍奉自己的双亲，不仅要奉养父母，更要尊敬父母，让父母身体和精神都能舒坦无忧，要做到“每朝早起，先问安康。……父母言语，莫作寻常。遵依教训，不可强梁”。⑤ 出嫁之后，妇女要像孝敬父母一样孝敬自己的公婆，像对待自己的亲人一样对待丈夫的亲人。“女子之事舅姑也，敬与父同，爱与母同。”⑥ “媳妇之倚仗为天者，公姑与丈夫三人而已。故事三人，必须愉色婉容，曲体欢心，不可纤毫触犯。若公姑不喜，丈夫不悦，久久则恶名昭著，为人所不齿矣。奴仆皆得而抵触我矣。故妇之善事公姑丈夫也，非止为贤与孝也，且以远辱也。”⑦ 《二十四孝》中记载姜

---

① 张树国点注：《礼记：中华传世经典阅读》，青岛出版社 2009 年版，第 131 页。
② 张福清编注：《女诫——妇女的枷锁》，中央民族大学出版社 1996 年版，第 25 页。
③ 同上书，第 18 页。
④ 同上书，第 28 页。
⑤ 同上书，第 16—17 页。
⑥ 同上书，第 8 页。
⑦ 同上书，第 117—118 页。

诗的妻子庞氏就是一个孝顺的媳妇。婆婆喜欢喝长江的水，庞氏就常到距离家六七里的江边取水给婆婆喝。即使是在遭到丈夫误会而被赶出家门之后，庞氏仍然十分关心自己的丈夫和婆婆，依旧昼夜纺纱，将所得钱财要邻居带回去孝敬婆婆。最后，庞氏的孝心感动夫家，夫妻重修于好。第二，爱戴和顺从长辈。女子嫁到夫家，对舅姑要做到"舅姑所爱，妇亦爱之。舅姑所敬，妇亦敬之。乐其心，顺其志，有所行，不敢专；有所命，不敢缓"。① 第三，丧葬和祭祀长辈。"养生者不足以当大事，惟送死可以当大事。"（《孟子·滕文公上》）父母死后要举行隆重的葬礼，并且逢忌日、节日，要祭祀祖先和父母。明吕坤作的《闺范》一篇中记载陈家一媳妇，在丈夫战场牺牲后，遵循丈夫的遗愿，尽心奉养婆婆，"姑死，终身祭祀"，② 帮助丈夫完成孝心。还有一闻氏女，丈夫死后，不再改嫁，照顾生病的婆婆和年幼的孩子，"及姑卒，家贫无资，与子亲负土葬之，朝夕悲号，闻者惨恻"。③ 第四，传宗接代。无论是封建时期的父母还是今天的父母，都希望自己能够子孙满堂，因此为夫家传宗接代，也是女子孝敬长辈的方式之一，儒家强调"上以事宗庙，下以继后世"的孝道。

　　敬亲，即尊敬亲人，尤其是丈夫家的亲人。从东汉时期班昭所著的《女诫》开始，中国历史上出现了众多告诫女性孝敬公婆、尊敬叔妹的书籍。《女诫》曰："夫嫂妹者，体敌而尊，恩疏而义亲。若淑媛谦顺之人，则能依义以笃好，崇恩以结援"，④ 这是教导女子在夫家要谦卑柔顺，与丈夫的亲人和睦相处，这样才能家庭和睦，彰显美德。在接待宾客方面也要亲力亲为，"凡亲友一到，即起身亲理茶盏。拭碗拭盘，撮茶叶，点茶果，俱宜轻快，勿使外闻。并不可一委之群婢"。⑤ 传统礼教要求妇女温顺懂礼，尽心处理好与家庭亲人的关系。

二　近代社会女性美德的变化

　　1840 年，西方列强以武力打开中国的大门之后，西方资本主义的生

---

① 　张福清编注：《女诫——妇女的枷锁》，中央民族大学出版社 1996 年版，第 29 页。

② 　同上书，第 66 页。

③ 　同上书，第 67 页。

④ 　同上书，第 4 页。

⑤ 　同上书，第 96 页。

产模式和文化不断涌入中国。中国自给自足的封建经济模式开始遭到挑战，农耕文明向现代文明过渡。现代工商业的发展，需要大量劳动力，许多工作适合女性，女性越来越多地走上社会岗位，成为"社会人"。同时，大工业机器的发展让很多个体的小生产者破产并失业，为缓解经济压力，女性不得不走入社会谋生，为此男性也只能让步。正如李大钊所说："不但妇女向男子要求解放，便是男子也渐要解放妇女了。"①

伴随着部分家庭女性参与社会劳动，女性的独立和自强意识也随之开始觉醒。尤其在民族危机加深之际，中国各阶层开始找寻救亡图存的道路，女性也参与其中，其思想道德观念开始变化。这一时期知识分子对于旧社会的改造和对于封建道德的猛烈批判，促使中国传统女性道德开始瓦解，新的女性道德逐步形成。主要体现在以下方面。

1. 社会道德方面：女性参与社会生活，争取社会权利

传统社会的公私领域二分，把女性禁锢在家庭里，使女性毫无社会生活可言。随着西方思想和生活模式的传入，中国女性开始打破这种禁锢，走向社会，为争取自己在政治、经济、文化等领域的权利进行斗争。

首先，在政治权利方面。近代社会以来，女性政治解放和参政权利作为女性解放的重要部分与中国人民的反帝反封建运动一起被提上了时代的日程。辛亥革命期间，女性第一次提出"女国民"的称谓，即具有"新思想"、"新知识"的国民，"女国民"是权利与义务的统一体，要取得权利必须尽义务，否则无资格要求权利，这是女性参政意识开始彰显的表现。女性积极投身革命斗争，为日后参政奠定了基础。随着革命形势好转，众多的女子参政团体纷纷成立，其中"女子参政同志会"和"女子参政同盟会"影响最大。"女子参政同志会"作为中国近代第一个女子参政团体，其以"普及女子之政治学识，养成女子之政治能力，期待国民完全参政权"②为宗旨。女性以各种参政团体为依托，进行了轰轰烈烈的参政实践活动，形成了第一次女性争取政治解放和女性参政的高潮。同时知识女性创建了各式各样的报刊与杂志，包括《女界钟》、《女性世界》、《女报》，等等。在这些刊物的影响下，中国女性的政治权利意识迅速觉醒。

① 《李大钊选集》，人民出版社 1959 年版，第 301 页。
② 转引自罗检秋《近代中国社会文化变迁录》第 3 卷，浙江人民出版社 1998 年版，第 34 页。

　　五四运动再一次激发了中国妇女参政的热情，女性参政继辛亥以来再度复兴。五四时期知识分子对女子参政思潮的宣扬大大地促进了女性参政意识的觉醒。他们号召女性起来反对传统的男权制，认为"男子是人、女子也是人，男子参得政、女子也要参政"。① 随着马克思主义传入中国，妇女解放的思想武器开始从资产阶级的"天赋人权"向马克思主义女性参政观转变，马克思主义知识分子主张"一方面要合妇人全体的力量，去打破那男子专断的社会制度；一方面还要合世界无产阶级妇人的力量，去打破那有产阶级（包括男女）专断的社会制度"。②

　　伴随着女性参政思潮的传播，中国大地上也开始了轰轰烈烈的女性参政运动。女性组织各种爱国团体，进行联合斗争，与男性一道共赴国难，她们街头演讲、兴办刊物，政治影响力增强。五四以女学生为先锋、女工为主体的政治队伍的广泛性及其战斗性是辛亥时期不可比的。"五四运动，是中国人民反帝反封建的爱国民主运动，又是波澜壮阔的新文化运动……在这场运动下，沉寂数年的女权运动和妇女参政运动又重新活跃起来。"③

　　其次，经济权利方面。近代妇女解放运动大都提出了"女子经济独立"的口号。辛亥革命前后，女子谋求经济独立权的运动走向高潮，兴起了女性实业运动，女性创办各种工艺厂、手工传习所，兴办女子商业等，为女性提供就业机会。如中华女子实业进行会就是"以振兴女子工艺，提倡女子经商，结合女工团体，俾我国实业大昌，以立富强之基础为宗旨"。④ 新文化运动时期，这一趋势更是得到了深化。

　　五四时期知识分子特别强调女性的经济角色，认为妇女想要摆脱男权的压制，获得人格的平等和社会对于女性价值的认同，首先要经济独立。谋求职业是女性经济独立必经之路和必要手段。"妇女要争回已丧失的人格，不被人视为男子的寄生虫，万不能不有职业。"⑤ 五四之后，中国妇

---

　　① 中华全国妇女联合会妇女运动历史研究室编：《五四时期妇女问题文选》，生活・读书・新知三联书店 1981 年版，第 33 页。

　　② 同上书，第 19—20 页。

　　③ 周亚平：《中国妇女参政的历史轨迹》，《吉首大学学报（社会科学版）》1992 年第 2 期。

　　④ 转引自刘巨才编《中国近代妇女运动史》，中国妇女出版社 1989 年版，第 381—382 页。

　　⑤ 《民国丛书》编辑委员会编：《民国丛书》第一编，《中国妇女问题讨论集》上，第二册，上海书店出版社 1989 年版，第 22 页。

女经济解放运动取得了很大成效，女性的就业状况有了较大的改变，女工和女教师是当时两大职业群体，另外有保育员、女医生、女护士等，女性就业领域不断拓展。同时，女性也发起了要求就业机会平等、同工同酬、改善工作环境、提供劳动保护等方面的斗争。

再次，在教育权利方面。戊戌变法时期"女学"兴起。根据天赋人权论，维新派认为女子有接受教育的权利。同时，他们认为一般而言，孩子的教育起源于自己的母亲，因此母亲的素质决定着中华民族下一代的素质。"我中国欲图自强，莫亟于广兴学校，而学校本原之本原，尤莫亟于创兴女学。"[①]维新派从强国保种的高度阐述女学的重要。

辛亥革命时期，女学兴盛，官办、民办、私立和教会女学大量兴起，一些女性还为女学捐资捐产，更是促进女学的发展，形成了兴办女学的第一次高峰。这一时期中国女性开始了留学东瀛和美国，人数达数百人，开启了女子留学教育的大门，这是中国女性教育史上的重大进步。

新文化运动的爆发为中国女性教育的发展作出了巨大的贡献。五四时期的知识分子在提出女子应有教育权的基础之上，提出了"大学开女禁"和"中学男女同校"的主张，认为要想真正实现男女教育平等，其第一要务就是大学打破女禁，实现男女同校。邓春兰可以说是提出大学开放女禁的第一人。1919 年邓春兰上书北大校长蔡元培，要求教育平等，建议在北大附属中学开女生班，待升到大学预科实现男女同班。此后，邓春兰不畏艰难，自费进京求学，进入北京女高师进行补习。"此后，教育界、舆论界的讨论一直沸腾不止。《晨报》、《民国日报》、《妇女杂志》等刊发讨论文章，《少年中国》还专门出版'妇女号'，宣传男女同校和妇女解放。"[②] 徐彦之指出："教育是人的教育，男子是人，女子亦是人，男子受教育，女子同样的受教育，这是自然的现象，就当该如此。学校是人的学校，女子是人，男子亦是人，男女共校，是当然应该的办法。"[③]

---

① 〔清〕经元善著，虞和平编：《经元善集》，华中师范大学出版社 1988 年版，第 213 页。

② 乔素玲：《教育与女性：近代中国女子教育与知识女性觉醒（1840—1921）》，天津古籍出版社 2005 年版，第 127 页。

③ 中华全国妇女联合会妇女运动历史研究室编：《五四时期妇女问题文选》，生活·读书·新知三联书店 1981 年版，第 262 页。

在这种思潮的影响下，中国的女性教育得到了极大发展。1919 年，全国创办共有职业女校 10 所，女学生的数量也大有增加。1919 年 4 月北京女高师改为北京女子高等师范，这是中国唯一的国立女子高等教育机构。1920 年春，王兰、邓春兰等 9 名女生进入北京大学旁听，开女子上大学的先例。1920 年秋，北京大学正式对外招收 28 名女大学生，高等教育男女同校实现。同时要求中学兼收女生、男女合校的呼声也不断高涨，在女性自身及其他各界人士的努力下，到 1922 年，部分中学开始实现男女共校，如长沙第一师范、湖南岳云中学、北京高师附中、广东执信学校、上海吴淞中学等。① 中学男女同校的风气开始出现。

最后，在社交权利方面。男女社交自由，排除男女界域是近代妇女解放运动的重要内容。随着中国社会资本主义商品经济的发展，西方自由平等思想的传入，社会的开放程度提高，封建社会时期的男女授受不亲、男女之大防已被冲击。一部分女性走出家庭参与社会生活，男女社交生活公开和自由已能被人们接受。五四之前，毛泽东和一批进步青年在长沙创办新民学会，就已经开始探索实现男女社交公开的方式和途径。五四先进分子认为，男女既然同时为人，就应该有同等的社会交往权，表示"男女社交就是男女人格平等的表示，反对男女社交，就是反对男女平等"。② 伴随着社交公开思潮的传播，"五四进步青年不仅在思想上认同男女交际的公开，而且在行动上也敢于背逆陈规陋俗，勇敢地迈出社交自由的第一步"。③ 在五四运动中男性与女性已经联合起来投身反帝爱国运动。其中最有代表性的是天津的觉悟社，它已经将男女社交公开与男女平等落实在实践层面，他们的行动极大地改变了社会风气。

2. 婚姻道德方面：女性婚姻自由和夫妻平等观念开始为社会所接受

中国传统社会的女性没有婚姻自主权。很多女子在结婚之前根本不了解自己的丈夫，甚至没有见过自己的丈夫。这种盲婚哑嫁导致了很多婚姻悲剧。同时，夫妻关系的不对等使得妇女无论在身体上还是心灵上都承受着巨大的压力。近代以来，对传统婚姻道德的批判和对新婚姻道德的提倡

---

① 中华全国妇女联合会编：《中国妇女运动史》，春秋出版社 1989 年版，第 95—97 页。

② 《茅盾全集》第 14 卷，人民文学出版社 1987 年版，第 258 页。

③ 梁景和：《论五四时期的"男女社交公开"思潮》，《史学月刊》1998 年第 1 期。

愈演愈烈，婚姻自由和夫妻平等观念也随之为人们接受和认可。

首先，争取婚恋自由。鸦片战争之后，西学东渐，西方的婚恋观也开始传入中国，冲击着中国人的思想，中国传统的婚恋道德开始发生变革。五四运动掀起了对中国传统婚恋禁锢抨击的高潮。

五四时期的报纸杂志都开始刊登专题探讨婚姻问题，"《妇女杂志》开展了'婚姻自由是什么'的讨论。人们指出，现实中的买卖婚姻、劫掠婚姻、迫诱婚姻、父母包办婚姻，都不是自由婚姻。自由恋爱的结合，才算真实、正确、含有意义的婚姻"。① 同时，当时的很多女性团体都以争取婚姻自由、破除封建传统为重要任务，并尽其所能帮助女性实现婚姻自由。这样一来，婚恋问题就成为了当时社会的一大热点问题。这一时期的知识女性为反抗和挣脱封建婚姻的束缚，她们或自杀抗婚，或离家出走或"革命"抗婚，婚姻自由的观念已被知识女性普遍认同，勇敢追求婚姻自由已成为知识女性的向往。

五四时期青年人恋爱自由、婚姻自由的意识非常强烈，在发达地区，不仅仅是知识分子，就连一般百姓也"每多自由恋爱之事"。更为可贵的是这一时期青年人的婚姻目的发生了重要变化，由过去的合两姓之好、传宗接代转变为追求两情相悦。据 20 世纪 30 年代金陵女子学院的社会调查显示，36.3% 的已婚者和 38.3% 的未婚者以寻求"生活伴侣"为第一目的；其后依次为"奉父母"、"种族之繁衍"和"性之安慰"。② 青年人在婚姻问题上已敢于追求自己的幸福，认为婚姻的首要目的就是寻找自己的生活伴侣，而生儿育女等下降为次要目的。五四时期婚恋问题的探讨和实践不仅冲击了封建婚姻道德，为妇女争取了一定程度的婚姻自由和解放，也为中国传统婚姻道德的转型和变革奠定了基础。

其次，争取平等的夫妻关系。传统社会的妇女在婚姻关系中的地位是非常低下的，她只是从属于丈夫的家属，没有自己的独立身份和人格，只是家庭的奴仆和传宗接代的工具。"家庭是妇女的牢狱。丈夫在家时，服侍他，淫媚他；不在家时，做他们门役，替他料办家政，看护子女；行踪

---

① 郑永福、吕美颐：《近代中国妇女生活》，河南人民出版社 1993 年版，第 125—126 页。

② 《成都妇女社会活动调查》，载金陵女子文理学院社会学系编《社会调查集刊》下集，1939 年，第 26 页。

不明时，还替他守活寡；死了的时候，又自称'未亡人'。"① 对这种
"男尊女卑"夫妻关系的批判在五四时期达到了高潮。

　　五四时期一批倡导婚姻自由平等的戏剧在全国各地上演，如《玩偶
之家》、《孔雀东南飞》、《终身大事》等。尤其是《玩偶之家》中的女主
角娜拉不作玩偶，为求独立人格而勇敢离家出走的行为，更是极大地鼓舞
了女性争取婚姻平等的决心。深受夫权之迫害的女性纷纷仿效娜拉离家出
走，一时间中国出现了"出走热"。但在社会还没有提供女性解放的基础
和条件时，女性的出走于事无补，解决不了问题。正如鲁迅所说："从事
理上推想起来，娜拉或者也实在只有两条路：不是堕落，就是回来。"②
如何真正解决夫妻不平等的问题，在鲁迅看来，"经济权就见得最要紧
了。第一，在家应该先获得男女平均的分配；第二，在社会应该获得男女
相等的势力"。③ 女性要获得婚姻的平等，关键的是女性要经济独立，而
这需要社会的支持，毛泽东则深刻地认识到，要改变旧的婚姻制度，必须
与社会斗争，改造社会制度，妇女"须自己先造新社会"。④

　　3. 家庭道德方面：批判传统家族制度，提出了女性的财产继承权和
生育节制的主张

　　中国传统社会的家族是以男权为主导的，女性在家族中处于最底层。
在家族中，女性只是作为生儿育女的工具而存在，没有财产继承权，也没
有生育自主权，而且"多子多福"的生育观念，使女性一辈子从属于男
人和家庭，无法有自己的独立人格。近代以来，先进知识分子对传统家庭
道德进行了深刻批判，现代家庭道德开始建立。

　　首先，批判传统的封建家族制。近代以来，先进的知识分子在反思和
批判传统道德的过程中，认识到女性要获得自由与平等，必须从家族的束
缚中挣脱出来，推翻封建的家族制度。于是"女子家庭革命"的呼声不
断，"批判不平等的封建家庭关系对女性的压制，批判'三从四德'等封
建教条对女性的束缚，主张废婚毁家，客观上推动了女性在封建家族制度

---

　　① 《民国丛书》编辑委员会编：《民国丛书》第一编，《中国妇女问题讨论集》上，第三
册，上海书店 1989 年版，第 152 页。

　　② 李郦编注：《坟：鲁迅杂文精读》，东方出版中心 2007 年版，第 72 页。

　　③ 同上书，第 74 页。

　　④ 毛泽东：《非自杀》，长沙《大公报》1919 年 11 月 23 日。

中的解放"。① 改革封建家族制已成为女性解放不可或缺的一个部分。

五四时期的学者对家庭改革问题进行了更为深刻的探讨，他们全方位批判了传统的家庭，认为以父系家长制为核心的家庭制度蔑视个人的人格，在批判的同时，也对未来的理想家庭进行探索，提出了改革传统家庭的必要性。第一，旧的家族制度的基础已经动摇。封建家族制度的基础是自给自足的自然经济，但随着中国近代资本主义商品经济的发展，自然经济已遭到破坏，家长制的权威受到极大挑战，"旧家庭制的基础，已自然地动摇"②，旧的家族制度开始失去它存在的合理性。第二，传统家长制是女性解放的最大障碍。近代女性解放运动的蓬勃发展，使女性看清了传统家族制的本质。旧式家族制度是束缚个性自由和个性正常发展的桎梏，而女性受其压迫最深最重。"解放妇人问题，其最大之障碍物，即为家族制度。"③

辛亥革命时期和五四时期都有知识分子提出通过废婚毁家的方式来改革旧的家族制度。他们觉得社会所有的陋习和罪恶都是由家族制导致的，因此如果不毁灭家庭，就不能真正使妇女从万恶的社会底端解放出来。"家族制度废除以后，人生在社会上，各自做他为人的事情，不受家长的限制，没有嫡庶的支配，是一种自然的生活。"④ 而有的学者针对大家庭的弊端，要求将中国的大家庭改造成欧美社会的一夫一妻及未婚子女组成的小家庭。小家庭中成员平等，人格独立，这种家庭模式推动了中国近代化的进程，对我们今天的家庭模式也有借鉴意义。同时，还有的知识分子主张通过社会主义的途径来改造旧式家族制。"正惟中国的家庭制度是大异于西洋的，所以可以直截了当采取社会主义者的主张，不必踌躇。"⑤

其次，提出女子财产继承权。封建社会时期的"家族主义的结婚，

---

① 李桂梅、黄爱英：《辛亥革命时期中国女性伦理的嬗变》，《伦理学研究》2011 年第 5 期。

② 中华全国妇女联合会妇女运动历史研究室编：《五四时期妇女问题文选》，生活·读书·新知三联书店 1981 年版，第 247 页。

③ 《民国丛书》编辑委员会编：《民国丛书》第一编，《中国妇女问题讨论集》下，第六册，上海书店 1989 年版，第 1 页。

④ 同上书，上，第三册，上海书店 1989 年版，第 187 页。

⑤ 中华全国妇女联合会妇女运动历史研究室编：《五四时期妇女问题文选》，生活·读书·新知三联书店 1981 年版，第 255 页。

是对于家的结婚。对于家的结婚的目的，就在生男子而定男系男子的继承人"。① 传统社会这种男系继承制，完全否定了女性的财产继承权。

　　1919 年，北京发生了李超事件。李超是广西梧州人，其父母早亡，因家中无子，父母还在世时，就过继了一堂兄来传递家中的香火，自然这个堂兄就成为了李家的财产继承人。堂兄堂嫂不愿李超继续在北京高等女子师范读书，强迫其出嫁，并断绝其经济来源。最后李超患了肺病，因无钱医治而致死亡。更可恶的是李超死后，其堂兄不仅不料理后事，还咒骂李超死有余辜，无奈李超的后事由其同乡料理。这一事件引起了全国的关注，也成为人们反思女子继承权的导火线。一些知识分子开始提出要改革传统的家庭继承制度，即女子应与男子一样拥有财产继承权。陈独秀先生反问道："倘若不用男系制做法律习惯的标准，李女士当然可以承袭遗产，那么是否至于受经济的压迫而死？"② 陈独秀最后得出结论："李女士之死，我们可以说说，不是个人问题，是社会问题，是社会的重大问题。"③ 因此他认为随着社会的进步，女性也应该拥有和男性同等的继承权。

　　最后，提出节制生育主张。五四时期，在中国知识界出现了生育节制的思潮，这是由 1922 年 4 月来华的美国节育运动的发起者和理论家桑格夫人引发的。桑格夫人发表文章阐述了生育节制的理论与实践，文章发表后引起强烈的反响。同时桑格夫人先后在北京、上海等地进行讲演，并与中国有关人士磋商在中国实行生育节制的具体方法。桑格夫人主张在中国召集进步人士成立生育节制团体，宣传节育，设立节育指导所，传授有志于节育者必要的知识和方法。由于桑格夫人的推动，许多知识分子都参与到生育节制问题的讨论中，形成了一次"生育节制"思潮。桑格夫人主张"用科学的方法，使做母亲的有决定生产子女数的自由，不必再用那堕胎、弃儿、杀婴等残酷的非人道的手段。"④ 她所讲的科学方法主要指

----

　　① 中华全国妇女联合会妇女运动历史研究室编：《五四时期妇女问题文选》，生活·读书·新知三联书店 1981 年版，第 165 页。

　　② 陈独秀：《独秀文存》，安徽人民出版社 1987 年版，第 581 页。

　　③ 同上。

　　④ 中华全国妇女联合会妇女运动历史研究室编：《五四时期妇女问题文选》，生活·读书·新知三联书店 1981 年版，第 342 页。

安全期法、外科手术法，等等。这些方法相比于中国传统社会为了减少人口而主张的残害女婴，其进步性是显而易见的。

节制生育是对传统陋习的反抗，有利于孩子的成长，也是拯救女婴和使女性得到解放的途径。女性就此有母性的选择权，在身心方面不必像传统女性那样辛劳，也不要受那么多的伤痛和损害，可以自己享受人生乐趣和幸福。为女性的健康和幸福，节制生育理所当然。此后，中国社会开始着眼于生育节制问题，提出："今日吾国，有亟起提倡节育之必要，节育一事，在现今世界文明各国，已普遍实行，吾国如欲与世界潮流同时并进，亦非提倡节育不可。"① 由此可见，五四时期的生育节制观产生的巨大影响。

4. 性道德方面：批判野蛮的传统贞操观，提出平等、科学的贞操观，要求废除娼妓

传统性道德观是五四知识分子批评的重点。他们认为，传统贞操观是男权社会束缚女性的枷锁，是男性压迫女性的产物。而娼妓现象也是女性在性方面遭受残酷摧残的体现。女性解放必须打破传统的贞操观，废除娼妓。

第一，提出平等、科学的贞操观。对封建贞操观批判最严厉、最猛烈的时期是五四时期。五四时期的知识分子认为贞操观是对女性的禁锢，是对女性人性的扼杀。胡适对贞操观进行猛烈的抨击，他说："中国的男子要他们妻子替他们守贞守节，他们自己却公然嫖妓，公然纳妾，公然'吊膀子'。再嫁的妇人在社会上几乎没有社交的资格；再婚的男子，多妻的男子，却一毫不损失他们的身分，这不是最不平等的事吗？"②

五四时期知识分子在批判封建贞操观的基础上，提出了新式的贞操观，主要包含以下观点：首先，贞操应该基于双方的爱情基础。胡适认为，贞操乃是夫妻双方相互对待的一种态度，是建立在双方感情的基础上，否则无贞操可言。夫妻之间爱情深厚，无论生时还是死后，都对

---

① 转自周丽姐《生育观念在近代以来的嬗变》，华中师范大学硕士论文，2006 年，第 30 页。

② 中华全国妇女联合会妇女运动历史研究室编：《五四时期妇女问题文选》，生活·读书·新知三联书店 1981 年版，第 108 页。

感情忠贞不渝，不忍也不愿再把这爱情移于别人，这便是贞操。其次，贞操应遵循男女平等的原则。"既然平等，男女便都有一律应守的契约。男子决不能将自己不守的事，向女子特别要求。"① 贞操是对男女双方的要求，不是对女子的单一规定。最后，贞操应尊重男女自己的意愿。是否节烈应该以女性的自由意志为前提，由女性自由决定，绝不能以任何人的意志加以强迫。而且节烈本身不是道德。因为："道德这事，必须普遍，人人应做，人人能行，又于自他两利，才有存在的价值。现在所谓节烈，不特除开男子，绝不相干；就是女子，也不能全体都遇着这名誉的机会。"② 确立平等、科学的贞操观是女性解放的重要内容。

　　第二，废娼运动的兴起。近代中国，每一次社会大事件都伴随着废娼思潮的涌现。太平天国石达开曾颁布诏令，认为"娼妓最宜禁绝也"③。五四时期废娼则成为社会关注的重要问题。许多有识之士从政治、经济、文化等不同的角度揭示了娼妓的危害，阐述废娼的必要性。李大钊先生就分析了废娼的五大理由，包括"为尊重人道不可不废娼；为尊重恋爱生活不可不废娼；为尊重公共卫生不可不废娼；为保障法律上的人身自由不可不废娼；为保持社会上妇女的地位不可不废娼"。④ 五四主张人格的独立，女性处于最底层，娼妓就更差了。而"眼前劳动者和普通的女子，所受待遇，固然是不平之至；但比起操皮肉生涯的娼妓，却好得多；……我敢说第一种要解放的人，就是娼妓；第一个要改造的环境，就是娼妓的环境，再也不能有什么异议"。⑤ 全国各地采取多种形式进行废娼运动，如游行、请愿等。有些地方政府如天津政府就采取了严禁与救助相结合的措施。有人提出废除娼妓最根本的办法就是改变社会制度。他们认为："在现在的经济组织存续期间以内，娼妓阶级是绝对不会绝灭的，是绝对

---

　　① 中华全国妇女联合会妇女运动历史研究室编：《五四时期妇女问题文选》，生活·读书·新知三联书店 1981 年版，第 118 页。

　　② 同上。

　　③ 太平天国历史博物馆编：《太平天国文书汇编》，中华书局 1979 年版，第 90 页。

　　④ 中华全国妇女联合会妇女运动历史研究室编：《五四时期妇女问题文选》，生活·读书·新知三联书店 1981 年版，第 347—348 页。

　　⑤ 陈文联：《冲决男权传统的罗网——五四时期妇女解放思潮研究》，中南大学出版社 2003 年版，第 275 页。

废除不掉的。"① 因为，娼妓这个阶层，是社会制度的结果。因此"现今要想娼妓阶级的绝灭，不能再替现社会制度辩护，我们应当努力的，是想方法谋社会制度的改造；我们所极端希望的，是新社会的实现"。② 废娼运动对解放妇女、提高女性的社会地位起到了一定的作用。

三　社会主义新型女性美德的建立

1. 新民主主义革命时期女性美德的变革

1921 年，受到五四新文化运动中马克思主义思潮洗礼的一些青年同志成立了中国共产党，从此，中国的历史掀开了新的篇章，进入新民主主义时期。中国共产党带领中国人民推翻了三座大山，也逐步实现了女性解放运动的胜利和女性美德的变革。

在五四妇女解放运动和妇女道德嬗变的推动下，新民主主义革命时期的妇女解放运动依旧如火如荼地进行着。1921 年中国共产党诞生后，解放全国被压迫的女性就成了共产党的革命任务之一。1922 年，中共二大批判了私有制对妇女的压迫与剥削，在中共二大的《关于妇女运动的决议》中就明确指出："在私有财产制度下，妇女真正的解放是不可能的。"同时，《中国共产党第二次全国代表大会宣言》规定了妇女与男子同等的权利，包括："在各级会议市议会有无限制的选举权和言论、出版、集会、结社、罢工的绝对自由"。"废除一切束缚女子的法律，女子在政治上、经济上、社会上、教育上一律享有平等权利。"

第一次国内革命战争期间，党进一步确立了解放妇女的方针和政策，农村妇女的地位得到显著的提高。1925 年，党的四大《关于妇女运动之议决案》决议指出："本党妇女运动应以工农妇女为骨干，在妇女运动中切实代表工农妇女的利益，并在宣传上抬高工农妇女的地位，使工农妇女渐渐得为妇女运动中的主要成分。"大革命虽然失败，但是随着农民运动和妇女解放运动的发展，封建礼教所倡导的"男尊女卑"思想遭到了严重的抨击和挑战。

---

① 中华全国妇女联合会妇女运动历史研究室编：《五四时期妇女问题文选》，生活·读书·新知三联书店 1981 年版，第 354 页。

② 同上书，第 355—356 页。

第二次国内革命期间，中国共产党创建了革命根据地，颁布和实施了一系列解放妇女的政策和纲领。首先，经济上确立了妇女作为生产资料所有者的资格。1928 年，中国共产党制定的《井冈山土地法》明确规定："以人口为标准，男女老幼平均分配土地。"这意味着中国妇女第一次真正以人的身份分配土地资源，拥有独立的生产资料。1931 年《中华苏维埃共和国土地法》中规定：劳动人民不分男女都有得到分配土地的权利。其次，政治上确立了妇女作为独立的政治参与体的资格。1931 年，《中华苏维埃共和国宪法大纲》规定在红色政权内，无论男女，在法律面前一律平等，皆享有选举权和被选举权以及讨论国家事务的权利。《中华苏维埃共和国宪法大纲》的颁布，标志着中国第一部以男女平等为基本原则的法律的诞生。此后，苏区妇女的政治积极性得到了极大提高，"在 1934 年苏维埃第二次全国代表大会选举的中央政府执行委员会中，就有 8% 的妇女委员"。[①] 再次，在教育上号召妇女学习文化知识，保障男女教育权的平等。农村根据地成立后，党提出妇女应该通过学习提高自身的职业技能，更好地为社会作出贡献，认为政府应"设立成年妇女补习学校，训练她们参加政权和政府机关群众团体的工作能力，如政治军事及普通办事的常识和学习生产技能，提高妇女职业地位"。[②] 经过党的推动，农村妇女的受教育水平得到了极大的提高。各个根据地都举办了各种形式的妇女夜校、妇女识字班、补习学校。"据 1934 年中央教育委员会统计，江西、福建、粤三省共有夜校 6400 余所。当时的兴国夜校共有学生 15740 人，其中妇女占 10753 人，占 69%；兴国识字组 22519 人，妇女 13519 人，占 60%。"[③] 最后，在婚姻家庭上，确立婚姻自由，男女平等的婚姻家庭道德。1931 年的《中华苏维埃共和国婚姻条例》规定男女结婚应以婚姻自由为原则，废除一切封建的包办、强迫和买卖婚姻。1934 年，以《婚姻条例》为基础，根据当时的实际情况，对婚姻条例进行了修订补充，颁

---

① 刘红：《新民主主义革命时期中国共产党妇女解放思想研究》，陕西师范大学硕士论文，2007 年，第 21 页。

② 全国妇联妇女运史研究室编：《中国妇女运动历史资料（1927—1937）》，人民出版社 1991 年版，第 75—76 页。

③ 刘红：《新民主主义革命时期中国共产党妇女解放思想研究》，陕西师范大学硕士论文，2007 年，第 24 页。

布了《中华苏维埃共和国婚姻法》。该法律的主要内容有：坚持男女婚姻自由的原则，实行一夫一妻，禁止一夫多妻和一妻多夫；确定结婚双方必须达到法定年龄，男子为 20 岁，女子为 18 岁；保护革命军人的婚姻；保护妇女和子女的合法权益。这一婚姻法的实施，废除了封建婚姻制度，确立了新型的以男女平等为基本原则的婚姻道德。

抗战期间和解放战争期间，在与日本帝国主义和国民党反动派斗争的同时，中国共产党依旧带领着中国妇女一步步实现自身的解放。1943 年和 1944 年，在陕甘宁地区颁布的《陕甘宁边区婚姻暂行条例》和《修正陕甘宁边区婚姻暂行条例》体现了党一直以来所主张的自由婚恋原则。1947 年颁布的《中国土地法大纲》再一次明确规定了红色区域的妇女在土地上的所有人身份，确保了妇女的经济权。这些文献和法律的颁布，进一步瓦解了中国的封建礼教，确立了中华人民共和国成立后妇女运动的基础。

2. 社会主义建立和发展阶段女性美德的基本内容

中国新民主主义革命的胜利，使中国社会发生了翻天覆地的变化。封建时期的宗法制度、男权制度等被彻底推翻。中华人民共和国成立后，延续着五四时期和新民主主义革命时期的社会嬗变，新型的政治、经济、家庭伦理开始建立，而中国的女性美德在社会大环境的影响之下，也开始以一种新的姿态呈现出来。其主要内容包括：

第一，独立自主的人格。中华人民共和国的成立，使受迫于外国帝国主义和本国封建主义及官僚主义的中国人民从此站起来了，而处于封建社会的最底层的中国女性也开始以独立人的身份登上了历史的舞台。在漫长的封建社会，女性大多是作为传宗接代的工具以及男性的私有财产而存在。中华人民共和国成立后，国家颁布了多项法律规定了女性与男性一样，享有在政治、经济、文化等方面的平等权利。1949 年，中华人民共和国颁布的《共同纲领》规定了"中华人民共和国废除束缚妇女的封建制度。妇女在政治的、经济的、文化教育的、社会的生活各方面，均有与男子平等的权利"。《共同纲领》作为中华人民共和国成立后的临时宪法，是中华人民共和国成立初期的施政纲领，其内容对日后宪法的制定和颁布有着巨大的意义。1950 年，国家颁布了《中华人民共和国婚姻法》，该法涵盖了婚姻生活的各个方面，规定："废除包办强迫、男尊女卑、漠视子女利益的封建主义婚姻制度。实行男女婚姻自由、一夫一妻、男女权利平等、保护妇女和子女合法权益的新民主主义婚姻制度。"该法的颁布标志着中国几千年封建婚姻制度的彻底废除，开启了中国男女婚姻平等时代。1951 年颁布的《劳动保险条例》规定了男女同等的劳动权，同时还对维护女职工的权利作出了特殊的说明。1953 年的《选举法》对女性的政治权利作了明确的规定，"妇女有与男子同等的选举权和被选举权"。1954年的《中华人民共和国宪法》延续了《共同纲领》中对女性权利的规定，并且在此基础上有所补充。《宪法》第九十六条规定："中华人民共和国妇女在政治的、经济的、文化的、社会的和家庭的生活各方面享有同男子平等的权利。婚姻、家庭、母亲和儿童受国家的保护。"

这些法律的逐步实施使女性的社会地位和独立意识得到了极大的提高。1953 年《选举法》的颁布促进了女性政治参与的积极度。"在同年 12 月开始的全国范围内进行基层选举中，90% 以上的妇女踊跃参与投票，当选为基层人民代表的妇女约占总数的 17%。在此之后选出的全国人民代表大会中，妇女占 12%，其中少数民族妇女代表占少数民族代表总数的 11%。"[①] 与此同时，大部分女性开始走向社会，参与社会劳动，逐步实现自身的经济独立。农村地区的土地改革运动使女性同男性一样，成为了土地的主人。这一改变使农村妇女切切实实感受到了"翻身当主人"的滋味，使她们的生产积极性空前提高。"到 1952 年，土地改革基本完成时，全国参加农业生产的妇女约占农村妇女劳动力的 60% 左右"[②]，达到了前所未有的高度。而城市妇女的就业规模也空前扩大了。据记载，从 1949 年到 1956 年，全国所有制各部门女职工的人数从 1949 年末的 60 万人，增加到了 1956 年的 326.6 万人。其中增长人数最多的两个部门是：工业 97.3 万，服务业和物资供销业增加了 63.1 万人。[③] 积极参与社会生产使妇女获得了经济上的独立，这是妇女获得独立人格的先决条件。婚恋自由的规定以法律的形式废除了封建的包办、买卖和强迫婚姻，这一顺应人性的政策得到了全国人民的极大支持。无论是结婚、离婚、再婚，当事人都有自己的自主权和决定权。有资料表明，从 1950 年 5 月到 1951 年 4

①　黄嫣梨：《建国后妇女地位的提升》，《清华大学学报（哲学社会科学版）》1999 年第 3 期。
②　曹冠群：《怎样发动农民家的妇女参与土地改革》，《新中国妇女》1950 年第 14 期。
③　数据参见中华全国妇女联合会妇女研究所、陕西省妇女联合会研究室编：《中国妇女统计资料（1949—1989）》，中国统计出版社 1991 年版，第 241 页。

月，中南六省受理婚姻案件 90425 件，其中妇女主动提出的在 7 万件以上。①
这意味着妇女能够意识到自身的独立人格，对传统婚姻制度提出了挑战。

中华人民共和国成立后，妇女独立自主权的确立使妇女开始以"人"
的身份存在于社会中，这与传统道德中"男主女从"的观念是相反的。
这一变化也意味着女性美德从封建社会的"依附"向"独立"转变。

第二，艰苦奋斗，爱岗敬业。受战乱的影响，中华人民共和国刚成立
之时，千疮百孔、百废待兴。为了尽快使国家发展起来，党和国家号召全
国人民参与到国家建设中来，尤其是长期以来被忽视的广大妇女力量。

为了响应国家号召，广大妇女纷纷投身到国家建设中去，涌现出各个
领域的女性代表，这一部分人是全国女性的奋斗榜样，女性的最高价值就
体现在积极参与国家建设。1953 年，全国妇联副主席邓颖超在第二次全
国妇女代表大会上总结了四年来妇女参与国家建设的情况。四年来，女职
工参加工业建设的人数逐年增加，她们积极参加了社会主义劳动竞赛，已
经成为工业建设的一支重要的力量。在各个行业作出巨大贡献的妇女被评
为全国妇女的楷模。如纺织业的郝建秀经过自己的努力和思考，探索出一
套多纺纱、多织布的高产、优质、低耗的工作方法。这套方法被创造出来
之后，相关领导极为重视，在 1952 年的纺织大会上，这套方法被正式命
名为"郝建秀工作法"，并号召在全国推广和应用。很快，全国纺织界都
开始应用"郝建秀工作法"工作，在 1952 年就出现了两万余名优秀的郝
建秀工作者。类似的例子在其他行业也有很多。很多妇女都开始进入传统
男性的工作领域，并且经过自己的奋斗掌握技能，在相关领域作出了卓越
的贡献，如第一个女子地震组、第一个女子测量队的成立。同时，第二次
全国妇女大会号召全国妇女积极参加工农业生产和祖国各方面的建设，通
过自己的艰苦奋斗，充分发挥其潜在力量，掌握生产技能，提高自身的素
质和社会地位。

第三，接受教育，追求自我完善。传统社会以"女子无才便是德"
作为评判女性道德的标准。经过近代女学的兴起，中国人民的教育意识开
始觉醒，并且把争取教育平等权利作为女性解放运动的重要内容。

---

① 数据参见中华全国妇女联合会妇女研究所、陕西省妇女联合会研究室编：《中国妇女统计资料
（1949—1989）》，中国统计出版社 1991 年版，第 24 页。

　　中华人民共和国成立后，女性的权利得到了法律的保障。在教育方面，虽然法律规定了女性有与男性同样的受教育权利，但是在实际上全国妇女文盲的总数达到90%以上，在很多农村地区甚至达到了100%。为了尽快使妇女摆脱文盲的状态，全国开始了轰轰烈烈的扫盲运动。国家开始在全国范围内宣传扫盲运动，号召女性走出家庭，接受教育，完善自身。同时，政府开办地方夜校和识字班等，使妇女能够充分利用资源得到受教育的机会。我国在第三次世界妇女大会报告上指出："到1956年，全国有860万人摆脱文盲状态，其中妇女约占半数。"

　　在扫盲运动进行的同时，政府开始发展女性正规的教育。从1949年到1956年，我国女性教育发展迅速。根据《中国教育年鉴》记载，这期间，我国女孩接受小学教育的人数从1206.3万人增加到2231.5万人；普通中学女生从34.61万人增加到131.43万人；中等技校女学生从5193人增加到135453人；高等学校女学生从23157人增加到100374人。同时，女教师的数量和比重也增幅很大。在普通中学里，女教师的比重从10.6%上升到16.2%；中等技校的女教师比重从11.0%上升到18.6%；高等学校的女教师比重从10.98%上升到19.21%。[①]由此可见，我国女性的知识水平和文化素质都有了质的飞跃。

　　中华人民共和国成立后，女性在各个方面都获得了极大的解放。但是这一时期封建道德观念的影响依旧十分巨大，很多人禁锢于传统的道德，并没有意识到女性解放的重要意义，而是依旧遵循着旧式的生活模式和生活习惯。同时，由于改革开放之前我国政治环境的特殊性，我国新型女性美德的建立出现了政治化的倾向，文化道德受控于当时的政治体制和社会氛围，女性解放运动的发展和女性美德的建立被消解于阶级斗争当中。由于当时国内文化并未形成多元化的格局，马列主义被神化，因此，女性美德建设也受到束缚，呈现出一定的封闭性和保守性。但是，不可否认的是，中华人民共和国的成立为广大的女性同胞开创了一片新的天地，使女性身心都得到了极大的解放，使女性能够发挥自身各方面的才能和才智为祖国建设作贡献。女性教育的发展使广大妇女同胞摆脱文盲状态，开始接

---

　　① 数据参见《中国教育年鉴》编辑部编：《中国教育年鉴（1949—1981）》，中国大百科全书出版社1984年版，第974—1024页。

受文化教育和技能教育，既能提高自身的素养，也能掌握职业技能。女性经济独立权的获得和婚姻道德的变革使女性摆脱家庭和男权的束缚，成为真正的"社会人"。女性参政权的获得使女性有决定国家事务的权利，成为国家的主人。并且，这些都为改革开放后女性美德的变革奠定了强大的基础。

四　改革开放时期的女性美德

1978 年，党的十一届三中全会的召开成为中国历史的一个重要转折点。本次会议清算了"文化大革命"时期的"无产阶级专政继续革命"的观点，停止使用了"以阶级斗争为纲"的政治口号，提出了"解放思想，实事求是"的思想路线，确立并提出了改革开放的新时代总方针，同时作出了在国内发展市场经济的决定。党的十一届三中全会不仅改变了政治环境和经济环境，更使国内的文化道德倾向开始由计划经济体制下的文化道德向市场经济体制下的文化道德转变。随着对内改革和对外开放的开启，女性美德也在继承传统优秀文化的基础之上，开始向当代女性美德嬗变。

1. 以男女平等为基本原则

改革开放以前，虽然国家法律已经确立了"男女平等"的基本原则，但是受国内政治思想环境以及传统封建文化残留的影响，中国女性依旧在争取男女平等的这条道路上艰难地行走着。改革开放之后，西方思潮不断涌入中国，国内思想开始多元化，确保"男女平等"的法律和道德意识日臻完善。

1980 年，根据国内婚姻家庭的变化和发展，国家修订并颁布了新的《中华人民共和国婚姻法》，该婚姻法规定："实行婚姻自由、一夫一妻、男女平等婚姻制度，保护妇女、儿童和老人的合法利益。"同时重点说明"禁止包办买卖婚姻和其他干涉婚姻自由的行为。禁止借婚姻索取财物。禁止重婚。禁止家庭成员间的虐待和遗弃"。2001 年，为了适应新时代的婚姻家庭，确保男女两性真正的平等，在《婚姻法》增设了"禁止有配偶者与他人同居"以及"禁止家庭暴力"条例，规定了婚姻双方和家庭成员的共同责任。在政治权利方面，1954 年的《中华人民共和国宪法》就已经规定，女性有同男性平等的权利，首先涉及的就是政治权利。1992 年，我国专门颁布了《妇女权益保护法》，规定："国家保障妇女享有与男子平等的政治权利。"1995 年，我国政府颁布了《中国妇女发展纲要》，明确了我国妇女的参政目标：积极实现各级党政领导班子中都有女性。这些法律和纲要的颁布和实施极大地促进了我国女性政治参与意识的提高。在经济权利方面，1992 年国家颁布的《妇女权益保护法》、1994 年的《中华人民共和国劳动法》里面都对女性职工的权益作出了特别规定和说明，为实现男女真正的平等提供了条件。而为了保障女性的受教育权利，国家也颁布了相应的法律法规。《妇女权益保护法》中规定：国家保障妇女享有与男子平等的文化教育权利，国家机关、社会团体和企业事业单位应当执行国家有关规定，保障妇女从事科学、技术、文学、艺术和其他文化活动，享有与男子平等的权利。2001 年，国家在《中国妇女发展纲要（2001—2010）》中提出：要把社会性别意识纳入教师培训课程之中，在高等教育相关专业中开设妇女学、马克思主义妇女观、社会性别与发展等课程，增强教育者与被教育者的社会性别意识。除了这些方面，国家还对女性的健康权、生活权等方面作出了与男性平等的规定。

　　"男女平等"作为近代以来我国女性一直追求的目标，经历了近代民主革命的洗礼、改革开放之前的探索，在改革开放之后已经基本上在政策上得到保证。"男女平等"作为当代我国女性美德的基本原则，是我国女性经过近百年努力争取到的权利，也是我国社会主义制度的根本要求。

　　2. 以"四自"为根本规范

　　"四自"即"自尊、自信、自立、自强"的简称。"四自"第一次提出是在 1983 年的中国妇女第五次全国代表大会上，康克清同志提出今后我国妇女发展的任务时指出："我们要'自尊、自爱、自重、自强'，勇敢地捍卫法律赋予自己的神圣权利"。1988 年，第六次全国妇女代表大会再一次重申了"四自"的重要性，并对"四自"的提法进行了修改，对其内容进行了具体而系统的阐述。会上强调："在改革竞争的大环境下，当代妇女要争取自身的进一步解放，必须努力提高自身的思想道德素质和科学文化素质，树立自尊、自信、自立、自强新女性意识。自尊，就是尊重自己的人格，维护自己的尊严，反对自轻自贱；自信，就是相信自己的力量，坚定自己的信念，反对妄自菲薄；自立，就是树立独立意识，体现自己的社会价值，反对依附顺从；自强，就是顽强拼搏，奋发进取，反对自卑自弱。""四自"口号的提出得到了党和国家的充分支持。1992年，国家颁布的《中华人民共和国妇女权益保障法》规定："国家鼓励妇女自尊、自信、自立、自强，运用法律维护自身合法权益。"

"四自"精神一经提出，立刻引发了全国妇女参与改革开放的热情，使妇女自觉调整自己的角色定位，并且形成独立自主、奋发图强的意识。当前，在市场经济的推动下，女性的主体意识得到极大的发扬，社会各行各业中都可以看到女性的身影。她们在政界、商界等领域拼搏，同时又能成功地扮演好家庭的角色；她们能够审时度势、客观冷静地分析外部环境，从而作出最有利于自身的决定；她们自尊、自立、自主、自决，拥有自己的事业，不需要依靠男性也可以创造丰富的物质财富。无论是在政治、经济还是文化领域，妇女已经通过她们的实际行动向世人表明自身的能力，是当之无愧的半边天。随着我国经济的发展，岗位分工越来越细，在很多岗位上，女性独有的道德特征会帮助她们更好地完成工作，妇女在社会经济活动中的地位越来越重要。同时，在家庭里妇女要充当起妻子和母亲的双重角色。母亲的道德水平直接影响下一代的道德水平，妇女的素质直接关系到孩子的素质，因此，女性以"四自"精神为基本规范，提高自身的科学文化素质和思想道德素质有利于培养更加优秀的下一代。妇女美德的建设与整个中国的精神文明水平息息相关，妇女的社会地位成为衡量一个国家先进水平和文明程度的重要标志。因此加快妇女"四自"美德建设，可以提高妇女本身的参政能力和经济能力，在事实层面上真正实现男女平等。同时，还可以提升我国的综合实力和国际形象，使中华民族永久地屹立于世界之林。

"四自"的提出为新时代的中国女性提出了明确的发展方向，它倡导中国女性在改革开放的浪潮中发挥自身的聪明才智，树立自我发展的独立意识，为国家建设作出自己的贡献。

3. 以女性的全面发展为最终目标

女性作为人类的二分之一，其发展关系到人的自由全面发展。我国传统社会时期，人等同于男人，因此对于人的发展只需要使男性发展即可。传统社会女性作为创造历史的群体，她们在社会历史发展中的作用被一笔勾销了。因为"我们的文化也不许女人承认和满足她们对成长和实现自己作为人的潜能的基本需要"①。

今天，女性作为社会发展的重要力量，她的全面发展显得愈加重要，其对于人的全面发展的意义也愈来愈大。马克思说："代替那存在着阶级和阶级对立的资产阶级旧社会的，将是这样一个联合体，在那里，每个人的自由发展是一切人的自由发展的条件。"② 也就是说，每一个人自由的发展是整个社会实现自由发展的前提。女性的全面发展关系到人类的全面发展，因此当代女性美德建设应以女性的全面发展为目标。马克思认为必须从生产力和生产关系的维度去寻找人的自由全面发展实现之路。具体而言，第一，生产力的发展。马克思说："人们的观念、观点和概念，一句话，人们的意识，随着人们的生活条件、人们的社会关系、人们的社会存在的改变而改变。"③ 由此可见，社会生产力的发展为人的全面发展提供物质条件，是人的全面发展的根本动力。从历史的发展来看，传统社会生产力水平低下，限制了女性参加社会劳动的机会，她只能被困于家庭中，心智发展具有很大的局限性，无法发挥自己的才干和智慧。今天生产力水平已得到很大的提高，为女性的发展奠定了坚实的基础，女性有了发展自己能力的机会和舞台，有了发展自己能力的充足时间，能够追求自己的理想和目标。事实证明今天女性已经在社会发展中充分展示了自己的才干，为社会发展作出了巨大的贡献。第二，人的社会关系的全面发展。马克思指出："人的本质不是单个人所固有的抽象物，在其现实性上，它是一切社会关系的总和。"④ 人的社会本质内在规定了人的发展是建立在一定社会关系基础上的，尤其是从社会关系中产生，具有稳定、固化和规范的社会关系形式的制度对人的发展有直接的影响。随着社会主义制度的不断完善，对女性各方面权益保护的加强，为女性提供的发展空间越来越大，发展的机会也越来越多，良好的制度促进了女性的发展。当然，现在的制度依然存在一些不尽完美的地方，但我们相信，只要制度制定者真正坚持以人为本，就会通过不断改革以消除不利于女性全面发展的因素。同时女性自身也要不断冲破旧的社会关系的禁锢，扩大和丰富新的社会关系，增强

---

① ［美］弗里丹：《女性的困惑》，陶铁柱译，黑龙江教育出版社1988年版，第70页。
② 《马克思恩格斯选集》第1卷，人民出版社1995年版，第294页。
③ 同上书，第291页。
④ 同上书，第60页。

自己的交往能力，用人类的文明成果武装自己，提高自身的素质和能力，而男女关系就是人与人之间最直接的关系，男女两性应相互合作、共同发展。因此，男女平等作为女性美德建设的基本原则，也是实现女性全面发展的前提性条件。只有男女两性不仅在法律上，而且在道德上和事实上真正的平等，性别歧视才会消失，男女两性才能在最大程度上发挥自己的才干。第三，人的主体性的高扬。马克思主义一个基本的范畴是"实践"，实践是人认识世界和改造世界能力的集中体现，是人的主体性所在。今天的女性作为历史和社会的推动者之一，其主体性得到充分的体现。女性想要解放自身，必须抛弃传统的自卑、自贱的心理，勇敢地摆脱传统道德文化强加在自己身上的种种束缚，增强自己的主体性和社会责任感，在实现理想和抱负的过程中，真正得到全面发展。

　　总之，我国的女性美德的发展经历了近代社会、社会主义建立和发展、改革开放三个时期。在今天这个新时期，我国女性美德建设是以女性的全面发展为最终目的，但要达到这个目标，还有漫长的路要走。虽然我国已经在法律和政策上确定了男女平等的基本原则并将其上升为基本国策，也赋予了女性与男性同等的权利，但是由于历史及其它各种原因，男女的事实平等远未实现。仅以我国当前女性的就业情况而言，女性的就业比例远低于男性，近几年女性就业率的下降幅度大于男性。女性就业的职业层次比男性低，女性更多集中在准入门槛、技术含量和劳动收入低的行业，在职场中担任领导职位的女性比例远远低于男性。女性的劳动收入水平从总体上看，也普遍低于男性。[①] 时至今日，传统观念对人们的影响仍然根深蒂固，人们认为女性能力低于男性，女性的重要职责就是相夫教子，工作上只要过得去就行，致使一部分女性放弃了自立、自强，放弃了事业上的追求。有些女性则受市场经济消极因素如拜金主义等错误思想的引导，推崇物质享受，沉迷于纸醉金迷的生活中，完全沦为了物欲的奴隶。因而在当前加强女性道德建设，重塑女性道德形象，就成为摆在我们面前的一个重要而紧迫的问题。

---

① 参阅宋秀岩主编：《新时期中国妇女社会地位调查研究》上卷，中国妇女出版社 2013 年版，第 211—212 页。

第三节　当代中国女性美德建设的意义

现代的女性美德建立在男女平等的基础上，为女性的发展奠定了基础。今天，我们要在继承传统女德的基础上，建构与时代相适应的新女德，促进女性人格的完善和发展。

一　女性美德建设是女性发展的需要

女性占人口的一半，女性与男性一样，首先是作为人而存在，然后才是作为性别而存在。人类社会的发展是男女两性共同推动和发展的，女性是创造人类文明的重要力量。和平与发展是今天世界的主题，发展是硬道理。促进女性发展是保证社会发展的一个前提，没有女性的发展，绝不可能有一个社会的良好发展。

20 世纪一个最大的也是最引人注目的变化是女性重新回到了社会生活中，她享有了与男性一样的权利，要求男女平等和共同发展。中华人民共和国成立后，中国女性参加社会劳动的人数之多、劳动领域之广及劳动热情之高是前所未有的，她们与男性一道积极参加社会主义建设，涌现一大批女劳动模范，为社会主义建设作出了巨大的贡献，因此享有"半边天"的美誉。

但中华人民共和国成立后到改革开放前的 30 年间，"男女平等"被理解并践行为"男女都一样"，有学者将这一现象称为"男女同化"。即女性被鼓励向男性看齐，进入传统意义上由男性统治的领域，如机械、交通、采矿和建筑等行业，认为女性"什么事都能干，什么事都能干好"，女性的一切行为都以男人为标准，以男人为楷模，这使女性在发展中失去自己的"女"人身份和女性意识。"男性化"、"非女性化"作为女性解放的结果不仅仅只是抹杀了男女之间的性别差异，而且是否定与排斥女性，女性身份、女性问题都被消解。因而尽管这一时期女性的双重角色负担非常沉重，但政府采取的是不关注、无建议的态度，国家的妇女工作也基本停滞，这一阶段女性的发展付出了较大的代价。

进入 20 世纪 80 年代，改革开放逐步推进，市场经济的浪潮兴起，中国女性的主体意识和性别意识逐渐觉醒，性别分化在城市开始出现，"男女有别"的观念与"男女都一样"的观念对峙，"女人味"的讨论如火如荼。然而全面改革的浪潮却使女性陷入了一系列"问题"中，尤为突出的是女性就业问题和参政问题。经济体制改革使企业有了经营自主权，实行聘任制和合同制，女工下岗人数大量增加，女性就业问题凸显，一时间女性的劳动保护、社会福利和待遇遭遇严峻挑战，特别是"女性回家"的声音不绝于耳。而民主差额选举中，女干部的大量落选，引发了人们对女性参政问题的担忧，以至于国际社会对这一现象都表示震惊，中国女性面临前所未有的压力和危机。于是中国女界推出了令世人瞩目的大讨论："1988——女人的出路？"①唤醒人们对女性问题的再次关注。可以说改革和市场经济既为女性发展创造了前所未有的机遇，也给女性发展带来了挑战。商业社会的物质金钱取向与落后的性别文化结合，使拜金主义的价值观侵蚀着女性，女性的物质化和商品化倾向加剧。女性的发展遇到新的问题，与此同时女性发展问题也成为社会发展不可忽视的重大问题。

20 世纪 70 年代以来，国际社会十分关注女性及其发展问题，"女性发展"不仅已成为当代女性解放运动和国际学术、政策领域探讨的一个重要议题，而且国际社会也切实采取了包括召开世界妇女大会在内的一系列措施促进女性发展。与此同时，中国政府和社会各界人士也高度重视女性发展问题，并就此形成共识：在推动社会进步发展的同时促进妇女的进步发展，既是全社会的共同责任，也是妇女运动的光荣任务。1995 年江泽民同志在第四次世界妇女大会的开幕式上代表中国政府向世界庄严承诺，"我们十分重视妇女的发展与进步，把男女平等作为促进我国社会发展的一项基本国策"。国家相继制定和颁布了《中国妇女发展纲要（1995—2000）》、《中国妇女发展纲要（2001—2010）》和《中国妇女发展纲要（2011—2020）》，这三部关于促进女性发展的专门规划的出台，标志着中国女性发展进入一个新的历史阶段：女性发展已被纳入社会发展总体规划之中，女性发展有了更强有力的支持和保障。

当然，今天女性发展仍然面临许多问题，这就需要我们进一步弄清楚问题的根源，在现实的基础上探求女性发展的途径和机制。但有一点是达

---

① 李小江：《女人的出路——致 20 世纪下半叶中国妇女》，辽宁人民出版社 1989 年版，第 1 页。

成共识的，这就是女性发展的一个重要方面就在于建构先进的性别文化，提高女性道德素质。女性美德的建设有助于批判和清除落后、腐朽的性别文化影响，消除社会对女性的歧视和偏见，帮助人们树立先进的性别文化，为女性发展创造一个良好的舆论环境。女性美德建设也有利于改变人们对女性的刻板印象和价值评价，促进女性自身主体意识的觉醒，提高自己的道德修养和道德素质，从而以饱满的热情和坚定的信念投身于社会的建设中，在促进社会发展的同时，也不断提升自我的能力、个性，使自我得到全面的发展。

二　女性美德建设是家庭幸福的需要

男女两性间的差别与互补，是构成完整人类的需要，也是构成家庭的需要。爱默生曾经说过，家庭是父亲的王国，母亲的世界，儿童的乐园。如何正确对待婚姻与家庭，是每一个女人生命中的重要课题。

女性美德是家庭幸福的灵魂。古希腊哲学家亚里士多德早就说过，一个幸福的家庭必须同时具备三个条件：一是有相当的物质财富；二是有健康的身体；三是有良好的德行。其中，德行是最重要的条件。所谓德行，是指家庭成员的道德品行。女性是家庭的核心，她的德行是家庭幸福的关键，甚至决定了一个家庭的幸福。比尔·盖茨曾被问到，他一生中最聪明的决定是创建微软还是大举慈善，他回答都不是，他认为找到合适的人结婚才是一生中最聪明的决定。而沃伦·巴菲特也谈过，人生中最重要的决定是跟什么人结婚，而不是任何一笔投资。女人决定了上一代人的幸福，这一代人的快乐，下一代人的未来。女性以真善美的心灵和细腻的感情，提升着家庭的品位，净化着家庭的风气，将每个家庭成员紧紧团结在一起，为每个成员构建一个温馨的家园。2014 年到 2015 年，中国家庭文化研究会与全国妇联宣传部、中国妇女杂志社联合开展了"中国好家风万户城乡家庭大型调查"，近九成人认为母亲在家风传承中的作用排第一①，可见女性对家庭的影响。

人与其他动物不同，人的生长期比较长，当一名毫无生存能力的幼儿

---

① 周文：《近九成人认为母亲在家风传承中的作用排第一》，中国女网 http://www.cnwomen.com.cn/2015－11/13/content_89692.htm。

来到人世时，需要外界的支持才能进一步发育与成长，需要长期的依赖和学习才能逐渐独立，而能满足这种需要的唯有家庭。在家庭的亲密互动中，人的需要得到满足，人的基本能力得到锻炼，为适应社会做好准备。其中母亲给予子女的温暖无私的爱是儿童健康成长的基础。孤儿院的儿童虽有人照顾，在物质和认知方面都很完备，但大多数人在人格或性情方面都有缺陷或偏差，究其原因主要是缺乏母爱。因而现在许多孤儿院为了让孤儿得到母爱，雇请许多女性到孤儿院扮演母亲，以弥补这份感情，帮助孤儿更好地社会化。母亲在孩子的早期教育中的作用是巨大的，也是其他家庭成员不能替代的。母性给予幼儿多种营养——食物、爱、指导，这些都为幼儿成长奠定了重要的基础。

现代社会以来，尽管家庭发生了巨大的变化，但家庭的有些功能仍然是无法被社会或其他组织取代的。家庭继续担负着经济、保障、情感、教育、娱乐等功能，女性在完成上述家庭功能中的重要作用是无法替代的。由于天性、历史和社会的诸多原因，千百年来，女性对婚姻和家庭有着更大的责任感，承担了更多的义务，在维系家庭的稳定及促进家庭的和睦幸福等方面发挥了重要的作用。因为家庭需要女人的温和善良，耐心细致，更需要女人的贤明通达，知书达礼。现代诸多社会问题，有相当一部分就是因家庭问题而衍生的，减少家庭问题，同样是女性道德价值的体现，是值得社会肯定和赞扬的。家庭与社会的价值是相当的，家庭之所以被贬抑，主要是由于男性是社会公共领域的主导者和统治者，他们把持着社会的政治、经济和文化命脉，在他们书写的历史里，只有社会公共领域的活动创造历史，而女性及其在家庭私人领域的活动一直被排斥在历史之外，认为女性是"做食之人"，"女子二万万，全属分利，而无一生利者"①，从根本上否定了女性在社会历史中的作用和价值。时至今日，这种观点仍影响着人们对女性的价值判断。人们认为人的价值是以在公共领域取得的成就来确认的，而忽略女性在家庭领域的活动及其价值。在当代，随着家务劳动的社会化，越来越多的人意识到，家庭领域的活动与社会领域的活动具有同等价值，女性家务劳动的价值应该得到承认和尊重。

---

① 梁启超：《论学校六：女学（变法通议三之六）》，载《时务报》第廿三册，光绪二十三年三月（1897年），编入《饮冰室文集》中名为《论女学》。

在今天激烈的社会竞争和快节奏的生活方式之下，人们渴望在家庭中得到情感的慰藉和心理的安抚，人们更珍视家庭的亲情与温馨。这一切都需要女性自身具有良好的修养。一位作家写道："男人所渴望的是这样一种人，她不但只为他一个人操碎心，而且可以抚平他额头上的皱纹，可以带来宁静、秩序和稳定；他每天回到家时，她可以温柔地调节他的情绪和控制他得到的东西；他希望有人能够让家中的所有东西都飘洒着女人那种难以言状的芳香，具有生命那种生机盎然的温暖。"男人想从女人身上享受到的美感、温暖和亲密感，不再具有形体的性质，而是家庭的灵魂。好女人就是让家充满爱、花朵与阳光，在这样的家里，人们可以得到归属感、支持感、信任感和舒畅感。在这样的家里，快乐有人与你共享，痛苦有人与你分担，郁闷有人听你宣泄，身心有人给你温暖。

当然我们肯定女性对家庭的责任和贡献，并不是要求女性重新退回到家庭中，专职做家庭主妇。而是说在女性参加社会劳动的时代，虽然女性承担社会责任，但也不能因此抛弃家庭角色和责任。一个具有独立人格的女性与贤妻良母不存在对立，一个具有健全人格的女性也不会把家庭责任视为包袱或束缚，尽管出现了角色两难的问题，但也不会由此去贬抑家庭角色。事实上今天大多数的女性已不再像传统女性那样是单一的家庭主妇的角色，而是身兼家庭和社会双重角色，在面对家庭和社会双重角色的冲突时，大部分女性的选择是：内外兼修，出则"巾帼不让须眉"；入则"贤妻良母孝媳"，事业和家庭都重要。尽管拥有这一切确实不容易，但这是多数女性的期望。其实每一个女性都有一个梦：事业有成、家庭幸福。达成这一目标，需要女性的智慧和德行，也需要男性的理解和支持，更需要社会价值观的改变，承认家庭幸福的价值。正如习近平在 2015 年春节团拜会上所说的那样，不论时代如何变化，不论生活格局如何变化，我们都要重视家庭建设。

三　女性美德建设是社会和谐的需要

社会历史是男人和女人共同创造的。女性的道德价值不仅应在家庭也应在社会领域得到实现。女性美德的建设，促使女性不断提高素质和能力，在工作和生活中与男性相互协作，共同担负起社会和谐的责任。

当前中国社会发展正处于战略机遇期和矛盾高发期。经过三十多年社会主义市场经济体制的改革，一方面促进了社会生产力的大发展、综合国力的大增强和人民生活水平的大提高，另一方面原有的计划经济时代的利益格局被打破，形成利益主体和利益群体多元复杂化的格局。社会分配不公、一些党员干部贪污腐败，更是加剧了社会的贫富差距，人们的被剥夺感越来越强烈，人民内部的利益矛盾呈现越来越尖锐的状态。如何解决这些矛盾的问题自然要提上日程，提到比过去更为重要的位置，否则人们对社会和政府越来越不信任，社会的稳定和谐就无法实现，改革开放的成果也会丧失殆尽。

女性作为社会的另一半，在和谐社会的建设中应发挥自己的作用。

首先，女性美德建设为女性提供价值标准和道德规范，为社会和谐奠定基础。罗素认为"没有全民的道德标准，社会就将解体，没有个人的道德标准，社会的存在就失去了意义。因此，对于一个美好的世界来说，全民的道德和个人的道德同样是必需的"。① 女性美德建设为女性提供了最基本的道德标准和价值导向，使女性在面临利益矛盾复杂化、思想价值观念多元化的今天，能够将正确的道德标准真正转化为自身的内在信念，从而作出正确的选择，采取正确的行动。因此女性美德建设的最终目的在于解决女性信不信和做不做的问题，其最终效果在于使女性能够躬身实践、自行笃行。

女性是社会的基本力量，女性美德建设不仅影响女性自身，而且影响男性，影响整个社会与世界，使这个世界变得更加美好。正如印光大师所言："治国平天下之权，女人家操得一大半。教子为治平之本，而教女更为切要。盖以世少贤人，由于世少贤母。有贤女，则有贤妻贤母矣。而其父与子不为贤人者，盖亦鲜矣。其有欲挽世道而正人心者，当致力于此焉。故人欲培植家国，当以教女为急务。"② 从某种意义上而言，女性对于和谐社会建设的意义在于奠定人性成长的价值基础。每个人都是从家庭走向社会的，而对于具有家国同构传统的中国人而言，家在个人生活中的地位和作用非同一般。著名爱国实业家卢作孚曾指出"家庭构成了中国人基本的'生活世界'，家庭生活是中国人第一重的社会生活，中国人就

---

① ［英］罗素：《罗素文集》王正平译，改革出版社 1996 年版，第 421 页。
② 王红：《只因为是女人 只因为是母亲》，搜狐网 http：//mt.sohu.com/20141008/n404913554.shtml

是在家庭的生活活动中寻求和确立了人生的意义"①。在这种文化传统中，中国女性成为连接家国一体的天然奠基人，她以自己的性别特征，通过抚育下一代和服务家庭而为和谐社会构筑基础。19 世纪著名道德学家塞缪尔·斯迈尔斯就曾经指出"这个世界是幸福还是不幸，是开化还是无知，是文明还是野蛮，在很大程度上，这都取决于女人在她的特殊王国——家庭中权力的运用"。②"不管在哪个国家中，她们的状况影响着这个民族的道德、行为方式和品格。哪里的女人品质恶劣，那个社会的品质也就恶劣。哪里的女人道德高尚、有教养，那个社会就会繁荣、进步。"③

其次，女性美德建设培养女性的道德品质，为社会和谐提供精神支持。人是需要精神支撑的，只有具有高尚道德情操的人，才有坚定的目标和信念，自觉地把个人理想和社会理想结合起来，把个人理想融入社会理想中，为社会的发展和国家的富强贡献自己的全部聪明才智，在为社会理想而努力奋斗的过程中实现自己的目标，并真正懂得这样的人生才是有意义的人生。女性美德建设促使女性眼界扩大，视野更加开阔，走出自我和家庭的狭小天地，积极投身社会发展和建设。只有每个女性各尽其力，认真履行自己的工作职责，正确处理个人与他人、社会的关系，为社会和他人提供最好的产品和服务，在为社会贡献的同时，创造自己的美好生活，社会关系的和谐才有可能。如前所述，女性比男性更人性化，她具有比男性更富有人性的品质，如情感、直觉和合群性，因而女性在处理各种社会关系时有自身的优势，在建构和谐的社会关系中扮演重要的角色和发挥特殊的作用。

社会和谐还必须处理好人与自然的关系。人类的生存和发展依存于自然界，不论是物质资料的生产还是人自身的生产都以自然界的存在和发展为前提条件，人们的生产方式和消费方式都直接影响人与自然的关系。人类在改造自然、创造物质财富的同时，必须保护好自然，这是人类及个体持续发展的重要条件。因此我们必须进行美德教育，使女性牢固树立尊重自然、顺应自然、保护自然的生态文明理念，从自己做起、从现在做起，为营造良好的生态环境，建设美丽中国贡献一份力量。

①　转引自梁漱溟《中国文化要义》，学林出版社 1987 年版，第 12 页。

②　[英] 塞缪尔·斯迈尔斯：《品格的力量》，宋景堂等译，北京图书馆出版社 1999 年版，第 37 页。

③　同上书，第 57 页。

第二章　当代中国女性美德的现实审视

改革开放以来，我国女性的道德生活和道德状况发生了深刻而重大的变化，新情况、新问题不断出现，要求我们必须予以把握和了解。要从根本上解决当代中国女性出现的各种道德问题，提升女性的道德水平，就必须对当代中国女性道德状况进行科学的评估。只有进行科学的道德调查，才能对中国女性道德状况进行科学的评估，才能为改善中国女性道德状况提供客观依据。为此，《当代中国女性美德建设研究》课题组于 2013 年 6 月至 10 月对我国女性美德现状进行了调查。

第一节　当代中国社会女性美德的现状[①]

当今中国社会处于转型期，女性道德观念发生了很大的变化，其中一部分女性道德迷失甚至沦丧是一个不争的事实。但一些媒体却大肆渲染，一时间，所谓"二奶小三横行"、"女人爱钱胜于家庭"等言论充斥媒体，中国女性伦理形象整体坍塌；另一方面，媒体对女性形象的"刻板化"宣传和对女性形象的客体化、商品化的打造，也对女性及公众产生了误导作用。我们通过实证调查，科学客观地分析女性道德的现状，以还女性的真实形象。

一　有关调查的说明

1. 调查方法和问卷的设置

本次调查采取问卷调查法和访谈法。选择类型抽样的方式，将全国分

---

① 此部分内容已发表，见李桂梅、欧阳卓灵《当代中国女性道德状况调查》，《伦理学研究》2015 年第 4 期。

为发达地区、发展中地区和不发达地区，同时兼顾了城乡分布，进行了大致的分层，选取了广东、山东、重庆、湖南、湖北、贵州六个地点。其中广东广州、湖南长沙、重庆为城市样本，山东烟台、湖北孝感、贵州毕节为农村样本。调查的对象是各地的城乡居民，并且考虑了社会分层，包括性别、婚姻、职业、受教育程度等。本调查问卷一部分由调查者入户对被调查者进行面对面的访谈，并由调查者按照被调查者的回答填写完成，一部分是在调查者的指导和解释下，由被调查者自己填写问卷，作答后收回问卷，比较好地保证了问卷的有效性与真实性。共发放问卷 754 份，回收有效问卷 734 份。

本次调查的问卷分为两个部分，第一部分为个人的基本情况，呈现七个方面的问题，包括性别、年龄、婚姻、职业、受教育程度、地区、城乡。第二部分为具体的调查内容，该部分设计了 40 个问题，包括四个方面的内容：一是女性美德在家庭中的体现的调查；二是女性美德在职场中的表现的调查；三是女性美德在社会公共领域中的表现的调查；四是对于中国当代女性道德的总体看法的调查。

本调查的访谈提纲面向男性和女性共设计了 9 个大问题，虽然问题切入点不同，但关注点大致相同。本调查以个别访谈方式进行，访谈材料的获取采取现场录音，事后整理的方式。具体而言，本次共访谈 37 人，其中男性 12 名，女性 25 名。

调查问卷采用 SPSS11.0 统计软件进行统计分析。

2. 调查对象的基本情况

（1）调查对象的类别

调查人数为 734 人，其中农村为 315 人，城市为 419 人，比例分别为 42.9% 和 57.1%，见表 1。

表 1　　　　　　　　　　调查对象类别

对象	频数	有效百分比（%）
农村	315	42.9
城市	419	57.1
合计	734	100.0

（2）调查对象的户籍分布

调查的对象中，湖南 209 人，湖北 100 人，广东 106 人，山东 103
人，重庆 104 人，贵州 112 人。其中湖南人数最多，209 人，占 28.5%；
其次是贵州，112 人，占 15.3%，见表 2。

表 2 户籍所在地

地域	频数	有效百分比（%）
湖南	209	28.5
湖北	100	13.6
广东	106	14.4
山东	103	14.0
重庆	104	14.2
贵州	112	15.3
合计	734	100.0

（3）调查对象性别比例

调查对象中男性为 311 人，女性为 417 人，男性和女性的比例分别为
42.7% 和 57.3%，见表 3。

表 3 性别

性别	频数	有效百分比（%）
男	311	42.7
女	417	57.3
合计	728	100.0

（4）调查对象的年龄

我们将调查对象的年龄归为六个年龄段：18 岁及以下，19—25 岁，
26—35 岁，36—45 岁，46—55 岁，56 岁及以上。其中人数最多的是
19—25 岁的人群，为 28.2%；其次是 26—35 岁的人群，为 22.9%；最后
为 36—45 岁的人群，占 21.8%，见表 4。

表4　　　　　　　　　　　　　　年龄分组

年龄	频数	有效百分比（%）
18 岁及以下	54	7.4
19—25 岁	207	28.2
26—35 岁	168	22.9
36—45 岁	160	21.8
46—55 岁	105	14.3
56 岁及以上	40	5.4
合计	734	100.0

（5）调查对象的婚姻状况

对象中已婚人数最多，407 人，占 56.2%；其次为未婚人数，272 人，占 37.6%；离异者 17 人，占 2.3%；丧偶为 15 人，占 2.1%；再婚者为 13 人，占 1.8%。见表5。

表5　　　　　　　　　　　　　　婚姻状况

婚姻	频数	有效百分比（%）
未婚	272	37.6
已婚	407	56.2
再婚	13	1.8
离异	17	2.3
丧偶	15	2.1
合计	724	100.0

（6）调查对象的职业类别

调查对象职业划分为八大类：机关事业单位干部和有关人员、科教文卫专门技术人员、企业管理者和职工、商业服务人员、私营企业主、个体从业人员、农业劳动者和农村外出务工人员、学生或其他。其中以学生或其他人最多，207 人，占 28.6%；其次为企业管理者和职工，172 人，占 23.7%；再次为农业劳动者和农村外出务工人员，137 人，占 18.9%。其他的依次为科教文卫专门技术人员、个体从业人员、机关事业单位干部和有关人员、商业服务人员、私营企业主等，见表6。

表6　　　　　　　　　　　　　**职业**

职业	频数	有效百分比（%）
机关事业单位干部	12	1.7
办事人员和有关人员	27	3.7
科教文卫专门技术人员	64	8.8
企业管理者	29	4.0
企业职工	143	19.7
商业服务人员	32	4.4
私营企业主	16	2.2
个体从业人员	58	8.0
农业劳动者	101	13.9
农村外出务工人员	36	5.0
学生或其他	207	28.6
合计	725	100.0

（7）调查对象文化程度

调查对象的文化程度从文盲到研究生，调查对象中，初中文化程度，168人，占23.0%；高中/中专/技校/职高，153人，占20.9%；调查对象为中学文化程度的共计为321人，占43.9%；大专及以上为354人，占48.4%；文盲和小学文化程度为56人，占7.7%，见表7。

表7　　　　　　　　　　　　**受教育程度**

文化程度	频数	有效百分比（%）
文盲	13	1.8
小学	43	5.9
初中	168	23.0
高中/中专/技校/职高	153	20.9
大专	90	12.3
本科	152	20.8
研究生	112	15.3
合计	731	100.0

二　调查表明当前我国女性道德总体状况良好

1. 女性道德的总体状况较好

在回答"当前中国女性道德总体状况的总体评价"这一问题时，认为"很好"的占 4.7%，"比较好"的占 58.5%，两者合计为 63.2%，即女性美德总体状况比较好，认为"很不好"的只占总人数 1.9%，见图 1。

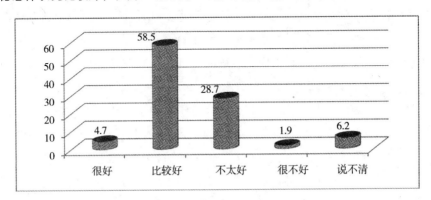

图 1　对当前中国女性道德品质现状的总体评价（%）

具体来说，农村认为女性道德状况好的为 45.4%，城市认为好的为 77.4%；男性为 62.7%，女性为 64.7%。从受教育程度来看，小学文化程度的人认为好的为 27.3%，初中文化程度认为好的为 52.1%，高中/职高/技校认为好的比例为 64.9%，大专及以上文化程度认为好的为 73.6%。文化程度越高对当前女性美德状况的评价越高。

2. 女性的家庭美德素养高

女性在家庭生活中有着特殊的作用，而女性家庭美德如何，对家庭生活至关重要。我们设置了 18 个题目考察女性的家庭美德状况。

（1）女性在家庭生活中的重要性和作用不容置疑，女性以自己的能干和善良获得尊重

在回答"女性在家庭生活中扮演的角色"这一问题时，回答"极为重要"的占 66.1%，"比较重要"的占 30%，两项回答人数合计高达 96.1%，可见女性在家庭生活中的重要性是人们公认的。与男性相比，她们在家庭中承担着更多的责任和义务。人们对女性评价用得最多的是"能干"、"善良"两个词汇，分别占被访者的 41.5% 和 31.2%。女性以

自己的劳动、善良品质赢得人们的赞美。

从调查看，在回答"女人人生最重要的事情是什么"（六项限选三项）这一问题时，前三位依次排序是：90.3%的被访者选择"幸福美满的家庭"，28.5%的人选择"健康的身体"，23.5%的人选择"子女成才"。可以看出家庭在女性心目中的分量。无论哪个层次的女性都把家庭摆在最重要的位置，即使事业再辉煌，如果家庭生活不幸，女人还是觉得人生有缺憾。女性对自己在家庭生活中的重要性和作用也是非常认同的。

在访谈中，大多数男性也都非常感激自己妻子在家庭中的付出。有位男士谈到，古话说，无女不成家，确实如此。一旦妻子外出，他就盼望妻子早点回来，不然下班回到家都感觉不到家的气氛。虽说自己也会做家务，但还是没有妻子老到。尤其是一旦妻子外出求学或出差较长时间，家人都会觉得不习惯，甚至正常的家庭生活都会被打乱，因而在这种情况下，一般家庭都会请自己家的老人帮忙或请保姆。实际上也说明，家务劳动虽然琐碎，但对于家庭而言非常重要，没有女性的默默付出，也就没有家庭的和谐幸福，家务劳动的社会价值应该得到认可。

（2）女性的家庭地位提高，夫妻人格平等，相互尊重

在调查中我们设置了3个题目考察女性的家庭地位：一是家务劳动承担；二是家庭事务的决定权；三是夫妻相互之间的沟通。

女性的家务劳动时间有所减少。现代社会，男女平等观念已被广泛宣传和认同，家务劳动共同承担的观念已被大多数人接受。据2010年第三期中国妇女社会地位调查的结论显示，88.6%的人赞同"男人也应该主动承担家务劳动"。在家庭中完全不做家务的男人越来越少，大多数男人都能接受做家务的观念，但真正落实在行动层面的还只是一部分人，目前家庭的大部分家务仍然由女性承担。我们的调查也显示，49%的人认为家务劳动方面还是女性承担多，34.4%的人认为男女在承担家务劳动方面差不多，仅有16.6%的人认为男性承担多。而且数据表明，城乡无明显差异，城市"男女共同承担家务劳动"的比例为33%，农村为35.8%。当然由于男性参与到家务劳动中，加之家务劳动社会化和机器化的程度提高，女性获得了一定的解放，女性用于家务劳动的时间还是有所减少。第三期中国妇女社会地位调查的数据也表明了无论是在城镇还是在农村，女性的家务劳动的时间都明显减少。1990年中国城乡女性的家务劳动时间

分别为每天 223 分钟和每天 290 分钟，2000 年分别为每天 213 分钟和每天 264 分钟，2010 年分别为每天 170 分钟和每天 190 分钟。①

　　女性对自己在家庭中的地位表示满意。在家庭大事如买房/建房、投资/贷款和孩子升学择校等方面共同商量的比例分别为 78.0%、76.3%、80.8%。具体参见图 2，从图中可以看出，除家庭日常开支主要由妻子做主外，其他家庭事务均由夫妻双方共同商量。女性对自己的家庭地位感到满意。

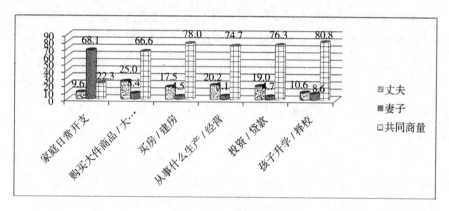

图 2　在家庭事务的决定上，夫妻或父母的意见占比（%）

　　第三期中国妇女社会地位调查的数据也显示，85.2% 的女性对自己的家庭地位表示比较满意和很满意。②

　　夫妻之间绝大部分能相互沟通、相互尊重、相互理解、相互支持。我们通过设置 3 个问题来体现这一点。在回答"配偶能倾听你的心事和烦恼"这一问题，73.1% 的人回答是肯定的，其中男性回答肯定的占 73.8%，女性占 72.7%；在回答"重要的事情上配偶会征求你的意见"时，88.0% 的人回答肯定，其中女性回答肯定的占 89.0%，男性占 87.0%；在回答"你想做的事一般能得到配偶的支持"时，77.8% 的人表示肯定，其中女性回答肯定的占 77.9%，男性占 77.4%。从数据中非常欣喜地看到中国家庭中夫妻关系的平等、和谐。

　　具体而言，城市中夫妻关系平等的程度比农村高。在回答前述三个问

① 宋秀岩主编：《新时期中国妇女社会地位调查研究》上卷，中国妇女出版社 2013 年版，第 367 页。

② 同上书，第 373 页。

题上，城市回答肯定的比例都比农村高，城市的比例分别为 80.1%、91.4%、83.0%，农村则分别为 63.7%、83.8%、70.7%；在地域方面，湖南夫妻平等的比例高于其他地区，其次分别为广东、山东、重庆、湖北和贵州；在回答"你想做的事一般能得到配偶的支持"这一问题时，湖南回答肯定的比例为 94.7%，广东为 92.3%，山东为 86.2%，重庆为 82.7%，湖北为 81%，贵州为 74.7%。

从年龄上看，年龄越大，夫妻平等的比例越低，在回答"你想做的事一般能得到配偶的支持"这一问题时，19—25 岁回答肯定的比例为 83.5%，26—35 岁回答肯定的比例为 78.8%，36—45 岁回答肯定的比例则为 78.5%，46—55 岁回答肯定的比例为 67.6%，56 岁及以上回答肯定的比例为 64.1%。从婚姻状态而言，已婚人士的夫妻关系较平等，已婚的人士在回答"配偶能倾听你的心事和烦恼"这一问题时，回答肯定的比例为 73.4%，丧偶的人士回答肯定的比例为 60%，再婚的人回答肯定的比例为 53.9%，离异的人士回答肯定的比例为 41.1%。从受教育程度而言，受教育程度越高，夫妻关系越平等，在回答"重要的事情上配偶会征求你的意见"这一问题时，小学及以下文化的回答肯定的比例为 77.8%，初中文化回答肯定的比例为 79.1%，高中/中专等文化的回答肯定的比例为 89.4%，而大专以上文化程度回答肯定的比例为 92.9%。

（3）女性的性道德意识觉醒，性道德呈现宽容的趋势

随着社会的发展，女性性道德也发生了变化。一方面，女性意识到自己也具有与男性一样的性权利，自己对性有自主权和支配权；另一方面，由于各种因素的影响，女性在性道德方面也有一些模糊的甚至错误的认识。

女性很注重性生活在婚姻中的地位。在问及性关系和谐对夫妻关系的影响时，被访者中有近七成的人认为有影响，其中男性的比例为 70.6%，女性比例为 68.9%。两者的比例不相上下，说明现代社会人们注重性生活对婚姻关系的作用，尤其是女性的性意识和性权力觉醒，能够大胆地追求婚姻生活中的性快乐，这是一大进步。另据徐安琪研究员 2008 年的调查，有六成的人接受"在夫妻性生活中得到快乐、满足的婚姻才是美满幸福"的观点，而且无性别差异。①

---

① 徐安琪等：《转型期的中国家庭价值观研究》，上海社会科学院出版社 2013 年版，第 145 页。

具体而言，城市女性比农村女性更为注重性关系的和谐。在回答"性关系和谐对夫妻关系有影响吗?"这一问题时，城市女性回答肯定近七成，农村为三成。从年龄上看，首先是19—25岁女性最看重性关系的和谐，肯定的比例为33.9%；其次是26—35岁的女性，回答肯定的比例为25.9%；再次是36—45岁的女性，其比例为23.1%。从受教育程度来看，受教育程度越高，越追求夫妻性关系的和谐，越肯定性关系对夫妻关系的影响，回答肯定的比例越高，这一比例为：小学及以下5%，初中15%，高中/中专/技校/职高19.6%，大专及以上60.4%。

女性对婚外情的处理更加理性。在问及"丈夫或妻子有婚外情怎样处理"这一问题时，被访者选择离婚的只有18%，其中女性的比例仅为16%，男性比例为20.6%；选择不打算离婚的人数为74%，而其中女性选择不打算离婚的有76.1%，男性为71.9%，女性不离婚的比例比男性高出四个百分点。而1997年中国妇女价值观念课题组的调查得出的结论是：约36%的女性选择坚决离婚，约57%的女人不打算离婚。[1] 从这里看出，与我们的调查数据相比较，到2013年，女性选择离婚的人下降了20%，而女性选择不打算离婚的人数则上升了约20%。从这里可以看出中国不论男性女性都非常看重婚姻，相比较而言，女性更为重视，即便丈夫出现婚外情，仍然会选择隐忍的人数有近八成。这说明今天社会人们对婚外情现象的容忍度有所提高，像过去那样认为婚外情是婚姻中的致命伤，只有离婚才能消除伤痛的人慢慢在减少。当然人们选择不离婚并不表示人们对婚外情现象的认可或赞同，而只是表明人们在离婚问题上确实比较谨慎，不会轻易选择离婚，但婚外情对婚姻的伤害是很大的，只不过在两害相权衡时，每个人作出的选择不同而已。

另有近三成的女性在回答此问题时选择"视情况而定"。具体分析，受教育程度越高，回答"视情况而定"的比例越高，小学为1.0%，初中为11.8%，高中为17.6%，本科为27.5%。这说明受过教育的当代女性对婚外情问题的处理更加冷静、理智。从年龄上看，年纪越小，选择离婚的比例越高，选择离婚的比例中，19—25岁女性为30.2%，26—35岁的

---

[1]　陈方：《失落与追寻：世纪之交中国女性价值观的变化》，中国社会科学出版社2003年版，第182页。

女性为 25.4%，36—45 岁的女性为 20.6%，46—55 岁的女性为 14.3%。年纪越大的女性在婚外情的处理上越慎重，对离婚的态度也越谨慎。这也符合我们的现实。在中国女性年纪越大，离婚后再婚的可能性越小，因而上了一定年龄的女性在离婚的问题上是三思而行的，慎之又慎。

从古至今，女人都面临婚姻保卫战问题，只是随着社会发展，女人独立，她选择的可能性多一些。但女性面对传统的观念和男权中心社会的现实，在选择时还是有很多的牵绊和顾虑，因而出现上述情况也在情理之中。

在对非婚性行为评判时，女性观念呈现出多元化。

女性对自身婚前性行为大都比较宽容，反对的比例极低。对女性婚前性行为反对的占 13.8%，其中女性为 11.5%，男性为 16.9%；认为"双方愿意无可非议"的被访者有 26.4%，其中女性占 23.9%，男性占 29.9%；回答"满足情感需要可以理解"的有 13.4%，其中女性为 13.4%，男性为 13.3%；回答"属于个人隐私不做评论"的人有 24.8%，其中女性占 26.6%，男性为 22.4%，见图 3。

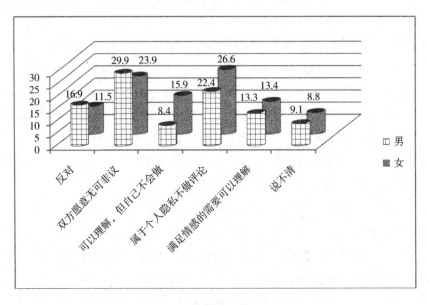

图 3　对女性婚前性行为的看法（%）

从图 3 可以看出女性在对婚前性行为的态度上还是比较开放的，反对的比例比男性要低 5.4 个百分点。而且女性年纪越小对婚前性行为的认可度越高，反对的越少。其中反对的，18 岁及以下占 4.3%，19—25 岁占 17.0%，26—35 岁的占 23.4%。这也就能够解释现在年轻人对未婚同居、试婚等行为基本能够接受。从受教育程度看，受教育程度越高，对婚前性行为反对的比例越高。小学及以下文化程度反对的比例为 14.9%，初中文化程度的为 12.8%，高中文化程度的为 22.9%，大专及以上文化程度的比例为近 50%。

女性有近一半人对婚外性行为持反对态度。对女性婚外性行为持反对态度的被访者有 47.7%，其中女性比例为 44.0%，男性为 52.6%；认为"属于个人隐私不做评论"的被访者有 24.3%，其中女性占 26.0%，男性占 22.1%；回答"可以理解，但自己不会做"的有 10.5%，其中女性比例为 10.8%，男性比例为 10.1%。从受教育程度看，受教育程度越高，对婚外性行为反对的比例越高。小学及以下文化程度反对的比例为 9.5%，初中文化程度的为 17.0%，高中文化程度的为 22.9%，大专以上文化程度的比例近 50.0%。其中农村和城市的差别比较大，农村女性对女性的婚外性行为持反对态度的只有约 40.0%，而城市女性反对的比例为 60.0%。从这里可看出，女性对婚外性行为的态度是比较明确的，持反对态度的有近一半，但不可忽视的是持宽容态度的也有 36.8%。

女性对功利性性行为表现出令人意外的宽容。在涉及"你如何看待当今社会一部分女性为金钱或其他目的傍大款"这一问题时，调查显示明确表示这是女人的耻辱的只有 25.1%，其中女性占的比例为 24.5%，男性为 26.1%；有 41.9% 的人认为这是个人私事不予评论，女性比例为 45.3%，男性为 37.5%；21.5% 的人认为只要双方愿意无可非议，女性为 20.1%，男性为 23.5%（见图 4）。这个数据有点令人不安，有 69.8% 的女性对女性的功利性性行为表现出基本认可的态度，这个比例比男性还高 2 个百分点。

具体从职业来看，我们的调查显示，对女性功利性性行为表示最反感的是农业劳动者（47.5%），而反感度最低的是商业服务人员和私营企业主（均为 6.3%）。从年龄来看，年纪越大，越反感女性的功利性性行为，19—25 岁表示反感的比例为 17.2%，26—35 岁为 19.6%，36—45 岁为 26.6%，46—55 岁为 38.5%，56 岁及以上为 50%。从受教育程度看，女性受教育程度越高，对女性功利性性行为反感的比例越高，认同是个人

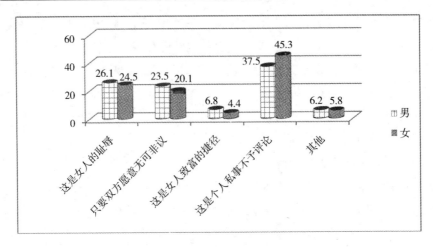

图 4　对当今社会一部分女性为金钱或其他目的傍大款的看法（%）

私事不予评论的比例越高。对女性功利性性行为反感的比例，小学及以下文化程度为 17.9%，高中文化程度的为 22.8%，大专及以上文化程度为 32.7%；认同是个人私事不予评论的比例，小学及以下文化程度为 6.0%，高中文化程度为 22.0%，大专及以上文化程度为 55.3%。这反映女性的文化程度提高后，权利意识更明确，更认为性是个人隐私，对事物的看法更客观。

从上述数据我们可以看出当代女性性道德观的变化。这一方面反映出随着社会的发展变化，社会性观念的开放，对性的宽容度越来越高；另一方面也反映出女性自己有性的自主权，女性性道德选择的自由度提高，不再谈性色变和视性为禁区。但一部分女性对性的随意态度必须引起社会的足够重视和思考。

（4）女性在抚育孩子方面比较称职

88.4% 的被访者都肯定母亲在抚育孩子方面称职，其中回答非常称职的比例达 29.6%，比较称职的比例达 58.8%。两者合计认为称职的比例为 88.4%。回答不称职的只有 9.7%。在教育孩子上绝大部分母亲都采取了正确的方式，在回答"如果孩子不听话或者犯了很大的错误，你的母亲或妻子或你自己作为母亲是怎样处理的？"这一问题时，86.1% 的被访者都回答选择"耐心地教导，让他知错就改"（见图 5），中国的家庭，教育基本是母亲的职责，在抚育孩子方面女性付出了极大的心血。

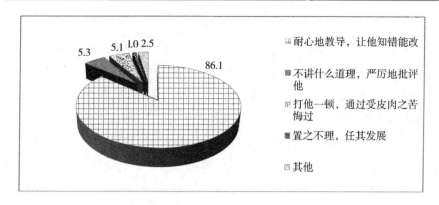

5.3　5.1　1.0 2.5　86.1

- 耐心地教导，让他知错能改
- 不讲什么道理，严厉地批评他
- 打他一顿，通过受皮肉之苦悔过
- 置之不理，任其发展
- 其他

图 5　对孩子犯错的处理方法（％）

（5）女性注重夫妻关系

在亲子关系和夫妻关系孰轻孰重的问题上，我们设置的问题是"您认为母亲应该为了孩子而忍受痛苦的婚姻吗？"回答肯定的只有 11.9%，其中男性为 12.6%，女性为 11.3%；回答否定的有 37.0%，其中男性为 37.5%，女性为 36.5%；回答视情况而定的有 51.2%，其中男性为 49.8%，女性为 52.2%。后两者（回答否定和视情况而定）加在一起为 88.2%，其中女性 88.7%，男性 87.3%。可以看出女性对夫妻关系的重视程度。

具体分析可知年纪越大，回答肯定的比例越高，年纪越小持肯定态度的越少，19—25 岁的比例为 6.4%，26—35 岁的比例为 19.1%，36—45 岁的比例为 23.4%，46—55 岁的比例为 36.2%。受教育程度越高，回答肯定的比例越低，小学及以下文化程度为 27.6%，高中为 21.3%，本科仅为 8.5%。农村回答肯定的比例高于城市，农村为 18.5%，城市为 6.7%。可见现代女性有较强的主体意识，在追求自己的权利和幸福的问题上非常理性，既不像传统的女性那样逆来顺受、委曲求全、为了孩子可以牺牲一切，也不像一些激进的女权主义者主张的那样，为了自己的追求和幸福而抛家弃子。中国女性既接受了现代的平等自由和权利观念，注重自我的追求，也保留了中国注重家庭整体利益的传统，因而有一半的女性（52.2%）在这一问题上还是很纠结的，回答的是视具体情况而定。但回答会为了孩子而忍受痛苦婚姻的女性比例只有 11.3%，这说明当代女性把婚姻关系摆在亲子关系之上，中国的婚姻正向现代转型。

（6）女性与婆婆相处较好

婆媳关系问题从古至今一直是家庭中最敏感的问题，处理得好不好直接考验女性的道德素养和智慧，也影响夫妻关系和家庭稳定。调查表明：今天社会的新一代媳妇都受过较好的教育，有一定的素养，在处理婆媳关系上大都做得比较好。

我们的调查显示，66.9%的被访者认为女性的婆媳关系处理比较好，其中男性占68.6%，女性占65.7%。即使有些矛盾，也能通过妥善的方式处理。在回答"如果和公婆闹了矛盾，媳妇会怎样做"这一问题时，选择"相互尊重、妥善处理"的有54.1%，其中女性为57.5%，男性为49.5%；选择"通过丈夫协调矛盾"的为17%，其中女性比例为16.3%，男性为18%。选择这两种处理方式的人合计为71%，其中女性比例为73.8%，男性比例为67.5%。

作比较分析时发现，女性受教育程度越高，在处理婆媳关系时，能相互尊重、妥善处理的比例越高。选择相互尊重、妥善处理的比例，小学文化及以下为4.4%，初中文化的为16.6%，高中文化的为21.4%，大专及以上文化程度的为47.6%。从城乡来看，农村女性选择相互尊重、妥善处理的处理方式的有33.9%，而城市比例为66.1%，高出农村32个百分点。可见，农村女性在处理婆媳关系上需要继续努力。

访谈中，不论男女都认为女性如果和婆婆关系处理好，那家庭会很和睦；反之，家庭矛盾也会从此产生。一位男性在谈及此问题时，认为女人在两个方面（孝敬婆婆、维护丈夫的声誉）做得很好的话，夫妻感情会更进一步加深，而他觉得自己离婚后就遇到一位这么好的女人，是福气，也是运气，应该倍加珍惜。说实话，作为再婚家庭，他们的夫妻关系和家庭关系处理得那么好，确实难得，可见他妻子的为人。而且他认为所有男性都非常看重妻子对自己母亲的孝敬，并认为这实际上也是给丈夫脸上增光。如果女性对婆婆好，丈夫对妻子的感情会更深厚，这是做妻子应该重视的方面，也是女人要知道的"御夫"法宝。这代表了男性的心声，也是做人的真谛。无论如何，尊老爱老是每一个人都必须有的美德。

（7）女性的邻里关系基本和睦

中国人一直十分重视邻里关系，并形成了一种特殊的家庭伦理传统——睦邻传统。俗语说"远亲不如近邻"，就反映出国人对邻里关系的关注。改革开放以来，经济的发展、人们生活水平的提高，居民的居住条件得到极大的改善。城市高楼林立，楼房代替平房，单元房代替"大杂院"，邻里环境发生了变化，人们的邻里关系会怎样？女性在处理邻里关系上做得怎样？

从我们的调查数据看，女性与邻里关系比较和谐。在回答"女性与邻里关系如何"这一问题时，选择"关系融洽、相互帮助"的有39.9%；选择"关系一般，基本和气"的有56.1%，两者合计为96.0%；回答"关系淡漠、互不往来"的只占2.5%；回答"关系紧张有时争吵"的仅有1.5%。这说明现代社会邻里关系虽不像传统社会那样亲密互动，但也很少存在紧张的状况。一般而言，邻里之间都能理性地和谐相处。

访谈中发现，女性在邻里关系的处理上扮演非常重要的角色，邻里的友好互动一般是女性主导的，家庭聚会、人情往来都由女性充当主角。

（8）女性温柔体贴、善解人意的品质与家庭幸福关联度最大

在调查中我们设置了"女性哪些品质与家庭幸福相关"的题目（七项限选三项），排在前三位的回答分别是：选择"温柔体贴、善解人意"的为64.5%，选择夫妻"相互尊重、关系和睦"的为24.5%，选择"勤劳节俭、操持家务"的为19.3%（见图6）。从这里可以非常清楚地看到，家庭幸福与女性个人的品性密切相关，女性的温柔体贴、善解人意一直以来都被认为是女人最重要、最受人喜爱的品质。在访谈中男女都有一个共识，无论社会如何变化，女性在家庭生活中的重要性不变，她的个性

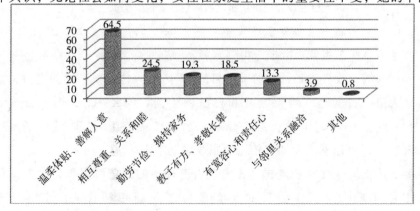

图6 对与家庭幸福相关的女性品质认可度（七项限选三项）（%）

品质决定家庭的幸福。在与女性交谈这个话题时，许多女性认同好女人可以幸福几代人，因而女孩的家教很重要，要从小培养她的个性品质。温柔、贤惠、善良、孝顺都是受访女性对自身美德的认识和认同。

3. 女性职业美德状况较好

现代社会女性已走出家庭，广泛参与社会劳动，对社会发展作出了贡献。女性在自己的职业生活领域展现了哪些美德？哪些品性对女性职业发展产生重要影响？通过我们的调查得出以下结论。

（1）女性在职业生活中扮演重要角色

在调查"女性在职业领域扮演的角色是否重要？"这一问题时，35.6%回答"极为重要"，53.0%回答"比较重要"，两者合计回答重要的共有88.6%，回答"不太重要"和"不重要"的只有6.1%，见图7。

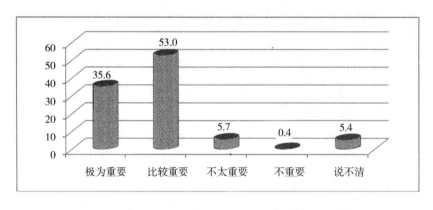

图7　　对女性在职业领域所扮演的角色重要性的认识（%）

（2）女性的职业成就动机较强

这可以从多组调查数据中得到解释。

在回答"女性参加社会劳动的目的"（六项限选三项）的问题时，女性认为第一目的是"维持家庭和自己的生活"（45.9%），第二目的是"经济独立"（35.0%）；第三目的是"实现自己的理想和价值"（32.3%）。可以看出女性有较强的职业成就动机。

具体而言，文化程度越高，实现自己理想的愿望越强烈，大专文化以上有36%认为工作的目的是实现自己的理想和价值，小学只有22.2%；未婚女性职业成就动机高于已婚女性，已婚女性认同工作的目的是实现自己的理想和价值的有32.2%，而未婚的比例则为35.7%；

城市女性职业成就动机高于农村女性，认为工作的目的是实现自己的理想和价值的比例分别为 35.0% 和 30.4%；科教文卫专门技术人员的职业成就动机高于其他职业，认同工作的目的是实现自己的理想和价值的比例达 35.0%。

在回答"丈夫的收入能让家人过上富足的生活，你是否赞成妻子做全职太太？"这一问题时，近四成（39.7%）的女性表示不赞成，另有 35.0% 的女性持无所谓的态度。

具体分析得知，受教育程度越高的女性，不赞成做全职太太的比例越高，不赞成的比例：小学及以下文化程度为 6.7%，初中为 12.9%，高中/职高的为 20.9%，大专及以上文化程度为 59.5%。城市女性不赞成的比例高于农村，城市为 68.7%，农村为 31.3%。从年龄上分析，女性不赞成做全职太太比例最高的人群是 19—25 岁的人群，比例为 39.3%，其次为 26—35 岁的人群，比例为 20.2%。随着社会教育的发展，年轻女性受教育程度提高，她们的独立意识很强，希望有自己的事业，并渴望事业有成，使自己的生活充实而精彩。

访谈中有一知识女性，名校博士毕业，在高校任副教授，丈夫是国企高管。谈到在近四十岁时去读博士，有人调侃她，在家舒服当富太太多好，还跑来吃这个苦。她对我说，丈夫再有钱，那是说明他的事业不错。我也受过很好的高等教育，如果没有自己的事业，总觉得不完美，有遗憾。所以一定要去读博士，让自己的事业再上一个台阶。要知道，女人自己强，比什么都强，女人最大的精彩就是独立。

（3）女性在职业生活中有较强的责任心和上进心

如图 8 所示，在回答"女性在职业生活中展现了哪些美德"（五项限选三项）这一问题时，排在前三位的是：38.5% 的人认为女性有责任心、尽职尽责，32.8% 的人认为女性有上进心、积极进取，20.2% 的人认为女性遵纪守法、服从安排。这充分肯定了女性对事业的追求。

在回答"女性取得职业成就的主要原因"（八项限选三项）这一问题时，排在第一位的原因是由于"女性自己努力上进"，占被访者的76.5%；第二位的原因是"女性自身有职业追求和抱负"，占被访者的21.3%；第三位的原因是"家人的支持"，占被访者的15.6%。这两个问题的回答都说明中国女性在 60 多年男女平等的制度保障下，已全面参与社会生活，在各行各业努力拼搏，以实际行动实现了自己的人生价值。

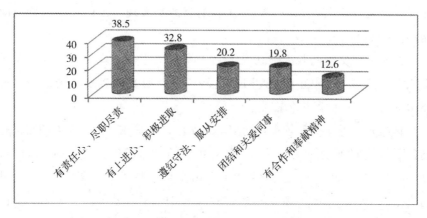

图8 对当代中国女性在职业领域展现的美德的认可度

（五项限选三项）（%）

4. 女性公共生活美德状况较好

今天的女性已全方位进入公共生活，在公共生活中扮演重要角色。她们的公德状况如何？从我们的调查情况来看，可以得出以下结论：

（1）女性社会公德素质较好

如图9所示，64.5%的人认为女性在公共生活中表现比较好，其中很好占5.5%，比较好占59.0%。

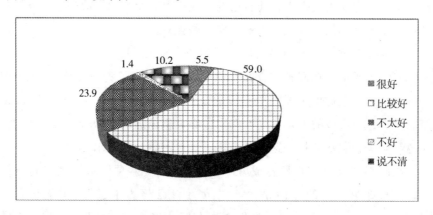

图9 对女性在社会公共场所的表现（遵守社会

公德方面）的认可度（%）

其中女性回答好（很好、比较好）的比例为65.4%，男性回答好的比例为62.9%，农村回答好的比例为47.1%，城市回答好的为77.5%。调查分析可知，受教育程度越高，对女性在公共场所的表现评价越好，大专及以上文化程度认为好的比例为73.7%，高中/中专/技校等文化程度认为好的人数为65.5%，初中文化程度认为好的为51.2%。

而女性在公德方面做得好的几个方面（见图10）：遵守秩序（31.3%），助人为乐、关爱他人（28.0%），积极参加社会公益活动（21.8%）。

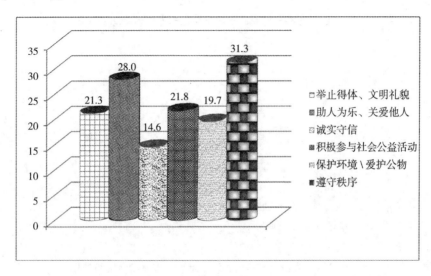

图10 对现代女性在公共生活中表现出的道德的认可度（%）

（2）女性在参与社会公益事业方面积极

在回答"您身边的女性是否主动参与捐款、无偿献血、志愿者活动"这一问题时，28.6%的人回答有时参与，14.8%的人回答经常参与，偶尔参与的为31.2%，合计参与的有43.4%，完全没有参与的为25.4%。超过四成的人认为女性参与社会公益事业（见图11）。

农村居民回答"女性经常参与"的为6.8%，城市居民回答"女性经常参与"的为20.7%。城市女性经常参与公益事业的比例远远高于农村。（见图12）这可能是因为城市社区和单位在公益事业方面有组织性、号召力较强，相反，农村由于人员流动，在公益事业方面可能缺乏组织性和号召力。

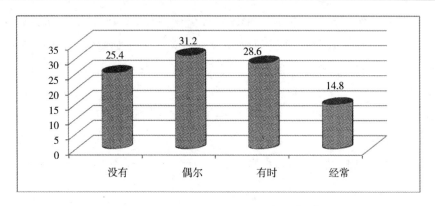

图 11   对女性主动参与捐款、无偿献血、志愿者活动等的认知（%）

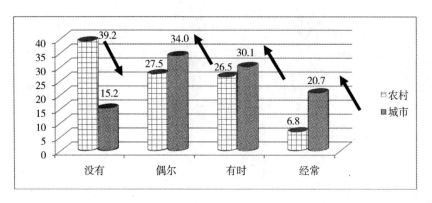

图 12   对女性参与捐款、无偿献血、志愿者活动等的
认知（调查对象类别）（%）

在对职业、年龄、教育的比较分析中发现，机关事业单位领导干部、企业管理者、办事人员和机关有关人员回答经常参与的人数比例排在前三位，分别为 33.3%、24.1%、24.0%。在年龄的分布上，回答经常参与的比例排在前三位的是：36—45 岁的人最高，为 20.4%，其次为 19—25 岁之间的人群，为 15.5%；再次是 26—35 岁之间的人群，为 14.5%。在受教育程度方面，初中教育程度的回答经常参与的比例最高，为 17.5%，其次为高中教育程度，为 15.8%；最后为大专及以上文化程度，比例为 14.9%。

据 2010 年中国妇女社会地位第三期调查显示，与 2000 年相比，女性参加捐款、无偿献血、志愿者活动的比例有所提高，2010 年的比例为

47.6%，比 2000 年提高 2.2 个百分点。[①] 现代女性走出家门后，对公益慈善事业的投入较多。

在访谈中就有一个典型案例。一位高校女教师，非常热心环保公益事业，积极组织公益活动，有自己的公益团队。在做好自己的本职工作外，她牺牲自己的休息时间，开博客微信、举行各类讲座，大力宣传环保理念，热情组织各种环保公益活动，各种赈灾救助、捐献活动都有她忙碌的身影。她的坚持、她的身体力行，带动和影响了周围的老师、朋友、同学。她被人誉为"环保达人"、"环保人气女王"。

（3）女性在参与社会公共事务管理方面有一定的主动性

调查显示，回答"近三年来您身边的女性主动给所在单位/社区/村提建议"的被访者有 21.0%，回答"近三年来您身边的女性通过各种方式主动向政府有关部门反映情况/提出政策建议"的被访者有 17.0%，回答"近三年来您身边的女性主动在网上就国际事务、社会事件等发表评论和参与讨论"的被访者有 25.4%。

从职业比较分析中发现，机关事业单位领导干部、科教文卫专门技术人员参与社会公共事务比较积极。回答"近三年来您身边的女性主动给所在单位/社区/村提建议"排在前三位的为：机关事业单位领导干部、科教文卫专门技术人员、个体从业人员，分别为 50.0%、30.2%、27.5%；回答"近三年来您身边的女性通过各种方式主动向政府有关部门反映情况/提出政策建议"排在前三位的是机关事业单位领导干部（25.0%）、企业管理者（20.7%）、私营企业主（18.8%）；回答"近三年来您身边的女性主动在网上就国际事务、社会事件等发表评论和参与讨论"排在前三位的是机关事业单位领导干部（41.6%）、科教文卫专门技术人员（30.2%）、学生（30.1%）。从这里看出，女性公职人员（机关事业单位领导干部、科教文卫专门技术人员）参与公共事务的积极性比其他女性要高。

从年龄上看，青年女性参与社会公共事务比较热心。回答"近三年来您身边的女性主动给所在单位/社区/村提建议"排在前三位的分别是

---

① 宋秀岩主编：《新时期中国妇女社会地位调查研究》上卷，中国妇女出版社 2013 年版，第 302 页。

36—45 岁的人群（28.5%）、26—35 岁人群（25.3%）、19—25 的人群（22.2%）；回答"近三年来您身边的女性通过各种方式主动向政府有关部门反映情况/提出政策建议"排在前三位的分别是 36—45 岁的人群（20%）、26—35 岁人群（20%）、18 岁的人群（15.4%）；回答"近三年来您身边的女性主动在网上就国际事务、社会事件等发表评论和参与讨论"排在前三位的是 19—25 岁人群（34.9%）、26—35 岁人群（27.5%）、36—45 岁的人群（21.8%）。可以看出 36—45 岁的青年女性（45 岁以下）对单位、政府和社会的问题最关注，可能这一部分人作为社会和单位的骨干力量，已经有一定的社会资源和地位，拥有一些话语权。而在网络上就社会问题发表评论和讨论的人群集中在 19—25 岁，年纪越小，对网络的利用频率越高。

从教育程度看，女性文化程度越高，参与社会事务的热情越高。回答"您身边的女性近三年来主动给所在单位/社区/村提建议"排在前三位的是大专及以上文化程度（23.7%）、初中文化程度（21.0%）、高中文化程度（17.0%）；回答"近三年来您身边的女性通过各种方式主动向政府有关部门反映情况/提出政策建议"排在前三位的是初中文化程度（20.5%）、大专及以上文化程度（18.9%）、高中文化程度（11.9%）；回答"您身边的女性近三年来主动主在网上就国际事务、社会事件等发表评论和参与讨论"排在前三位的是大专及以上文化程度（33.2%）、高中文化程度（24.3%）、初中文化程度（14.3%）。很明显，随着社会的发展，女性受教育程度的提高，女性的公民意识越强，政治参与热情也不断高涨。

我们的调查结论与 2010 年第三次中国妇女社会地位调查的结论基本一致。

5. 对传统女性美德和现代女性美德的认知

（1）人们对传统女性美德的认同度非常高

我们将历史上的传统女性美德的内容（温柔体贴、宽容善良，勤劳贤惠、任劳任怨，谦虚礼让、本分端庄，贤妻良母、孝敬老人，勤俭节约、持家有方，敬顺谦卑、从一而终，和睦亲属和融洽邻里）列入表格，供被访者选择。有近 94.9% 的人选择"贤妻良母、孝敬老人"，94.2% 选择"勤俭节约、持家有方"，94.1% 选择"温柔体贴、宽容善良"，其余的选项都各有 80% 以上的人选择（见图 13）。可以看出时至今日，传统女性美德对人们的影响仍然非常大，它已经成为绝大多数人的共识。因而要改变传统的性别意识还有漫长的路要走。

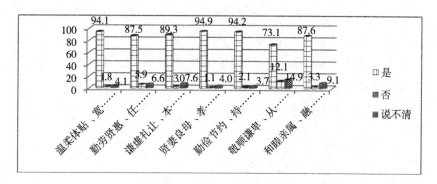

图13 对我国传统女性美德的认可（%）

在回答"我国传统女性美德是否有继承的必要"这一问题时，77.2%的人认为有必要（很有必要、有必要、有一定的必要）继承传统女性美德，只有0.6%的人为完全没有必要继承。可见传统女德对中国社会的影响深远。

具体数据可以看出，城市对传统美德的认同度比农村高，男性比女性高。其中农村认为有必要继承的比例为70.6%，城市认为有必要继承的为82.0%；男性认为有必要继承的为80.7%，女性认为有必要继承的为74.2%。从受教育程度看，小学文化程度认为有必要继承的比例为80.3%，初中文化程度认为有必要继承的为77.9%。高中/中专/职高等文化程度认为有必要继承的为78.7%，大专及以上文化程度认为有必要继续的为75.6%。认为有的可以继承，有的不需要继承的比例从小学到大专及以上，分别为14.3%、18.4%、18.7%、23.5%。可以看出，文化程度越高，对传统女德的分析越客观越辩证。从年龄看，年龄大的人群对传统女德的认可度高一些，年纪越大他们受传统思想影响越大，年纪越小受传统思想影响越小。19—25岁的人群认为有必要继承的为69.6%，26—35岁的人群的为74.8%，36—45岁的人群的比例为88.3%，46—55岁的人群为84.2%，56岁以上的人群的为89.7%。

（2）人们首推的当代女性美德是温柔体贴

我们列举了七项当代女性美德：温柔体贴、善解人意、知书达礼；相夫教子、善于持家、甘于奉献；好学上进、敢于竞争、事业有成；独立自信、果断坚韧、勇于负责；健康向上、开朗活泼、善于交际；美丽可爱、符合时尚、性感迷人；其他，要求受访者在七项中选三项，结果显示：人们认可的当代女性美德排在前三位的分别是：第一，温柔体贴、善解人意、知书达礼；第二，相夫教子、善于持家、甘于奉献；第三，独立自信、果断坚韧、勇于负责（见图14）。

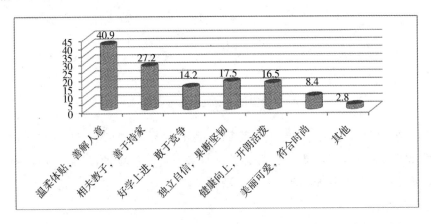

图14　对当代女性美德的认可（七项限选三项）（%）

　　具体分析可知，城市被访者更认同这两种女性美德：温柔体贴、善解人意、知书达礼和独立自信、果断坚韧、勇于负责，城市比例分别为38.6%和42.5%，而农村人数比例分别为16%和18.3%。从职业来看，私营企业主认同温柔体贴、善解人意、知书达礼和相夫教子、善于持家、甘于奉献这两种女性美德的人数最多，分别为46.9%和34.4%，而认同独立自信、果断坚韧、勇于负责的女性美德最多的是学生（大学生和研究生），比例为20.3%。从性别而言，男性比女性更欣赏女性温柔体贴、善解人意、知书达礼和相夫教子、善于持家、甘于奉献的美德，欣赏女性温柔体贴、善解人意知书达礼美德的男女比例分别为43.4%和39.2%，欣赏相夫教子、善于持家、甘于奉献美德的男女比例分别为31.7%和23.7%。而女性更欣赏独立自信、果断坚韧、勇于负责的美德，欣赏女性独立自信、果断坚韧、勇于负责美德的男性为15.5%，女性为19.0%，女性比例比男性高。从受教育程度分析，受教育程度越低，越赞同女性相夫教子、善于持家、甘于奉献的美德，认同者比例分别为小学及以下文化32.4%、初中文化程度31.5%、高中/中专/技校文化程度 26.5%、大专及以上文化程度 24.7%；而受教育程度越高，越认同女性独立自信、果断坚韧、勇于负责的品质，认同的比例分别为小学及以下文化程度 13.6%、初中文化程度 15.7%、高中/中专/技校文化程度 15.9%、大专及以上文化程度 19.9%。

三　当前女性道德及其建设方面存在的不足

1. 女性在家庭美德方面的不足

女性在家庭生活中需要改进的地方主要有依赖性强，对长辈缺少关爱，对丈夫猜疑。

在回答"女性在家庭生活中那些方面有待改进"（八项限选三项）这一问题时，排在前三位的分别是：依赖性强不愿经济独立（49.3%），对长辈缺少关爱，不孝敬老人（16.4%）；胡乱猜疑，对丈夫缺乏信任（13.2%）（见图 15）。

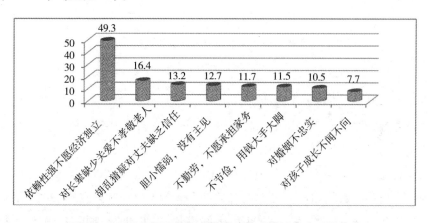

图 15　对当代中国女性在家庭生活中有待改进方面的认知

（八项限选三项）（%）

2. 女性在职业道德及其建设中存在的不足

调查显示：女性在职业生活中存在工作敷衍、得过且过的情形，一部分人只做分内事不管其他，不遵守纪律、频繁迟到，这三个问题在"当代中国女性在职业领域有哪些方面有待改进"（七项选三项）的调查中，排在前三项（见图 16）。

女性职业发展中还存在一些不利因素，不利因素主要体现为：一是社会的性别平等意识有待加强；二是女性的职业环境有待优化。

从调查数据看，我国社会的性别平等意识还有待于进一步加强，传统的性别角色意识还有一定的市场。有 56.6% 的被访者同意 "男人应该以社会为主，女人应该以家庭为主"，53.9% 的被访者认同 "挣钱养家主要

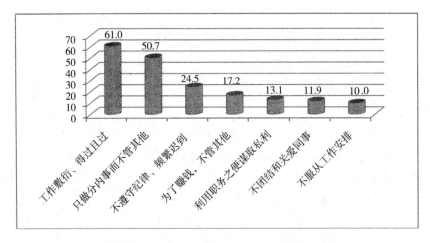

图 16　对当代中国女性在职业领域有待改进方面的认知
（七项限选三项）（%）

是男人的事情"，49.9% 的被访者认为 "丈夫的发展比女人重要"，45% 的被访者赞同 "干得好不如嫁得好"（见图 17）。另据第三期中国妇女地位调查的最新数据显示，2010 年认同 "男人应该以社会为主，女人应该以家庭为主" 的男女比例分别为 61.6% 和 54.8%，与 2000 年的第二期中国妇女地位的数据相比，分别提高了 7.7 个和 4.4 个百分点。[1] 2010 年认同 "干得好不如嫁得好" 的男女比例也比 2000 年分别提高 10.5 个和 10.7 个百分点，女性的认同度比男性高[2]，这说明整个社会的传统性别意识有所回潮。

从图 18 中呈现的数据看，女性的就业环境亟待改善。这表现在，在最近三年中，有 56.9% 的被访者遇到过 "只招男性或同等条件下优先招

① 参见第三期中国妇女社会地位调查课题组《第三期中国妇女社会地位调查主要数据报告》，《妇女研究论丛》2011 年第 6 期。

② 宋秀岩主编：《新时期中国妇女社会地位调查研究》下卷，中国妇女出版社 2013 年版，第 540 页。

男性"的情况，58.8%的被访者遇到过"同等条件下男性晋升比女性快"的情况，62.4%的被访者承认"在技术要求高/有发展前途的岗位上男性比女性多"，有74.5%的被访者承认"同职级女性比男性退休早"。

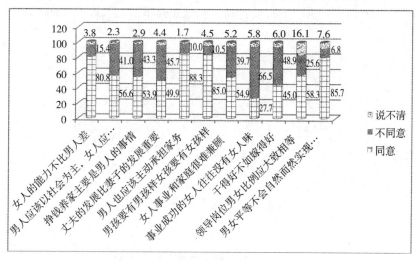

图17　对性别观念的认知（％）

在回答"职场上有没有重男轻女现象"这一问题时，68.8%的人认为有重男轻女现象，其中女性占71.8%，男性占64.6%。

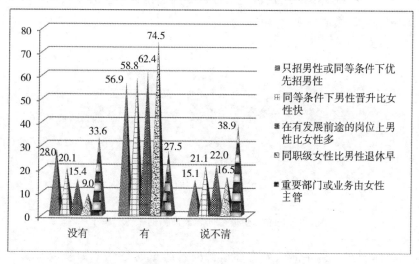

图18　对职场重男轻女现象的认知（％）

3. 女性公共生活美德方面存在的某些不足

在回答"女性在公共生活中有哪些地方做得不妥（六项限选三项）"这一问题时，调查显示，排在前三位的是：第一，贪小便宜；第二，唠叨啰嗦、搬弄是非；第三，自私自利、轻视或侵犯他人利益（见图19）。

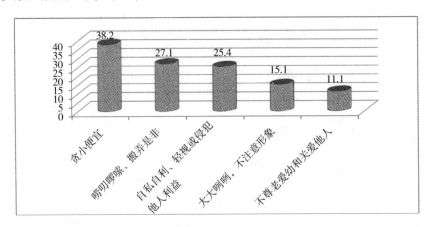

图19　对女性在公共生活中不妥行为的认知

（六项限选三项）（%）

4. 我国女性道德问题严重的领域是性道德领域和公德领域

从我们的调查看，人们认为女性道德问题比较严重的领域是性道德领域和社会公德领域（见图20）。

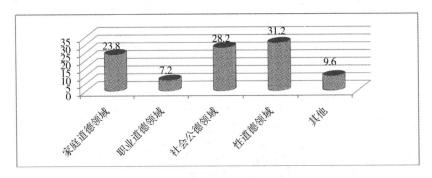

图20　当前女性道德问题最严重的领域（%）

具体而言，男女都认为女性道德问题严重的是性道德领域（男性为33.9%、女性为29.6%）；城市人群认为女性道德问题严重的领域是社会公德领域（34%），农村认为是性道德领域（36.3%）；从婚姻状态而言，未婚的人认为问题严重的是公德领域（28.6%），已婚的人认为女性道德问题最严重的是性道德领域（34.6%）；从职业而言，认为女性性道德问题最严重的人群是商业服务人员（50%），其次是机关事业单位领导干部（41.7%），排在第三的是农业劳动者和外出务工人员（40.4%），而认为公德问题最严重的前三位分别是办事人员和机关有关人员（48%）、私营企业主（46.7%）、科教文卫专门技术人员（39.3%）；从文化程度而言，不论何种文化程度都认为女性道德问题最严重的领域是性道德领域（初中比例为32.3%、高中为35.8%、大专及以上文化为32.9%）。由此可见女性的性道德问题要引起高度重视。

相应的，人们在回答"不能忍受的女性行为和现象主要有哪些（十项限选三项）"这一问题时，排在前三位的分别是：第一，爱慕虚荣、盲目攀比、贪图享受（60.6%）；第二，说三道四、搬弄是非（19.1%）；第三，性关系随意（11.7%）（见图21）。其中爱慕虚荣、盲目攀比、贪图享受是引发女性性关系随意和混乱的一个重要原因，而说三道四、搬弄是非是公德素质欠佳的表现。对这个问题的调查结果也显示：人们不能忍受的女性行为主要还是集中于性道德领域和公德领域。

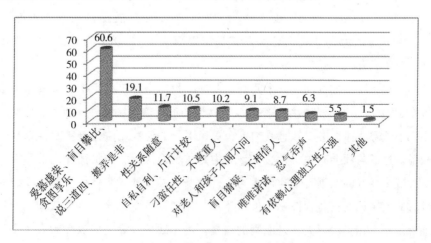

图21　不能忍受的女性行为和现象（十项限选三项）（%）

从性别来看，男性不能忍受女性"爱慕虚荣、盲目攀比、贪图享受"的比例要比女性高，男性为67.4%，女性为55.6%；女性不能忍受"说三道四、搬弄是非"的比例比男性高，男性为14.9%，女性为19.7%；

而对"性关系随意"不能忍受的比例男女基本一致，男性为 11.8%，女性为 11.7%。

从地域看，城市居民不能忍受女性"爱慕虚荣、盲目攀比、贪图享受"的比例要比农村居民高，农村为 52.6%，城市为 66.7%；农村不能忍受"说三道四、搬弄是非"的比例比城市高，农村为 27.3%，城市为 16.4%；对"性关系随意"不能忍受的比例农村比城市高，农村为 12.7%，城市为 10.9%。

从受教育程度来看，文化程度越高，越不能忍受女性"爱慕虚荣、盲目攀比、贪图享受"和"说三道四、搬弄是非"。具体不能忍受女性"爱慕虚荣、盲目攀比、贪图享受"的比例分别为：小学及以下文化 53.7%、初中 54.2%、高中/中专/技校 62.7%、大专以上 63.7%；不能忍受"说三道四、搬弄是非"的比例分别为：小学及以下文化 19.1%、初中 17.2%、高中/中专/技校 18.9%、大专及以上文化 20.1%。

5. 影响女性美德建设的原因主要是社会为女性发展提供的支持不够、社会环境的影响

我们在调查女性道德问题产生的原因（七项中限选三项）时，排在前三位的分别是：49.6% 的人认为"社会为女性发展提供的支持不够"，29.8% 的人认为是"社会环境尤其是传媒影响"，21.8% 的人认为是"女性自身的原因"（见图 22）。

在访谈中我们询问了一个问题"你对《我国妇女权益保障法》及相关法规熟悉吗?"所有反馈的结果是除少数女性知道有这部法律外，绝大部分女性不知道这部法律，也不知悉其内容，更谈不上如何利用法律维护女性自身的权益。这既与社会有关，社会应该大力宣传普及法律，维护法律的尊严，为女性提供良好的发展环境；但也与女性自身有关，缺乏主体性。即使少数女性知晓有关妇女权益保障法，但对该法作用的评价却不高。她们认为妇女权益保障法及相关法规大多是原则的概括。由于缺少程序上的保障和具体实施机制，制约了其作用的发挥，反过来又进一步影响公众尤其是女性对法律的认知程度。也许这正是公众认为政府对女性发展支持不够的原因。

6. 女性美德建设的主要对策是国家和社会应该为女性美德建设创造条件

如图 23 所示，在回答"您对当前中国女性美德建设有何意见和建议"这一问题时（八项限选三项），排第一位的意见和建议是"重视制度

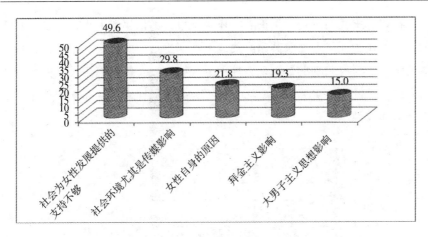

图22　对影响当前中国女性美德建设的原因的认知

（七项限选三项）（％）

设计，提供保障"（52.2％），其中男性回答者比例为57.0％，女性回答者比例为48.9％。排第二位的是"社会应该树立性别平等意识，尊重女性"（32.4％），其中男性回答者的比例为32.1％，女性回答者的比例为32.7％。排第三位的是"女性自身提高道德修养"（22.1％），男性回答者比例为23.1％，女性回答者比例为21.4％。从调查的数据看，大家普遍认为制度保障、社会环境对女性美德建设非常重要。没有社会的支持，女性的道德发展就不可能有广阔的空间。

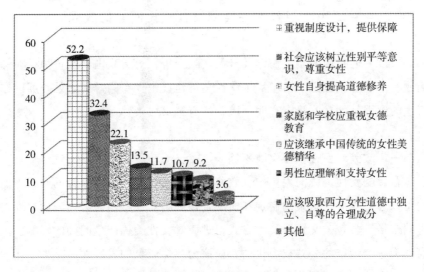

图23　对当前中国女性美德建设的意见和建议（八项限选三项）（％）

在访谈中我们发现，不论农村还是城市，不论年龄大小、受教育程度如何，都认为现代女性及其家庭要过上幸福生活，女性自己必须有较高的道德素质。略有差别的是表现在性别上，男性在女性美德建设上更强调继承中国传统的女性美德精华，而女性更为强调男性应理解和支持女性，分别列为建议的第五位、第六位（见图24）。

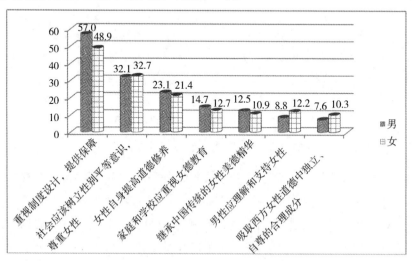

图24　对当前中国女性美德建设的意见和建议（%）

（调查对象性别）

第二节　当代女性美德及其建设问题的成因

通过上述我们的调查访谈及有关文献分析，对于我国女性道德存在的问题有了了解，也进一步厘清了女性美德建设中存在的薄弱之处。那问题产生的原因是什么？只有查明原因，才有解决之策。

一　政策对女性权益保障不够

在影响女性美德的力量中，政府的力量是非常重要而独特的。一方面它可以通过立法与政策的制定和实施直接影响女性美德，另一方面它通过影响市场、教育、文化等其他方式，进而对女性美德产生间接的影响。政府作为一个国家的公共权力机构，应该为社会成员的发展尤其是处于弱势地位的女性创造良好公平的社会环境。

中国社会传统的男尊女卑的性别文化和制度，将女性置于男性的"他者"地位，从身体和话语两方面控制了女性，女性成为被操纵的客体和他者。男人把女人当作财产来控制和分配，她们的生命存在的使命就是按照男人的意志去栽培男人的后代，她作为生育与性的载体的自然属性不断得到强化，而作为人的本质的社会属性和主体性则被彻底地泯灭了，她沦落为男性的奴隶。男性作为统治者，创造了男性社会的话语体系，逐渐剥夺了女性的话语权，使女性默认和适应这种男性文化的要求，甚至用一种奴性的自律方式去维护着男权社会的文化规范，并力图按照男性社会的要求把自己塑造成完全符合男性标准的所谓"女性"。于是贤妻良母、家庭主妇、生育工具成为她不可移易的性角色模式；守节殉情、忍辱负重成了女性的崇高人格；"三纲五常"、"三从四德"成为女性行为的准则；柔弱顺从成了女性美的象征。[①]这一严重阻碍女性发展同时也阻碍男性发展的性别政策，在20世纪被批判并逐步抛弃。尤其是中华人民共和国成立后，政府通过立法和政策的制定，并借助政府强有力的从上至下的行政管理体制，为女性发展提供了制度性的保障。女性作为与男性同等的主体，在政治、经济、文化、社会和家庭中享有与男性同等的权利，女性作为社会人，走出家门，积极参加社会生产劳动，她们以自己的勤劳和汗水获得了经济的自立，获得了自己的人格尊严。公开的性别歧视已被法律禁止。

然而这并不意味着我国性别歧视问题得到解决，制度的保障并不能消除积淀在社会文化深处的男权意识，这种男权意识仍然在社会道德、生活方式等方面规范和建构着女性的思想意识和行为准则。同时由于社会法制本身的不完善和性别歧视行为的隐蔽性，我国的性别歧视现象仍然大量存在。以就业为例，尽管我国立法规定禁止就业中实行性别歧视，但用人单位出于自身利益考虑，在招聘、薪资方面实行隐蔽差别对待的现象时常存在。对于实行就业歧视的单位如何惩戒和处罚，法律没有作出明确的规定，因而使得政策缺乏可操作性，女性就业权利无法得到保护。这也是在今天为什么有那么多女性信奉"干得好不如嫁得好"的原因之一。据第三次中国妇女社会地位调查的数据显示，在求职过程中遭遇过性别歧视的高校女生会更多地赞同传统的性别观念。例如，没有经历性别歧视的高校

---

① 李桂梅：《论女性人格》，《道德与文明》2001年第2期。

女生中有 25.5% 和 35.4% 的人表示对"男人应以事业为主，女人应以家庭为主"的观点"很不赞同"和"不太赞同"；但有过性别歧视经历的女生中只有 17.4% 和 33.3% 表示"很不赞同"和"不太赞同"，态度差异显著。① 女性在求职过程中经历的歧视无疑对女性的职业追求产生了负面的影响，导致女性职业道德的弱化。受过高等教育的女性尚且如此，那些文化程度低、在就业市场上处于劣势的女性，大都进入服务业，在外界环境的巨大反差下，一些求富求乐的女性极易以性作商品来换取资源。近年来我国性产业规模尤其是地下性产业规模不断扩大，这与女性在社会财富和资源的分配和配置中低下的地位有直接的关系，只有消除这种男高女低、男多女少的财富分配和配置的不平等方式，才能对商业性性交易实行"釜底抽薪"的阻断。

从当前的政策来看，一方面，曾起过重要作用的性别立法与政策由于立法者与执行者受到传统性别文化的影响，具有不彻底性，而且未能在新形势下适时进行修改和完善，其局限性愈益凸显。今天市场经济背景下产生的与女性利益相关的问题还来不及研究，政策上存在空缺，政府在运用政策保护和改善女性地位方面的工作有待加强；另一方面，政策中的社会性别意识缺乏。20 世纪 80 年代，政府的重心在经济建设上，他们更多的是关注政策对经济增长、政治稳定的影响，而较少关注对性别平等造成的影响，同时决策者也有认识上的误区，认为实现男女平等、保护女性权益更多的是妇联的责任，不是政府的行为。政策中社会性别意识的缺失是对现实中存在的性别歧视现象的漠视、放任，加剧了两性间的不平等。因而在政策的制定、预算、执行等方面都必须增强社会性别意识，以改变不平等的性别文化，实现性别公正。政府在为女性发展提供支持方面必须要有实质性的行动。

二　传媒对女性道德形象的宣传存在偏颇

个人是社会存在物，在他的成长中他必然被嵌入到历史时间和生命岁月所经历的各种事件中，同时也被这些时间和事件塑造着。女性在她的生

---

① 宋秀岩主编：《新时期中国妇女社会地位调查研究》下卷，中国妇女出版社 2013 年版，第 726 页。

命历程中同样被社会环境型塑。在今天社会对个体型塑最有力的力量之一就是传媒。

我们正处于大众传播的时代。现代人被动地生活在由大众传媒话语主宰的符号社会里，一个由传媒话语主导的舆论环境——报纸、广播、电视、互联网、手机短信等大众传媒传递的话语信息如空气般弥漫在社会生活的各个角落。不仅传媒传递的内容、而且媒体的类型本身，都在很大程度上变成了一种可以左右公众意见的强大力量。"一方面，它几乎无处不在地填充着日常生活，以尽其所能的方式为所有的人提供'满足'和欲望的对象，在这个意义上，它似乎仅仅是看得见的可供选择的视觉符号；一方面，也正是这些貌似'亲和'的符号，'不为人知'地改变和控制了人们的思维方式和生活习性。在这个意义上，它又是一只'看不见的隐性之手'。"① 由此可知，由媒体所把持和呈现的女性道德话语和形象已俨然成为当前社会文化生活中新的主宰。在如此的媒体环境下，女性的媒体道德形象取代现实而获得超真实的存在。女性的真实的道德形象却似乎已经隐蔽、难以获知，人们也丧失了自主判断的能力。

不可否认，媒体和广大传媒工作者在宣传男女平等、先进的性别文化方面作了大量卓有成效的工作，对促进妇女发展、弘扬女性美德作出了积极而又重大的贡献。但由于受传统男权文化、商业化对女性歧视的影响，作为社会意识载体的大众传媒并没有用均衡的方式描绘女性在不断变化的世界中对社会的贡献，相反或隐或现地传播着性别歧视的内容，它们或将女性定型于传统角色以迎合男权文化欲望，或将女性商品化或物化以吸引受众的眼球，这又反过来强化了人们心目中的传统角色定型和性别分工，加深了社会生活中的性别成见，也使公众对女性道德形象产生误读。

媒体的大肆渲染和泛滥报道，也对女性产生巨大冲击。一部分女性在媒体的舆论引导下，不知不觉地逐步接受、认可女性身体化、商品化的价值观。一些用各种手段甚至不光彩的手段钓得"金龟婿"的女人被当作成功的典型而被仿效。人们在婚姻选择中越来越现实。社会上少数有钱有权的男人成为众多女性趋之若鹜的对象，婚姻的法则变成了"只要我爱，

---

① 孟繁华：《传媒与社会主义文化领导权》，选自王岳川主编《媒介哲学》，河南大学出版社 2004 年版，第 96 页。

管他是否结婚"。第三者已由 20 世纪 80 年代人人口诛笔伐的对象转为人们同情、赞赏的对象，舆论的宽容使一部分女性变得越来越"勇敢"，敢于以自己的美貌、身体等作为资本，与男人进行赤裸裸的交易。而在婚姻市场上，竟连受教育程度的高低也成了部分女性加强性商品资本的筹码，本以为提高妇女的文化素质，就能使妇女走上自立自强的道路，可问题并不那么简单；在讲究实惠、功利的时代，一部分女性想寻求一种快捷、轻松的成功之路，因而生理资本、婚姻就成了"通天之塔"。这使女性过多地关注其外表，追求外在美，强化了女人的"花瓶"形象，女人成为男性把玩的物品，女人的价值似乎就在于她的性吸引力。在这种文化的浸染下，女性提高自身的修为和素质的积极性遭受打击，中华人民共和国成立以来女性的自主性和独立性教育的成效大打折扣，这既阻碍了女性的解放与发展，也不利于男性乃至整个社会的发展。

三　女性自身主体意识不强

封建宗法制度对女性卑从的认识和要求，决定传统女德构建的目标是塑造符合其依附性要求的女性人格。现代社会的女德是建构在男女平等基础上的，其目标是求得两性的和谐发展。因此，现代女德建设的第一步就是要解构传统女德，解放女性。

迄今为止，女性的解放已经历了三种形式。一是阶级解放中的女性解放，这种女性解放主要由政治力量或社会变革力量来完成。二是女性的社会权利解放，这一解放是社会民主意识发展到一定阶段的产物。在中国，女性在政治、经济、文化教育等权利的获得仍主要是靠社会的外在力量。三是女性自主追求自身的全面解放，这是女性解放的最高境界。这种解放追求的是女性自身的精神解放，是女性主体意识的觉醒，强调的是以女性自尊自爱、自立自强为前提，在两性和谐共处的基础上争取人的全面发展。[①] 这也是当代女性美德建设的目标。前两种解放主要是依靠外部力量实现的，而第三种解放则更多的是需要女性自身的觉悟和努力。从中国目前女性的现状看，女性的解放主要停留在外部解放层面，而女性的精神解放还有一段很长的路程要走。女性要获得真正的解放即女性的精神解放，

①　参阅王澄霞《女性主义与当代中国文化》，社会科学文献出版社 2012 年版，第 207 页。

树立起现代女性美德，就必须唤醒女性的主体意识。

中国特殊的国情为女性解放提供了优越的条件，立法的支持和制度的保障使中国的女性不用像西方妇女那样，需要自己历尽艰难去争取女性的权利，她们所获得一切都是由社会革命带来的，是社会制度赋予她们的。因而中国女性解放运动是"社会主义革命"的组成部分，不是一场独立的革命运动。这种非独立性表现在女性解放运动的倡导者和领导者不是女性，而是男性。女性解放的对象就是社会革命的对象，没有自己的独立对象。这样在某种意义上又强化了女性解放的社会革命色彩。这种政治革命、社会革命代替女性解放的特点，使妇女在获得阶级解放和社会权利的同时，却失去了自己的主体身份、失去了自身话语。"社会性"在每个女人身上打下了深深的烙印，而"女性"色彩则开始黯淡，在社会生活中几乎无立足之处。

中国女性是由男性来解放的，女性自身的素质尚未发展到要求解放的水平，必须仰仗男性的努力来寻求解放。自然作为参与者的女性不仅不会起来反抗男性，而且对男性充满感激之情，认为男性是崇高的、神圣的，把男性当作楷模，以男性的价值观念作为参照系。在女性自身没有创造出自己独立的人格模式之前，女性必须适应男性主体的行为模式，这样才能被以男性为中心的社会所接受。于是"男女平等"、"男女都一样"的口号，虽然在使女性走向社会、成为社会主体的方面发挥了重要作用，但当它们落实在女性人格实践中，则成了女性向男性看齐、女性以男性为榜样，从而失去了女性独特的人格和个性。20世纪50年代中国的"铁姑娘"，在体力上、工种上与男子一比高低；20世纪70年代的"女闯将"不仅工作上要像男人，而且在衣着、发型上亦男性化；20世纪80年代所宣传的"女强人"，在工作中具有独立、坚强、果断、干练的素质，而在人际交往和家庭生活中，却似乎是冷漠无情、缺乏责任心的。这种女性雄化的趋向，无疑使女性具有的生理心理特质受到压抑甚至扭曲，使女性深深体验到了自我分裂的痛苦。当女性像男性一样在职场上拼搏时，女性仍然扮演着重要的家庭角色，双重角色的重担使女性心力交瘁；不仅中国女性如此，西方女性同样深陷其中。"撒切尔是20世纪最杰出的女性之一，她证明了女人不但可以做到男人做的事，还可以完成一些男人都无法做到的事。"这是很多国际媒体对撒切尔夫人的评价。但在2012年出版的由保守党资深议员斯宾塞的日记集合而成的《斯宾塞日记》一书中披露了撒切尔夫人在 1995 年 4 月和斯宾塞谈话的内容，其中撒切尔夫人坦言："如果时光能够倒流，我绝不会步入政坛，因为我的家庭已经为我的从政之路付出了过高的代价。"有媒体称她是"被政治撕裂的女人"①。从爱情上来说，撒切尔夫人算是美满的，但在亲子关系上，她确实是一个"失败的母亲"。也正是在这点上，女性包括撒切尔夫人都为自己未尽到母亲的责任感到内疚。

因而这种去性别化的状况在 20 世纪 80 年代后期遭受质疑和批驳。有些人呼吁让现实中的女性更大程度地回归到自然、本能的状态中去。在这种文化氛围中，女性开始调整自己，强调保持所谓"女性特质""女人味"。人为地将性别差异强化，甚至对立起来。真理再往前迈一步，就变成了谬误。其实正如男权社会中的男人楷模形式完全浸透着男权主义的价值取向和准则，而男权社会中的女性特质同样也受到男权文化精神的严重污染和扭曲。因而女性在确立自我形象时，实际上已不存在任何现实的完全可取的女性特征或长处，就如在异化了的人类社会很少或几乎不存在完美无缺的人性一样，现实生活中衡量男女楷模的标准都浸透了男权的文化精神。一些女性提倡恢复自然母性等女性特质，实际上是试图避免蹈入被男性楷模同化陷阱的同时，又不由自主地将被男权文化严重污染的女性特质视为女性理想人格的组成部分，这是在强大的男权传统面前的无可奈何。但它不能从根本上确立女性的主体意识。

无论是"去或无性别化"还是"强性别化"，它们本质上都是女性对传统男性话语的反抗，只是反抗的路径不同，"去或无性别化"走的是"人的社会角色"的路径，"强性别化"走的是"人的自然本相"的路径。只要性别不消失，男女之间的性别差异也不能消除。女性要真正获得解放，既不是"进入"男权秩序或"回归"母系社会，建立以女性为中心的文化形态，也不是在与男性认同或一味保持女性个性之间的一种选择，而是必须超越以往的种种历史形态进行一种新的设计和创造。即以人本身来确立自己的价值尺度，在尊重男女两性的性别差异的基础上，使男性和女性平等和谐发展，真正塑造男女自我的完美人格，建立男女自我的

①　张建魁等：《撒切尔夫人：被政治撕裂的女人》，《环球人物》2013 年第 10 期。

主体性。

　　唤醒女性的主体意识，就是要使女性不仅认识到自己是一个女性，更重要的是认识到自己是一个人，是一个能按照完整的人性需要确立和把握自己生活的人。我国女性主体意识的发展经历了一个漫长的过程。从五四至改革开放前，我国女性主体意识的发展主要表现为女性作为"人"的主体意识的觉醒。该时期对女性主体身份的认可还不是基于女性身份的自觉认同，女性主体意识的发展表现为"人"的觉醒、社会主体的觉醒，而不是"女人"的觉醒。随着改革开放的深入和市场经济的发展，广大女性获得了前所未有的施展才能的广阔空间和舞台，越来越多的女性通过社会性事业和工作进一步确立了自我的价值和意义。这进一步促使中国女性开始了对个人权利的诉求和对女性真实自我的思考探索，她们一方面比历史上任何一个时期都更加注重对事业的追求和自己人生价值的实现；另一方面她们更加注重对自身生命意蕴的理性关照和自我性别意识的张扬，不仅具有强烈的社会批判意识，而且具有强烈的自我批判意识。她们把基于性别差异的平等价值诉求与社会制度的正义性结合在一起，使女性主体意识的发展进入理性发展阶段，也更新了新时期女性美德的内涵。

　　但中国女性毕竟生存在根深蒂固的男权文化环境中，传统的性别文化以各种形式渗透在社会生活的各个领域并发生影响，严重压抑着女性能力的发展，摧折了女性的主体性和独立性。背负家庭和社会双重责任的职业妇女在激烈的社会竞争中感到身心疲惫，女性本身的生理特征和敏感、自卑等心理素质让女性更习惯于传统的被动地位。尤其是随着社会转型的加剧、社会利益的分化、社会价值的多元，一些不良思想占据了一定市场，对人们的思想观念、道德价值产生了较大冲击。主要表现为拜金主义、极端个人主义、享乐主义滋长、封建思想残余又沉渣泛起，卖淫、纳妾、包"二奶"等现象大量出现。女性商品化和物化已经成为难以回避的社会问题，一部分女性沦为男性、金钱和物质的附属，成为经济和社会发展的代价。如此种种使女性主体意识的发展面临巨大挑战，女性陷入迷茫和困惑中。如何在当今社会强化女性主体意识，也就成为女性美德建设中一个关键性的问题。

第三章 当代中国女性美德建设的价值目标

女性美德现状不容乐观，再加上女性发展的需要，当代中国女性美德建设日渐显现出极端的必要性和紧迫性。而当代中国女性的美德建设，首先需要解决的问题是价值目标的确立。由于男性与女性两者之间相对而生、休戚与共的密切关系，女性美德不仅直接受制于男女两性关系状况，而且最终指向于男女两性关系状态。因此，女性美德建设以最终要达到和实现理想的两性关系状态为价值目标。在传统封建社会，一切女性美德的塑造都是为了维护和巩固以男尊女卑为核心的封建男权制度。而在当代中国，女性美德建设的价值目标将是为了构建一种全新的平等和谐的男女两性关系。这一价值目标的确立，是在女性解放运动的艰难曲折过程中实现的。由于传统女性美德突出地表现为男女不平等，因此，男女平等最初被当作女性美德建设的价值目标，在女性解放运动过程中提出来。然而，以简单的男女平等和男女平等权利的争取作为价值目标，让我们在实践中遭遇重重困惑。最终，通过对困惑的深刻反思与解决，我们才真正探寻到当代中国女性美德建设的价值目标——男女两性的平等和谐。

第一节 女性解放的新篇章

在两千多年的中国封建社会，由于受男尊女卑封建纲常伦理的束缚，广大女性完全不具有自己的独立地位与人格，政治上无权、经济上不独立、婚姻上不自由、没有受教育权，仅仅作为男性的依附者和附属品而存在，并以"三从四德"严格规范着自己的言行。"三从四德"的女性伦理规范成为了封建社会女性美德的集中体现，而这种所谓的"美德"是服务于巩固封建男权统治的目的，是抛弃了女性独立、尊严与人格、缺乏人性的美德。因此，当代中国女性美德的建设，首先就是要通过开展女性解放运动，批判中国传统女性伦理规范，打破封建社会的男权制，使广大女性获得与男性平等的权利，实现女性人格的独立。此即当代中国女性美德建设价值目标的第一步。

一　近代知识分子对中国传统女性伦理规范的批判

在长达两千多年的中国封建社会，广大女性饱受摧残与压迫。鸦片战争以后，在探寻国家出路、挽救民族危亡的斗争中，中国先进知识分子掀起了如火如荼的女性解放运动，其突出表现为太平天国运动、戊戌维新运动、辛亥革命以及新文化运动中的女性解放运动。这一次又一次势如洪流的女性解放运动，对中国传统的"三从四德"女性伦理规范展开了无情的揭露和猛烈的批判，从而极大地促进了女性的觉醒与解放。

1. 太平天国对中国传统女性伦理规范的批判

太平天国运动是中国近代史上一场规模巨大、波澜壮阔的反帝反封建的农民革命战争。从拜上帝会成立到天京陷落的十八年间，太平天国坚决地反对传统女性伦理规范，倡导男女平等，提倡女性解放，从而开创了近代先进知识分子批判中国传统女性伦理规范的先河。

第一，提出男女平等的思想。洪秀全以"天下多男人，尽是兄弟之辈，天下多女子，尽是姊妹之群"表达了他对于男女平等的理解。这种男女平等思想的形成源于他对历代农民起义提出的"平等""平均"思想与西方基督教教义提倡的"在上帝面前人人平等"思想的掺杂与糅合，它不仅是洪秀全指导农民起义的四大平等思想之一，也是太平天国制定妇女政策的基本依据。最重要的是，这种思想对几千年来形成的"男尊女卑""三纲五常""三从四德"等封建女性伦理道德规范是一次强有力的冲击，极大地激励了太平天国时期的女性勇敢地冲出家庭，争取同男性平等的权利和地位。

第二，确立有利于女性的婚姻制度和政策。《天朝田亩制度》规定："凡天下婚姻不论财"，"所有婚娶弥月喜事，俱用国库"。这样就完全否定和抛弃了封建社会的买卖婚姻。太平天国还确立了一夫一妻制，曾颁谕"男有男行，女有女行，男习士农工商，女习针指中馈，一夫一妇，理所宜然"①。当然，一夫一妻制度只针对下层军官，上层官员则仍实行多妻制。太平天国还实行严禁奸淫妇女等一系列保护女性的特殊政策。洪秀全制定的《十款天条》中第七条就是"不好奸邪淫乱"。《原道救世歌》中说："不正淫为首。"为了防止奸淫，太平天国实行严格的男女有别，如单独设立女军。此外，太平天国还实行禁缠足、禁娼妓、禁溺婴以及禁买卖奴婢等。

第三，规定女性享有与男性一样的受教育权利和参政权利。太平天国的教育主要通过礼拜堂礼拜来进行，听讲革命道理，听讲拜上帝教教义，或听讲天国纪律、法律和法令等。女性同男性一样都可以接受教育，都可以学文化。1853 年，太平天国开女科，取傅善祥、钟秀英、林丽花为"三鼎甲"。女性同男性一样参加考试，这是太平天国的一大创举。此外，太平天国还设立女官制度，吸收女性参与国家事务的管理。

第四，规定女性在经济上享有与男性平等的权利。《天朝田亩制度》规定："凡分田，照人口，不论男妇。"这体现了男女在经济上的平等性。女性能拥有自己的土地，这对于作为男性附庸的封建社会女性来说无疑是一个巨大的鼓舞。尽管由于战争等因素，《天朝田亩制度》并没有得以真正施行，但此规定的提出依然具有重要的进步意义。

总之，太平天国时期的女性解放运动对中国传统女性伦理规范的批判具有极大的开创性和进步性。但是，由于农民阶级的局限性以及时代的局限性，这种批判又是极不彻底的，而且很多并未在实践中施行，因此，封建的传统女性伦理规范依然坚固地普遍存在。

2. 资产阶级维新派对中国传统女性伦理规范的批判

戊戌维新运动之时，西方资产阶级的天赋人权、自由、平等、个性解放等观念已被引入中国，男尊女卑的封建纲常伦理受到冲击。在这样的背景下，康有为、梁启超、谭嗣同等资产阶级维新派代表，开始注意到日渐显现的女性问题，并将女性解放和挽救民族危亡结合在一起，向封建伦理纲常和迫害女性的恶习发起了猛烈进攻，再一次展开了对于中国传统女性伦理规范的猛烈批判。

第一，提倡男女平等，主张女性应有自己的独立人格。在中国封建社

---

① 太平天国历史博物馆编：《太平天国文书汇编》，中华书局 1979 年版，第 90 页。

会，女性一直处于父权和夫权的控制之下，根本没有自己的独立地位与人格。康有为在《大同书》中列举了种种"妇女之苦"，描述了女性所处的"可惊，可骇，可嗟，可泣"的悲惨处境："不得仕宦，不得科举，不得为议员，不得为公民，不得为学者，乃至不得自立，不得自由，甚至不得出入、交接、宴会、游观，又甚至为囚，为刑，为奴，为私，为玩……"① 这种现象"上承千万年之旧俗，中经数千年之礼教，下获偏酷之国法。"② 对此，康有为认为，"男女皆为人类，同属天生"，压制女性是"损人权，轻天民，悖公理，失公益，于义不顺，于事不宜"③，声称要为女性"呼弥天之冤"、"拯沉溺之苦"，使女性也能享"大同自立之乐"④。

　　第二，提倡婚姻自由，反对包办婚姻和买卖婚姻。维新派指出，封建社会的包办婚姻和买卖婚姻是对女性人格与尊严的践踏，让广大女性深受其害，因而极力主张婚姻自由，认为青年男女凡"情志相合，乃立合约，名曰交好之约，不得有夫妇旧名。盖男女既皆平等独立，则其好约如两国之和约，无轻重高下之殊"⑤，并且认为，"男女合约当有期限，不得为终身之约"。⑥ "假令果有永远欢合者，原听其频频续约，相守终身；但必当因乎人情，听其自由耳，故不可不定期限之约，俾易于遵守，而不致强其苦难，致有乖违也。"⑦ 此外，维新派还反对早婚早育，提倡晚婚晚育；反对婚姻论财铺张，提倡婚事从简。

　　第三，兴女学，创办女子学校。维新派反对封建社会"女子无才便是德"的观念，积极主张兴办女学。康有为认为，女子教育是女性独立与解放的必由之路。"无专门之学，何以自营而养生；无普通之学，何以通力而济众；无与男子平等之学，何以成名誉而合大群，何以充职业而任师长"。⑧ 梁启超把女子教育看作是关系民族素质和国家强盛的一个重要

---

　　① 康有为：《大同书》，辽宁人民出版社 1994 年版，第 171 页。
　　② 同上书，第 185 页。
　　③ 同上书，第 171 页。
　　④ 同上书，第 147—148 页。
　　⑤ 同上书，第 193 页。
　　⑥ 同上。
　　⑦ 同上书，第 194 页。
　　⑧ 同上书，第 155—156 页。

因素。女子受教育"上可相夫，下可教子，近可宜家，远可善种"①，"兴国智民，靡不始此"②。基于以上思想，维新派大力倡导创办女学，大开兴办女学的新风尚。1898 年 6 月，维新派创办了中国近代史上第一个由中国人自己创办的女子学校——上海桂墅里女学堂，也即"经正女学"。

第四，倡导女子不缠足运动。康有为认为，缠足陋习危害甚大。缠足危害有五：其一，以国之政法论，则滥无辜之非刑；其二，以家之慈恩论，则伤父母之仁爱；其三，以人之卫生论，则折骨无用之致疾；其四，以兵之竞强论，则弱种展转之谬传；其五，以俗之美观论，则野蛮贻消于邦国。③ 早在 1882 年，康有为与区谔良在家乡广东南海创办了"不缠足会"。这是中国历史上第一个反对女子缠足的民间组织。1885 年，康有为与其弟康广仁再度在家乡成立"粤中不缠足会"。在康有为的影响下，全国各地不缠足组织相继出现，并产生了广泛的影响和明显的效果。

这一时期，资产阶级维新派尽管还只是新兴的阶级力量，但却以昂扬、饱满的革命激情向几千年的封建礼教及陋俗发起了挑战，对中国传统女性伦理规范进行了深刻揭露和猛烈批判，提出并践行了一系列思想和主张，如兴女学、禁缠足等，这对于促进女性解放和觉醒起到了重要作用，也为后来辛亥革命时期和新文化运动时期对中国传统女性伦理规范的批判奠定了思想基础和社会基础。然而，由于阶级局限性，维新派未能真正触动封建宗法制度，也未能真正揭示封建社会女性受摧残和压迫的社会经济根源，因而他们的思想和主张注定不能取得结果。

3. 资产阶级革命派对中国传统女性伦理规范的批判

辛亥革命时期的女性解放运动有一个重要特点，那就是在男性知识分子的呼吁和影响下，一大批知识女性开始自我觉醒，并积极投身于轰轰烈烈的女性解放运动。她们勇敢地冲破家庭牢笼的束缚，走向社会，同男性知识分子一道，创办妇女刊物、主张婚姻自由、争取女性受教育权、积极参与革命斗争，以其不懈的努力和躬身实践对中国传统女性伦理规范展开

---

① 梁启超：《倡设女学堂启》，见《饮冰室合集·文集》第 1 册，中华书局出版社 1989 年版，第 19 页。

② 同上书，第 20 页。

③ ［日］小野和子：《中国女性史（1851—1958）》，高大伦、范勇译，四川大学出版社 1987 年版，第 35 页。

大胆的揭露和批判。

第一，创办妇女刊物，批判封建伦理道德。辛亥革命前后，各种妇女刊物雨后春笋般大量涌现，如 1902 年陈撷芬创办了中国最早的妇女杂志《女报》，后改名《女学报》，1904 年丁初我创办《女子世界》，1905 年张展云创办《北京女报》，1907 年秋瑾创办《中国女报》，同年刘青霞创办《中国新女界》，1911 年唐群英创办《留日女学会杂志》等。这些刊物猛烈抨击封建伦理道德，揭露其对广大女性的禁锢和残害，大力宣传女性解放，倡导男女平等。"居地球之上，其不幸者莫如我中国人，而中国女界，又不幸中之最不幸者。"①

第二，主张婚姻自由，反对各种陈规陋习和陈腐观念。各种妇女刊物一致地反对以"父母之命，媒妁之言"为主要特征的封建包办婚姻。在包办婚姻中，父母全权掌控一切。"当其始，有所谓问名纳采者，则父母为之；至其中，有所谓文定纳聘者，则父母为之；及其终，有所谓结缡合卺者，亦莫非父母为之。"② 而子女没有任何自主权可言，"不得任一肩，赞一辞，惟默默焉立于旁观之地位"③。总之，"中国婚姻之全权，实在于父母，而无子女容喙之余地，此其弊最大者也。"④ 此外，这些刊物还主张女性追求有爱情基础的婚姻，反对买卖婚姻；主张女性适时婚嫁，反对早婚陋习；主张女性离婚再嫁自由，反对片面贞操观，等等。

第三，争取女性受教育权，反对"女子无才便是德"。争取女性受教育权既是女性摆脱夫权束缚的必然要求，也是国家富强的重要保障。《女学报》指出："中国为什么不强，因为没有人才，为什么没有人才，因为女学不兴。"⑤ 在内容上，女子教育主要体现为德育、智育和体育三个方面。德育就是"破旧习，立新风"；智育就是抛弃"女子无才便是德"的

---

① 张枬、王忍之编：《辛亥革命前十年间时论选集》第 1 卷，生活·读书·新知三联书店1960 年版，第 937 页。

② 同上书，第 855 页。

③ 同上。

④ 同上书，第 3 卷，第 840—841 页。

⑤ 转引自顾秀莲主编《20 世纪中国妇女运动史》上卷，中国妇女出版社 2008 年版，第 84页。

观念，让女性"宏其愿，达其识"；而体育则必须"先复天足"再行之。① 在宗旨上，这一时期的女子教育呼吁："勿以贤妻良母为主义，当以女英雄女豪杰为目的。"② 女子教育不再是为了养成"贤妻良母"，而在于养成与男性一样的"女国民"。在资产阶级革命派的极力倡导下，兴办女学的热情一度高涨，各地女学纷纷成立。

第四，积极参与革命斗争，争取女性政治权利。辛亥革命时期，男女平等享有政治权利开始成为知识分子的共识。女革命家何香凝高声疾呼："天下兴亡，匹夫有责！此固男子之义务，然与男子同视听、同官骸之女子独非人类乎？然则天下兴亡，吾二万万同胞安能漠视哉？"③ 在这种思想的影响下，大批知识女性积极投身反帝反清革命斗争。在革命斗争中，她们还组织成立了许多女性爱国团体，如"共爱会"、"对俄同志女会"、"中国赤十字社"、"女子保路同志会"以及"女界保路会"等。辛亥革命后，少数女性甚至发起了一场争取女子参政权的运动，有力地表达了女性争取政治权利的决心和渴望。总之，辛亥革命时期，广大女性积极参与革命斗争，为反帝反封建作出了自己应有的贡献，又表达和争取了女性应有的权利，有力地促进了女性的自我觉醒。

相比而言，辛亥革命时期的女性解放运动在中国近代史上影响最为深远，这一时期资产阶级革命派对中国传统女性伦理规范的批判也最为深刻和彻底。在这场运动中，觉醒了的少数中上层知识女性提出了以争取女性人格独立为中心内容的女性解放思想，继而她们把改善自身处境同国家民族命运联系起来。历史证明，在半殖民地半封建的中国，独立的女性解放运动离不开反帝反封建的政治斗争。中国女性只有投身民族民主革命，争取民族独立和人民解放，才能求得自身的独立与解放，然而，中国的资产阶级已无力领导中国革命走向胜利。

4. 新文化运动对中国传统女性伦理规范的批判

新文化运动是中国近现代史上一场影响空前深远的思想解放和启蒙运

---

① 张枬、王忍之编：《辛亥革命前十年间时论选集》第 2 卷，生活·读书·新知三联书店1960 年版，第 843 页。

② 张枬、王忍之编：《辛亥革命前十年间时论选集》第 3 卷，生活·读书·新知三联书店1960 年版，第 483 页。

③ 廖仲恺、何香凝：《双清文集》下，人民出版社 1985 年版，第 1 页。

动。在民主与科学的旗帜下，先进知识分子对封建专制和封建礼教展开了猛烈的、无情的抨击和批判。揭露封建伦理道德对女性的摧残、批判中国传统女性伦理规范，自然成为新文化运动的重要内容。在新文化运动中，对中国传统女性伦理规范的批判空前热烈，内容涉及广泛，许多思想家纷纷参与其中。

第一，彻底批判封建礼教对女性的束缚。1915 年 9 月，陈独秀在《敬告青年》一文中首先提出了女性解放的问题，随后在《孔子之道与现代生活》一文中，更是把矛头直指孔教，揭露孔教对女性的摧残，并号召努力奋斗，恢复独立自主的人格。吴虞在《女权平议》一文中，集中讨伐了孔教对女性的种种罪孽，并呼吁已经到了男女平权的时代。李大钊则揭露了封建社会女性伦理道德的实质："总观孔门的伦理道德，……于夫妇关系，只用几个'顺'、'从'、'贞节'的名辞，使妻的一方完全牺牲于夫，女子的一方完全牺牲于男子。"① 周作人在《新青年》上发表了其译的日本著名作家与谢野晶子的《贞操论》一文，由此引发了一场关于贞操观的大讨论。胡适、鲁迅等都发表文章参与这场讨论，对封建社会的片面贞操观进行了批判和痛斥。

第二，寻求经济独立。新文化运动时期的知识分子大都认为，女性经济上的不独立从根本上导致了女性依附性的产生。因此，女性获得经济上的独立是女性解放的重要条件。李达在《女子解放论》一文中认为，女性"果能如此有经济独立的能力，则婚姻的结合，以爱而不以利，男子自然承认女子的价值，真正改变态度，抛弃特权。男女间一切不平等的道德与条件，也可以无形消灭了"。② 然而，女性的经济独立，必须以接受教育、获得知识和技能为前提，只有这样，才能在职业上与男性平等竞争。新文化运动时期，许多女性走出家庭、投身社会、自谋职业，实现了经济独立。

第三，争取婚姻自主权。李大钊在《不自由之悲剧》一文中对封建婚姻制度作了深刻剖析。他认为，包办婚姻制度是当今社会的最大缺陷，

---

① 中华全国妇女联合会妇女运动历史研究室编：《五四时期妇女问题文选》，生活·读书·新知三联书店 1981 年版，第 149—150 页。

② 同上书，第 45—46 页。

并告诫天下父母不要再为子女包办婚姻，应给子女婚姻自主的权利。这一时期出现了许多青年反对包办婚姻、为争取婚姻自主权而抗争的事件。例如，向警予反抗父母包办的婚事，勇敢地与志同道合的蔡和森结为伴侣，留下了"向蔡同盟"的佳话。

第四，争取男女教育平等。新文化运动时期，争取男女教育平等的呼声更加强烈。戴季陶指出："女权运动的根本，是在女子教育。若是女子教育没有普及，讲什么话都是假的。"① 胡适则明确提出了女子教育的目标，即"无论中学大学，男女同校，使他们受同等的预备，使他们有共同的生活"②。1920 年，北京大学首开女禁，正式招收女生，其他各大学竞相仿效，男女同校蔚然成风。

第五，争取女性参政权。新文化运动时期，世界女性参政运动正处高潮，不少国家的女性先后获得了选举权和被选举权，这让中国女性深受鼓舞，倍感振奋。1920 年，为推选代表参加在瑞士召开的万国女子参政大会，十多个妇女团体在上海集会，推选出代表并参加了大会。随后，广东、湖南、四川、浙江、江西等地相继开展女性参政运动。这一时期的女性参政运动在以往的基础上向纵深发展，它的中心问题不再是男女平等参政问题，而是女性如何参政的问题，如参政能力、参政时机等。

综观新文化运动对中国传统女性伦理规范的批判，五四运动前主要以资产阶级男女平等思想为武器，而五四运动后，随着马克思主义在中国的广泛传播，马克思主义女性解放理论开始取而代之，成为中国先进知识分子批判中国传统女性伦理规范的最有力的武器，并为中国女性解放运动指明了正确方向。新民主主义女性解放运动由此拉开了序幕，对中国传统女性伦理规范的批判也进入了一个新的历史阶段。

二　中国共产党对男权制的抨击与改造

中国共产党成立后，女性解放运动由此开始了历史性的伟大转折，开始有了中国共产党的正确领导，开始同中华民族的反帝反封建革命斗争以及中华民族的伟大复兴紧密联系在一起。毛泽东指出："妇女占人口的半

---

① 转引自郭秀文《五四时期的妇女解放思潮》，《学术研究》1999 年第 6 期。

② 梅生编：《中国妇女问题讨论集》上，新文化书社 1923 年版，第 91 页。

数，劳动妇女在经济上的地位和她们特别受压迫的状况，不但证明妇女对革命的迫切需要，而且是决定革命胜败的一个力量。"① 因此，女性解放运动是新民主主义革命一个必不可少的重要组成部分。中国共产党自成立之日起也自觉地将女性解放运动纳入新民主主义革命运动之中，从而开启了抨击与改造封建男权制的新阶段。

1. 倡导男女平等，维护女性权益

男女平等是中国共产党自成立以来就一贯坚持的重要原则。中国共产党不仅在党的文件和报告中倡导男女平等、在党的各项决策中体现男女平等，更在新民主主义革命实践中始终贯彻和践行男女平等，以确保女性享有与男性同等的各项权益。建党初期，中国共产党在中华女界联合会的改造宣言和新的章程中提出："在人权平等的理由上，我们努力拥护女工及童工的权利，为女工及童工所受非人道的待遇痛苦而奋斗。"1922 年 7月，中共二大通过的《关于妇女运动的决议》明确提出"帮助妇女们获得普通选举权及一切政治上的权利与自由"、"保护女工及童工的利益"以及"打破旧社会一切礼教习俗的束缚"②的奋斗目标。1925 年 1 月，中共四大明确提出一系列女性解放口号，如"男女社会地位平等"、"男女教育平等"、"男女职业平等"、"结婚离婚自由"、"反对大家庭制度"、"打破奴隶女性的礼教"、"反抗贤妻良母主义的女子教育"、"女子应有财产权与继承权"、"女子应有参政权"、"男女工资平等"、"赞助劳工妇女"、"保护母性"等。此外，中国共产党还在法律当中写入和体现男女平等原则。1931 年 11 月，《中华苏维埃共和国宪法大纲》明确规定："在苏维埃政权领域内的工人、农民、红军兵士及一切劳苦民众和他们的家属，不分男女、种族、宗教，在苏维埃法律前一律平等，并为苏维埃共和国的公民。"这是中国历史上第一部体现男女平等原则的法律，它为苏区女性各种平等权利的获得提供了有力保障。总之，在新民主主义革命时期，中国共产党不仅颁布了一系列倡导男女平等、维护女性权益的文件和法律，而且还采取了大量相应措施来保护这些法令的贯彻执行。1949 年 9月，第一届中国人民政治协商会议通过了具有临时宪法性质的《共同纲

① 《毛泽东文集》第 1 卷，人民出版社 1993 年版，第 98—99 页。
② 中央档案馆编：《中共中央文件选集》第 1 册，中共中央党校出版社 1989 年版，第 88 页。

领》。纲领明确规定："妇女在政治的、经济的、文化教育的、家庭的、社会生活的各个方面，均有与男子平等的权利，实行男女婚姻自由。"这表明，数千年来中国女性没有独立人格和尊严、遭受奴役和压迫的时代从此结束了，中国女性真正站起来了。

2. 主张婚姻自主，改革婚姻制度

自近代以来，由于先进知识分子对"婚姻自由"的强烈呼吁，旧式婚姻在相对发达的城市逐渐有了一些松动和改变，但在广大农村依然坚如磐石。其原因在于广大农村消息闭塞、封建习惯势力强大、文化教育不普及，先进思想不容易灌输。新民主主义革命时期，中国共产党领导的女性解放运动极大地推动了中国农村旧式婚姻制度的彻底变革。1927年3月，大革命时期第一部成文的婚姻法——《陕西暂行婚姻条例》诞生。这部婚姻法明确否定了旧式婚姻中的童养媳、多妻和纳妾等旧俗，保护了女性经济权益，并大力提倡婚姻自主。由于大革命失败，该条例成为一纸空文，但它开启了从法律上保护女性权益的先河。土地革命战争时期，苏维埃政府先后颁布了《中华苏维埃共和国婚姻条例》和《中华苏维埃共和国婚姻法》。其基本内容为：（1）确定男女婚姻自由的原则，实行一夫一妻制。一夫一妻制是男女平等原则在婚姻制度上的重要体现，禁止纳妾蓄婢从根本上保障了女性的利益。（2）在离婚问题上偏于保护妇女。《婚姻条例》对离婚问题作出了具体规定，在土地、财产、债务等各个方面都体现了保护女性的精神。（3）关于保护军婚的规定。《婚姻法》规定："红军战士之妻要求离婚，须得其夫同意。"这一规定既保护了军婚，又照顾到了女性的特殊利益。苏区婚姻制度改革具有重要而深远的意义，它使在中国延续了几千年的封建婚姻制度得以根本改变，从而使中国的婚姻制度呈现出新的面貌。毛泽东说："这种民主主义的婚姻制度，打碎了中国四千年束缚人类尤其是束缚女子的封建锁链。建立适合人性的新规律，这也是人类历史上伟大的胜利之一。"① 抗日战争时期，各根据地政府也颁布了实行男女平等、主张婚姻自主等条文的施政纲领，从法律上保障了女性的婚姻自主权，因而根据地许多不合理的封建婚姻关系得到解除，自由婚

---

① 中国妇女干部管理学院编：《中国妇女运动文献资料汇编》第1册，中国妇女出版社1987年版，第310页。

姻逐渐推行开来。

3. 开展放足运动，革除缠足陋习

缠足，是传统中国女性伦理道德在身体上对女性的束缚和摧残。继近代以来先进知识分子对缠足陋习的批判，在新民主主义革命时期，中国共产党继续将缠足陋习的批判推向深处，广泛开展放足运动，并从根本上彻底破除了这种延续几千年的陈规陋习，被束缚已久的广大女性终于获得了身体的自由和解放。大革命时期，在北伐军所到之处，妇女组织纷纷号召女性，开展放足运动。湖南醴陵县碛口地区女界联合会提出："打倒三从四德，不受男子压迫"；"大脚小脚，妇女联合，清早起来，草鞋赤脚"。湖北省妇协把发动放足、剪发，列为女性解放的重要内容，并发布六条布告，谓缠足"既碍于身体发育，复有害于卫生，老者尽成废物，少者痛苦呻吟，往昔清廷专制，藉此剥夺女权，现在民主治下，积弊应速澄清"①。湖北省政务委员会发布《取缔女子缠足条例》，其中明确规定：已缠足的 15 岁以下立即解放，15 岁至 30 岁责令解放，未缠足者不得再缠。经过宣传教育和组织实施，放足运动取得很大成绩，武汉市接受放足的妇女"每日不下千人"。②"当时妇女运动相当激烈，剪发放足的运动达到高潮。女同志带着儿童团挨门挨户检查，搜出裹脚布就拿走。看到缠小脚的妇女走在路上，也要叫她把裹脚布脱下来。这样搜集的裹脚布堆积如山，当众焚毁，影响很大。"③ 这一时期的放足运动猛烈冲击了残害女性的缠足恶习，解放了女性劳动力，也便于女性走出家门参加社会活动。抗日战争时期，根据地政府开始以法律形式逐步解除女性身上的封建束缚。1939 年 8 月，陕甘宁边区政府发布《禁止妇女缠足条例》。条例对禁止妇女缠足进行了明确具体的规定：未成年的女性，不得缠足；40 岁以下的女性，立刻放足；40 岁以上的女性，劝令放足，不予强制。于是，轰轰烈烈的反缠足活动开展起来，妇女儿童从此不再受缠足之苦。在其他各根据地也都开展了禁缠足活动。由于禁缠足活动的开展，广大女性终于不再缠足，她们终于扔掉了几千年来强加到她们身上的束缚。不再缠足的广大

---

① 转引自中华全国妇女联合会编《中国妇女运动史（新民主主义时期）》，春秋出版社1989 年版，第 229 页。

② 同上书，第 230 页。

③ 同上。

女性，积极投入到支前、开荒、种地等活动中来，成为抗日战争中举足轻重的一支浩浩荡荡的抗日大军。

4. 创办妇女学校，培养女性人才

在新民主主义革命斗争中，中国共产党创办妇女学校，开展妇女教育，极大地提高了广大劳动女性的文化水平，增强了广大女性寻求自身解放的觉悟和认识，同时也为革命培养了大批女干部。一大召开后，妇女教育工作就在中国共产党的领导下开始得以积极开展。1921 年冬，为培养妇女运动人才，中国共产党创办了上海平民女校。上海平民女校是中国共产党创办的第一所新型的妇女学校，是传播革命思想的场所。虽然它开办不到一年，但通过办学校来培养女干部从此成为了中国共产党的一项宝贵经验，这也为培养女性的独立人格与意识起到了重要作用。大革命时期，国共两党合作办起了各种类型的妇女学校和训练班、讲习所。1926 年3 月，中国国民党政治讲习班在广州开学，毛泽东为理事之一，李富春为主任，邓中夏、恽代英、郭沫若、萧楚女等任教授。同年 9 月，国民党中央妇女部在广州创办了妇女运动讲习所，何香凝任所长，蔡畅为教务主任。同年 10 月，韦拔群在广西东兰县举办第二届农民运动讲习所时，举办了妇运讲习所，培训妇运骨干，招收女学员 50 余人。讲习所提出的口号是：婚姻自主、读书明理、继承产业、独立生活、打倒压迫、团结互助、参加政权、男女平等。国民党中央党部迁武汉后，开办了妇女党务训练班，培训妇女骨干。此外，国民党湖北省党务干部学校设立了女生队，国民党中央党部妇女部、湖北省和汉口市党部妇女部还举办了各种讲习训练班，向女性灌输革命思想，培养妇女人才。土地革命战争时期，中国共产党在苏区发起了一场包括女性在内的群众性的文化教育运动，极大地提高了广大女性的文化水平。1929 年 7 月，闽西第一所妇女夜校——新泉工农妇女夜校成立；这是在毛泽东的倡导下，由闽西苏维埃政府创办成立的，它成立对于提高女性政治文化素质起到了重要作用。据统计，在江西、福建、粤赣三省，列宁小学就有 3052 所，在江西、粤赣两省，识字组有 32388 个，俱乐部 1656 个。这种群众性的文化教育运动，不仅使相当一部分女性摘掉了文盲帽子，而且培养出了一批妇女人才。抗日战争时期，根据地政府继续采取开办识字班的方法，开展大规模的冬学运动。当时，根据地内村村都有识字班，40 岁以下的女性大部分都在识字班参加

学习。很多青年女性会聚在识字班，她们在这里学文化、学唱歌、排演节目、组织拥军慰问活动，学习宣传党的政策和路线，宣传抗日形势。总之，在抗日战争中，识字班既使广大女性学习了文化知识、接受了教育，又接受了抗日宣传、争取了自身解放，对广大女性起到了双重启蒙的重要作用。

5. 创办妇女刊物，提高女性思想觉悟

在创办妇女学校的同时，中国共产党还积极创办各种妇女刊物，加强对妇女的宣传教育，提高妇女的思想觉悟，从而极大地激发了广大妇女渴望摆脱封建伦理道德的束缚、寻求自身解放的强烈愿望。1921 年 12 月，在中国共产党的直接推动下，以上海女界联合会名义出版的《妇女声》创刊。该刊以 "妇女解放" 为旗帜，认为 "妇女解放即是劳动者的解放"，呼吁 "打破一切掠夺和压迫，取得自由社会的生存权和劳动权"。大革命时期，为了指导妇女运动和宣传妇女解放思想，各地妇女团体创办了大量妇女刊物，总计 40 余种。其中，影响比较大的刊物有十多种。如上海的《妇女周报》《中国妇女》，广州的《妇女之声》《光明》，两湖地区的《湖北妇女》《妇女先锋》，北京的《妇女之友》等。这些妇女刊物从各个不同的视角研究和讨论妇女问题，批判传统女性伦理道德，传播马克思主义妇女理论。如《妇女之友》的发刊词是："竭我们微薄的能力，特为诸姑姊妹们找得以为热忱慷慨的 '良友'"，"为你们分忧，为你们造福，为你们抵抗敌人的压迫，为你们创造新的生命。"[①] 抗日战争时期，各根据地、国统区、沦陷区也创办了大量妇女刊物。根据地的刊物主要有：1939 年 6 月创刊的《边区妇女》、1941 年创刊的《鲁西妇女》、1941 年 3 月创刊的《山东杂志》等，其中，影响最大的是陕甘宁边区 1939 年 6 月创刊的《中国妇女》。该刊创立时，毛泽东还为其题词："妇女解放，突起异军，两万万众，奋发为雄。男女并驾，如日方东，以此制敌，何敌不倾，到之之法，艰苦斗争，事无难事，有志竟成。有妇人焉，如旱望云，此编之作，伫看风行。"在国统区和沦陷区，在中国共产党直接领导或影响下创办的进步妇女刊物主要有：《妇女生活》、《妇声》、《战时妇

---

① 转引自中华全国妇女联合会编《中国妇女运动史（新民主主义时期）》，春秋出版社 1989 年版，第 260 页。

女》、《上海妇女》、《妇女旬刊》、《妇女之路》等。这些刊物的内容主要
有：报道妇女群众积极参加抗日救亡活动的先进事迹；反映妇女自身生活
状况，维护妇女儿童的权益；开展反对"妇女回家"和捍卫妇女就业权
利的斗争等。这些刊物就像明灯一样指引着广大女性寻求自身解放的道
路，这对于破除传统女性伦理道德、培养女性独立之人格以及塑造新时代
的女性美德起到了重要作用。

6. 进行土地改革，保护女性经济权利

经济权利是女性权利的重要内容，经济权利的获得是女性解放的重要
标志。在广大农村，土地权是最主要、最重要的经济权利。在新民主主义
革命过程中，中国共产党先后多次进行土地改革，使广大女性同男性一样
平等拥有了土地的占有权和使用权，进而为女性的彻底解放奠定了牢固的
物质基础。建党初期，中国共产党的早期活动家就对封建社会女性丧失独
立之人格、依附于男性的原因进行了研究，并洞悉了女性不解放的根源在
于经济的不独立。李大钊在《再论问题与主义》、《物质变动与道德变动》
等一系列文章中深刻揭示了女性问题的本质，指出："妇女在社会上的地
位随着经济状况变动"，"经济问题一旦解决，什么政治问题、法律问题、
家族制度问题、女子解放问题、工人解放问题，都可以解决。"① 向警予
在《女子解放与改造的商榷》一文中认为：在女性解放的先决条件上，
应该从废除私有制着手，因为"财产私有制……是万恶之源，……这种
制度，在理不应存在，在势不能存在"。陈独秀在题为《妇女问题与社会
主义》演讲中，指出："妇女问题虽多，总而言之，不过是经济不独立"，
而经济不平等，乃是"社会制度"造成的。土地革命战争时期，各土地
法都明确规定，女性平等享有获得土地的权利。1928 年 12 月，《井冈山
土地法》规定："以人口多少为原则，男女老幼一律平分。"1931 年 11
月，《中华苏维埃共和国土地法》规定："劳动人民不分男女都有得到分
配土地的权利。"女性获得土地，这在当时具有开天辟地的重大意义，它
为女性争取人格独立和彻底解放奠定了物质基础。1947 年 10 月，《中国
土地法大纲》正式颁布。大纲充分体现了男女平等分配土地的原则，明
确了女性的土地权，使女性获得了翻身解放的经济条件。土地改革使中国

---

① 《李大钊文集》下，人民出版社 1984 年版，第 37 页。

女性破天荒第一次获得了土地所有权，从而铲除了女性受压迫的经济根源，为农村女性的解放创造了物质前提。它改变了农村的阶级关系，根除了压迫农村女性的封建剥削制度，铲除了封建礼教的经济基础，并为进一步解除女性特殊封建压迫、实现男女平等创造了条件。

7. 建立妇女组织，引导女性投身革命

新民主主义革命时期，中国共产党始终和广大女性紧密团结在一起，建立妇女组织、组建妇女武装力量、发动女性支援后方建设，逐步引导各阶层女性积极投身民族民主革命，在革命中找到女性解放的根本道路。大革命时期，在共产党的帮助下，国民党中央设立妇女部，作为妇女运动的领导机构。在中央妇女部的领导下，省、市妇女部广泛开展妇女运动，发展妇女党员、组织妇女团体，积极引导女性投身国民革命。北伐战争开始后，两湖等地女性积极支持北伐军，武汉妇女参加收回英租界的斗争，上海女工参加第三次武装起义。这一时期全国各地建立了众多妇女革命团体，许多地方都成立了妇女联合会。土地革命战争时期，苏维埃政府不仅在党和政府中设立妇女部，而且还先后设立了妇女生活改善委员会和女工农妇代表会议制度。妇女生活改善委员会和女工农妇代表会议制度的建立，不仅极大地推动了苏区女性反对封建压迫和寻求自身解放的斗争，而且极大地促进了广大女性积极投身民族民主革命战争。抗日战争时期，在中国共产党的领导下，各基层女性积极投入民族斗争。1938 年 3 月，陕甘宁边区各界妇女联合会和晋察冀边区妇女抗日救国联合会先后宣告成立。随后，在其示范和影响下，各根据地的妇女群众组织纷纷创建起来。抗日战争时期，妇女救国会是最普遍的妇女组织形式之一，它使千百万女性迅速觉醒，与各抗日武装和兄弟团体齐心协力、团结一致、共同战斗，在抗日战争中起到了不可估量的重要作用。解放战争时期，各解放区在健全和完善妇女运动领导机构和妇女组织的基础上，继续引导广大女性积极投身解放战争。她们为了保家卫田和保卫自己的生命安全，拿起武器与国民党军队、地主还乡团展开英勇斗争。在这一过程中，涌现出许多威震敌胆的民兵英雄。1949 年 3、4 月间，中国妇女第一次全国代表大会召开，成立了全国妇女运动的领导机构——中华全国民主妇女联合会。这是中国女性 30 年来积极参与推翻三座大山革命斗争的胜利成果，标志着中国女性在中国共产党的领导之下实现了前所未有的大团结，因而具有划时代的重大意义。

8. 开展民主参政，保障女性政治权利

在新民主主义革命过程中，中国共产党不仅通过开展教育宣传，提高女性文化水平和政治觉悟，发动女性积极投身民族民主革命，同时也广泛开展民主参政运动，引导女性参选参政，从而使广大女性切实行使自己的政治权利。抗日战争时期，各根据地人民在中国共产党领导下，通过平等、直接的投票办法，进行各级政权的选举。千百年来，一直生活在社会最底层、从不曾有过任何政治权利的女性，第一次享有了与男性同等的选举权和被选举权。政治权利的获得使广大女性感受到了主人翁的社会地位，也促使她们以极高的政治热情参与根据地政权建设，进而为巩固和建设民主政权发挥了重要作用。1937 年 7 月，陕甘宁边区议会举行第一次民主选举。边区女性首次行使了自己的民主权利。1938 年 11 月，陕甘宁边区议会更名为陕甘宁边区参议会。1939 年 1 月，陕甘宁边区参议会首届会议在延安召开，高敏珍等 19 位女性参议员代表参加了会议。1941 年 1 月，根据"三三制"原则，陕甘宁边区进行第二届各级参议会选举。由于不识字，农村女性大多采用"烧洞洞"、"投豆子"的方法行使选举权。据统计，全边区 30% 的女性参加了选举，选出的各级参议员均有不少女性代表，乡长、区长也有许多是由女性担任。其他根据地也都广泛发动女性进行了民主政权的选举。总之，在抗日根据地普遍开展的民主参政运动规模大、时间长，广大农村女性普遍享受到了民主权利。1949 年 9 月，中国人民政治协商会议召开，69 名女性代表参加了会议。在会议中，女性代表同其他代表一起共同商讨国家大事、行使当家作主的权利，这表明了中国女性开始获得了与男性同等的政治权利，开始在国家政治生活中发挥着不可或缺的重要作用。

三　新中国的男女平等

男女平等是女性解放运动的核心目标，也是当代中国女性美德建设的首要条件。1949 年 10 月 1 日，中华人民共和国成立，这为女性解放运动和当代中国女性美德建设开辟了广阔的道路，女性解放运动朝着男女平等的方向继续向前发展，并且取得了举世瞩目的重大成就，不仅实现了立法上的男女平等，而且广大女性在平等参与家庭和社会生活方面也取得了实质进展。

1. 男女平等的法律体现

中华人民共和国成立后，中国共产党废止了有关性别压迫、男女不平等的诸多法律，逐步建立起了以男女平等为基本原则的法律体系。男女平等在法律上的确立首先体现在作为国家根本大法和治国安邦总章程的宪法当中。1954 年，中华人民共和国第一部宪法——"五四宪法"明确规定："中华人民共和国妇女在政治的、经济的、文化教育的、社会的和家庭的生活各方面享有与男子平等的权利。"其后，中华人民共和国宪法虽然经过数次废立和修改，但男女平等始终是宪法的重要原则。除宪法外，我国很多其他法律也都从各个不同领域和角度体现了男女平等的原则。1950年颁布的《中华人民共和国婚姻法》明确规定："实行男女婚姻自由、一夫一妻、男女权利平等、保护妇女和子女合法权益的新民主主义婚姻制度；夫妻为共同生活的伴侣，在家庭中地位平等；夫妻双方对于家庭财产有平等的所有权和处理权。"1951 年颁布的《中华人民共和国劳动保险条例》明确规定："凡在实行劳动保险的企业内工作的工人与职员（包括学徒），不分种族、年龄、性别和国籍，均适用于本条例，但被剥夺政治权利者除外。"1953 年修订的《中华人民共和国劳动保险条例》和 1955 年发布的《国务院关于女工作人员生产假期的通知》都规定，女职工可享受带薪产假。1954 年颁布的《中华人民共和国全国人民代表大会和地方各级人民代表大会选举法》明确规定："妇女享有与男子平等的选举权和被选举权。"1985 年颁布的《中华人民共和国继承法》明确规定："继承权男女平等。"1987 年颁布的《中华人民共和国民法通则》明确规定："妇女享有同男子平等的民事权利。"1995 年颁布的《中华人民共和国劳动法》明确规定："妇女享有与男子平等的就业权利。"以上法律分别对女性的婚姻家庭地位、财产所有权、劳动保护、政治权利等作出了明确规定，都鲜明地体现了男女平等的原则。此外，2005 年，《中华人民共和国妇女权益保障法》颁布实施。这部法律对男女平等原则、妇女权益保障作了详细具体的专门规定，成为了我国专门调节性别关系的基本法律。至此，我国基本形成了以宪法为依据，以妇女权益保障法为主体，包括体现男女平等原则的各项法律在内的男女平等法律体系。

2. 男女平等的实质进展

男女平等原则在法律上的确立，为现实生活中男女平等的真正实现开辟了广阔的道路。时至今日，中国的男女平等经过 60 多年的发展，在教育、就业、参政以及婚姻家庭等社会生活的各个领域都取得了举世瞩目的巨大成就和实质进展。

（1）女性教育领域

中国封建社会，受教育是男性的特权，广大女性被排斥于学校教育之外，只能在家庭中接受旨在养成"贤妻良母"的"女教"。以"三从四德"为主要内容的"女教"，"封其耳目，缚其手足，冻其脑筋，塞其学问之途，绝其治生之路"①，对女性可谓贻害无穷。自 20 世纪初，中国女性教育才开始发展起来，然而，由于政局动荡、战乱频繁，在整整半个世纪的时间里也并未取得大的进展。中华人民共和国成立后，中国女性的社会地位得以根本扭转，她们同男性一起成为了国家的主人，享有了与男性同等的受教育的权利。特别是改革开放以后，中国的女性教育获得了前所未有的大发展。

其一，女性平均受教育年限大幅提升。平均受教育年限是衡量教育获得的重要指标。近年来，女性平均受教育年限的提升十分明显。调查显示，2010 年女性平均受教育年限为 8.0 年，比男性低 0.8 年。2010 年女性平均受教育比 2000 年提高了 1.9 年，比 1990 年提高了 3.3 年，明显高于男性在同期 1.2 年和 2.2 年的增幅。男女两性受教育年限的差距逐渐缩小，从 1990 年的 1.9 年缩小到 2010 年的 0.8 年。②

其二，女性受教育层次不断提高，教育结构明显改善。比起平均受教育年限，受教育层次更能反映出个体的教育水平在结构上的差异。整体来看，近年来女性受教育层次不断提高，教育结构明显改善；初等教育程度女性的比例下降，中高等受教育程度女性比例上升。调查显示，与2000 年和 1990 年相比，2010 年城乡女性受教育程度为小学及以下的比例分别下降了 17.2 个百分点和 31.0 个百分点；初中文化程度的比例则分别

---

① 梁启超：《变法通议》，见《饮冰室合集·文集》第 1 册，中华书局出版社 1989 年版，第 42 页。

② 宋秀岩主编：《新时期中国妇女社会地位调查研究》上卷，中国妇女出版社 2013 年版，第 98 页。

上升了 0.6 个百分点和 9.2 个百分点；高中及中专的比例分别提高了 5.9 个百分点和 8.9 个百分点，大专及以上的比例上升幅度更为明显，分别提高了 10.8 个百分点和 12.9 个百分点。①

其三，越来越多的女性接受继续教育。继续教育主要包括学历继续教育和培训进修两种形式。继续教育也是反映女性受教育状况和水平的重要指标。调查显示，2010 年，有 14.6% 的女性通过学历继续教育方式获取最高学历或学位的，略高于男性（14.5%）。② 近三年来，女性中有 16.6% 的人参加过各类培训和进修，比男性低 2.7 个百分点。在培训次数上，女性参加培训的平均次数为 2.9 次，比男性多 0.3 次。2010 年女性参加培训和进修的比例比 2000 年上升了 3.2 个百分点，和男性的比例差也由十年前的 3.8 个百分点缩小至 2.7 个百分点。③

（2）女性就业领域

女性就业是女性经济独立和男女平等的基础和保障。中华人民共和国成立前，中国已有少数城市女性走出家门，参加社会劳动，但是她们不仅人数少，而且大都局限于狭窄的行业范围和较低的职业层次；而农村女性则仍然在家庭中专门从事家务劳动。中华人民共和国成立后，女性就业开始有了实质进展，就业人数不断增长、就业领域不断拓展、就业层次不断提升、就业结构也不断优化，许多女性在就业中也获得了自我发展和实现了自我价值。

其一，女性就业率大幅提高。调查显示，2010 年，我国女性总体就业率为 70.9%，城乡分别为 60.8% 和 81.8%。④ 其中，在以学为主的 18—19 岁女性，全国已有 38.7% 的女性加入劳动大军；在 30—49 岁女性的经济参与活跃期，女性就业率始终保持在 80% 左右的较高水平，尤其是在 35—39 岁女性组，女性就业率达到最高点。⑤

其二，女性就业层次不断提高，就业结构趋于合理。调查显示，2010 年，在我国职业构成中，"白领"女性占女性从业人员的 21.4%，即每 5

---

① 宋秀岩主编：《新时期中国妇女社会地位调查研究》上卷，中国妇女出版社 2013 年版，第 104 页。

② 同上书，第 113 页。

③ 同上书，第 116 页。

④ 同上书，第 211 页。

⑤ 同上书，第 154 页。

个女性从业人员就有 1 个是"白领"。女性"蓝领"比例高达 3/4 以上，其中，农业生产人员比例最高，商业服务业人员次之。与 2000 年相比，女性农业生产人员比例大幅下降，职业层次明显提高。其中，女性农业生产人员比十年前降低了 30 个百分点以上，商业服务业人员增加了 14 个百分点，其他 4 类职业从业人员均有不同程度的提高。伴随女性农业生产人员大幅下降，各类非农就业女性比例不断提高，体现了女性职业层次提高、职业结构趋于合理的变化趋势。①

（3）女性参政领域

女性参政是女性在更高层次上对社会活动的参与，是衡量女性解放程度的重要标尺。在中国封建社会，女性一直被排斥于社会权力系统之外，完全没有对国家事务和社会事务的话语权。到了近代，女性参政开始有了初步的思想启蒙，并进行了初步的参政尝试，尤其在中国共产党的领导下，女性参政积极开展起来。中华人民共和国成立后，随着社会主义民主政治建设的深入和女性参政环境不断改善，女性参政更是有了实质进展，参政比例不断提升，渠道不断扩大。

其一，女性参政比例不断提升。中国共产党第十八次全国代表大会女代表占代表总数的 23.0%，比上届（2007 年）提高了 2.9 个百分点②。在十八届中央委员及候补中央委员中，女委员占委员总数的 8.8%，在政治局委员中，有两位女性当选，出现了自 1978 年以来首次有两位女性政治局委员同时当选的新局面，这表明妇女在党的高层决策中的参与有所加强。2009 年，省部级及以上女干部占同级干部的 11.0%，地厅级女干部占同级干部的 13.7%③，比 2005 年分别提高了 0.7 个百分点和 0.8 个百分点。2008 年第十一届全国人大女代表比例为 21.3%，比第十届提高了 1.1 个百分点。2013 年第十二届全国人大女代表的比例上升到 23.4%，比上届提高了 2.1 个百分点，突破了三十多年的徘徊局面，扭转了我国在

① 宋秀岩主编：《新时期中国妇女社会地位调查研究》上卷，中国妇女出版社 2013 年版，第 171—172 页。

② 宋秀岩：《深入学习贯彻党的十八大精神 推进妇联工作科学发展——在全国妇联十届五次执委会议上的工作报告》，人民网 http://acwf.people.com.cn/n/2013/0118/c99013—20250344.html。

③ 国家统计局社会科技和文化产业统计司编：《中国妇女儿童状况统计资料（2010）》，中国统计出版社 2011 年版，第 58 页。

国际议会联盟女议员排名位次不断下降的局面①。第十二届全国政协女委员比例为 17.8%，比第十一届全国政协女委员 17.7% 的比例略有上升。②在人大和政协会议上，女代表和女委员积极行使代表权利，代表妇女及各党派团体和各族各届进行政治协商，民主监督，参政议政。

其二，女性参政渠道不断扩大。伴随中国民主政治改革的深入，广大城乡妇女积极通过各种渠道对国家和社会事务建言献策。一方面，她们利用新兴的媒体（如互联网）积极参与政治协商和民主监督，就经济社会发展重大问题和涉及群众切身利益的实际问题提出建议。另一方面，妇女在社会组织管理和社会公益活动中日趋活跃。2011 年社会团体中女性参与比例为 17.5%，民办非企业中为 36.5%，基金会中为 31.4%③。妇女参与公共事务和公益事业的热情日益高涨，在诸如汶川地震等特大自然灾害的救援中，在对社会弱势群体的爱心救助中，在对国家法律政策制定发表建言、提供民智中，以及在监督政府部门及官员和反对腐败中，都发挥了积极的作用。

（4）女性婚姻家庭领域

在男尊女卑的中国封建社会，女性没有独立的人格与尊严，在婚姻中没有自主权，在家庭中也毫无地位可言。中华人民共和国成立后，随着旧式婚姻制度的废除和社会生活各领域女性平等权利的获得，广大女性在婚姻家庭中的地位不断提高，家庭中的夫妻关系也发生了根本的转变。

其一，女性拥有婚姻自主权。在婚姻家庭领域，婚姻自主权的拥有是当代女性区别于封建女性最首要和最显著的区别。中华人民共和国成立后，包办婚姻和买卖婚姻就被明令禁止，取而代之的是婚姻自由原则的确立。六十多年来，婚姻自由的思想观念在城乡得到广泛普及，自主婚姻的比例逐年上升。时至今日，恋爱自由、婚姻自主早已成为不言自明、尽人皆知的社会观念和准则。

其二，夫妻双方在家庭责任的承担上，呈现出朝向合理化方向发展的趋

---

① Situation as of 1st April 2013，各国议会联盟网 http：//archive. ipu. org/wmn－e/arc/classif010413. htm。

② 中国妇女报：《第十二届全国政协委员名单通过　妇女委员人选占 17.8% 高于十一届一次会议比例》，人民网 http//acwf. people. com. cn/BIG5/n/2013/0204/c99013－20424846. html。

③ 国家统计局社会科技和文化产业统计司编：《中国社会中的女人和男人——事实和数据（2012）》，第 103 页。

势。家庭责任大致可以划分为对家庭的经济贡献和家务劳动的承担两个部分。在家庭责任的承担上，传统观念是：男人以工作为重，挣钱养家，女人以家庭为重，相夫教子。近年来，女性对家庭作出越来越大的经济贡献，男性也开始承担部分家务劳动。以第三期中国妇女社会地位调查数据为基础，将2010 年被调查对象的个人年总收入除以夫妻年总收入得到"个人对家庭的实际经济贡献"，调查结果显示，女性对家庭的实际经济贡献平均为 40.0%。[①]

其三，女性参与家庭事务决策的程度越来越高。家庭事务决策权在某种程度上被认为是家庭权力的集中体现，而家庭权力则是衡量家庭地位的核心指标。因此，对家庭事务决策的参与程度反映了家庭地位的高低，参与家庭事务决策是衡量女性家庭地位的重要指标。在中国妇女社会地位调查中，2000 年和 2010 年调查数据均显示，除了家庭日常开支外，在家庭事务决策中，夫妻共同商量已经成为主流，2010 年这种趋势更加明显。与十年前相比，在生产经营和投资贷款方面，夫妻共同商量的比例提高较多，分别上升了 8.0 个百分点和 14.3 个百分点。十年来在各类家庭事务决策中，夫妻双方就有关孩子的事务（教育或就业）共同商量的比例一直都是最高的，达到了 70% 以上。[②] 此外，笔者所做的"当代中国女性美德建设现状"调查也表明，女性参与家庭事务决策的程度越来越高。66.1% 的人认为女性在家庭生活中扮演的角色极为重要；在家庭日常开支的决定上，有 68.1% 的人认为通常以妻子的意见为主；在购买大件商品/大型农具的决定上、在买房/建房的决定上、在从事什么生产/经营的决定上、在投资/贷款的决定上以及在孩子升学/择校的决定上，分别有66.6%、78.0%、74.7%、76.3%、80.8% 的人认为通常采取共同商量的方式。可见，当代女性越来越多地拥有了家庭事务的发言权，夫妻双方共同决定家庭事务的家庭模式日渐成为趋势。

第二节　女性道德人格塑造的困惑

道德人格，即个体人格的道德性规定，指的是一定社会历史条件下的个

[①]　宋秀岩主编：《新时期中国妇女社会地位调查研究》上卷，中国妇女出版社 2013 年版，第 363页。

[②]　同上书，第 347 页。

体所具有的人格尊严、道德品格和人格价值的总和。其中，人格尊严是一种人之为人的无差别的资格，它与生俱来，但也会被社会剥夺或遭他人践踏。人格尊严是道德人格的重要内容，是道德品格和人格价值的根本前提，它决定着道德品格的高低和人格价值的大小。正因为如此，有学者甚至将人格尊严等同于道德人格。作为一个历史范畴，道德人格的内容由特定历史条件所决定，但它基于现实却又蕴含着人类理想成分。根据道德人格的概念，女性道德人格就是女性人格的道德性规定，即一定社会历史条件下的女性所具有的符合女性性别角色和特点的人格尊严、道德品格和人格价值的总和。①

历经一个多世纪女性解放运动的洗礼，时至今日，当代中国女性已经具有了较强的独立性和主体性，她们同男性一道活跃在社会生活的各个领域，成为社会发展不可或缺的重要力量。作为"半边天"的女性，她们的道德人格在这一过程中也开始得以塑造、发展和完善。相比封建社会完全不具有独立地位与人格的女性来说，这种进步和变化是翻天覆地的。②当然，女性道德人格的塑造绝不可能一蹴而就，它将是一个无限趋向理想与美好的长期历史过程。而且，女性道德人格塑造的根本标准应该是基于人性的，是基于作为人的女性的自由全面发展。随着女性解放运动不断向纵深发展，由于中国一些特定历史和现实因素的存在和影响，当代中国女性道德人格的塑造不可避免地开始面临一些困惑。这些困惑主要有：平等的困惑，即法律平等与事实平等的背离；角色的困惑，即家庭角色与社会角色的冲突；心灵的困惑，即心灵自由与心灵束缚的落差。以上三种困惑也并非各自独立存在，其中，平等困惑是角色困惑和心灵困惑产生的原因和基础，而角色困惑与心灵困惑又密切相关，相互影响，相互作用。这些困惑每一个都直接关乎女性的人格独立和女性的自由全面发展，深刻影响着女性道德人格的塑造。③ 因此，当代中国女性美德的建设，就是要正视和反思女性解放运动过程中女性道德人格塑造面临的这三大困惑，以便将女性解放运动修正到正确的发展方向，从而为探寻当代中国女性美德建设的价值目标——两性的和谐发展提供必要的引子。此即当代中国女性美德

---

① 李桂梅、黄爱英：《当代中国女性道德人格塑造的困境与出路》，《伦理学研究》2014 年第 2 期。

② 同上。

③ 同上。

建设价值目标的第二步。

一　平等的困惑

平等，是古往今来人类孜孜以求的美好理想和愿望。"平等"在《牛津法律大辞典》中的解释是："人或事物处于相同标准或水平并被同样地对待。"① 根据我国宪法的规定，男女平等是指："公民在享受权利和履行义务方面不受性别的影响，在法律上享受同等的地位。它包括男女公民在政治权利方面的平等、婚姻家庭关系中的平等、男女平等的就业权、劳动分配关系中的男女同工同酬、受教育方面的平等以及在社会地位、经济活动、文化活动等方面的平等。"② 男女平等有法律平等和事实平等之分。法律平等指的是男女平等在法律上的实现，即不论性别，法律面前人人平等。而事实平等则指的是男女平等在政治、经济、文化以及婚姻家庭等现实生活领域中的实现。

如前所述，我们知道，中华人民共和国成立以来，由于我国政府对男女平等的高度重视，男女平等在立法保护上取得了巨大成就，基本形成了以宪法为依据，以妇女权益保障法为主体，包括体现男女平等原则的各项法律法规在内的男女平等法律体系。在此基础上，我们还将男女平等确立为我国的一项基本国策。③ 总之，男女法律平等的实现早已成为毋庸置疑的事实。然而，男女法律平等并不就意味着对等的男女事实平等。中华人民共和国成立以来，一方面，男女事实平等取得了较大的实质进展，广大女性在平等参与家庭和社会生活方面取得了有目共睹的巨大成就；但另一方面，如果用法律平等的标准衡量起来，事实平等与法律平等两者之间存在着不小的差距。④ 现实生活中仍然存在着许多男女不平等的现象，如妇女劳动权益易受侵害、隐形性别歧视、妇女参政比例总体偏低、城镇职工生育保险推进缓慢、女干部退休政策执行不力，等等。可以说，男女事实平等仍在较大程度上滞后于男女法律平等，两者相背离，呈现出较大的落

---

① ［英］戴维·M·沃克：《牛津法律大辞典》，李双元等译，法律出版社2003年版，第383页。

② 莫纪宏：《宪法学》，社会科学出版社2004年版，第303页。

③ 李桂梅、黄爱英：《当代中国女性道德人格塑造的困境与出路》，《伦理学研究》2014年第2期。

④ 同上。

差。具体来说，现实生活中的男女不平等，主要体现在教育、就业、参政以及婚姻家庭等社会生活的各个领域。

1. 教育领域的男女不平等

新中国成立六十多年来，中国女性受教育状况得到了显著改善，但同男性的受教育状况相比，还是存在明显的性别差距。

其一，平均受教育年限的差距。男女受教育年限一直都呈上升的发展趋势，尤其是近年来女性受教育年限的提升十分明显，但女性受教育年限一直低于男性。调查显示，女性平均受教育年限为 8.0 年，比男性低 0.8 年。其中城镇女性的平均受教育年限为 9.8 年，农村女性为 5.9 年，城镇男性 10.5 年，农村男性 7.3 年。① 总体来看，无论城乡，女性的平均受教育年限都少于男性，尤其是农村男女两性之间的差异很大。

其二，受教育层次的结构性差异。近年来，女性受教育层次不断提高，教育结构明显改善，但女性在受教育层次上仍然与男性存在着结构性差异，主要表现在女性接受初中及以上教育的比例低于男性，而受教育程度为小学及以下的比例则远高于男性，尤其是文盲半文盲的比例明显高于男性。调查显示，接受过初中教育的女性比例为 33.9%，比男性低 3.9 个百分点；接受过高中及以上教育的占 34.1%，接受过大学专科及以上高等教育的占 14.3%，分别比男性的相应比例低 5.6 个百分点和 1.7 个百分点。受教育程度为小学及以下的女性占 32.0%，比男性高 9.4 个百分点，其中文盲和半文盲女性的比例为 9.6%，比男性高 6.9 个百分点。②

其三，未能继续上学原因的差异。家庭经济困难仍然是女性未能继续上学的主要原因，与男性相比，女性更容易因为家长性别歧视的原因而丧失进一步升学的机会。调查显示，在初中及以下受教育程度的辍学者未能继续上学的首要原因上，女性家里没钱供的比例最高，占 50.8%，比男性高出 5.0 个百分点；家长认为女性上学没用的占 2.6%，比男性高出 1.7 个百分点。在其他的原因上，家长认为女性上学没用的占 10.2%，比男性高 6.8 个百分点。③

---

① 宋秀岩主编：《新时期中国妇女社会地位调查研究》上卷，中国妇女出版社 2013 年版，第 98 页。

② 同上书，第 104 页。

③ 同上书，第 110 页。

其四，继续教育的差异。女性享有与男性相当的接受高等教育和继续教育的机会，但男女两性在不同层次的高等教育和继续教育机会上还存在较大的差异。调查显示，在拥有大学专科学历的女性中，有 53.2% 的人是通过继续教育的方式获得学历的，比男性低 4.2 个百分点；而拥有大学本科学历的女性中，有 56.4% 的人是通过继续教育方式获得学历的，比男性高 8.2 个百分点；在研究生学历上，有 41.0% 的女性通过继续教育方式获取学历，比男性低 21.6 个百分点，差距大。① 可见，在普通高等教育已相对普及的情况下，更高一级的研究生教育成为相对稀缺的教育资源，在这样的情况下，处于相对弱势的女性在争取继续教育、获取研究生学历的机会上明显不及男性，故呈现出明显的男多女少的性别差异格局。

2. 就业领域的男女不平等

中华人民共和国成立以后，特别是改革开放以来，广大女性走出家门，参加劳动就业，基本完成了从家庭女性到经济独立的劳动者的转变。然而，在市场经济的今天，女性平等参与劳动就业的境况面临着前所未有的严峻挑战。②

其一，女性遭遇就业性别歧视。在激烈的就业竞争中，女性不仅要在素质、能力上同男性一争高低，而且还得无奈地背负着"性别身份"的巨大劣势。尽管《劳动法》已明令禁止劳动就业中的性别歧视行为，但众多用人单位在录用职工过程中仍表现出明显的"性别偏向"，"男性优先"、"仅招男性"等字眼频频出现，已经成为求职就业过程中的普遍现象，并在较大程度上导致了女性就业难以及就业率性别差距的进一步扩大。调查显示，2010 年中国男女两性在业率分别为 87.2% 和 70.9%。尽管与 2000 年相比，男女两性在业率均有下降，但女性的下降幅度远大于男性，女性在业率下降了 16.1 个百分点，男性仅下降了 6.3 个百分点，由此导致在业率的性别差距由 2000 年女性比男性低 6.5 个百分点，扩大

---

① 宋秀岩主编：《新时期中国妇女社会地位调查研究》上卷，中国妇女出版社 2013 年版，第 114 页。

② 李桂梅、黄爱英：《当代中国女性道德人格塑造的困境与出路》，《伦理学研究》2014 年第 2 期。

到 2010 年的 16.3 个百分点。①

其二，女性遭遇就业性别隔离。就业性别隔离包括职业性别隔离和行业性别隔离。职业、行业性别隔离是制约女性经济地位提高的重要障碍。在职业性别隔离上，男性往往占据那些较高的职位，而女性则多处于相对较低的职位。调查显示，女性在办事人员和负责人中所占比例分别比男性低 15.6 个百分点和 41.8 个百分点，即女性在决策和管理岗位所占比例明显偏低，不利于女性有效控制经济资源，分配经济收益。② 在行业性别隔离上，男性多从事技术层次高、收入高、社会评价高的行业，而女性则多从事技术层次低、收入低、简单重复的体力劳动行业。调查显示，女性多集中在劳动收入和社会保障程度较低的行业。在 20 个行业中，女性在 7 个行业所占比例接近或超过 50%，这些行业基本上属于典型的平均劳动报酬偏低的边缘化部门。而在女性比例低、居于从属地位的 7 个行业中，有 5 个行业属于高劳动收入的垄断行业或社会权力大的行业。③

其三，劳动收入的性别差距不断扩大。受就业性别歧视、就业性别隔离等因素影响，劳动收入的性别差距也不断扩大。调查显示，城乡男女劳动收入差别由 20 年前的女性劳动收入占男性劳动收入的 77.5% 和 79.0%，下降到十年前城乡女性劳动收入分别占男性的 70.1% 和 59.6%，再到 2010 年调查时女性劳动收入仅占男性的 67.3% 和 56.0%。④ 可见，劳动力市场性别不平等现象的长期存在，对劳动收入性别差距的影响在不断加大。

3. 参政领域的男女不平等

改革开放以来，女性参政获得了长足发展和取得了历史性的进步，女性参政比例不断提升，参政渠道不断扩大，女性参政意识、参政能力不断增强。尤其在今天，越来越多德才兼备、具有开拓创新精神的优秀女性走上各级领导岗位，为国家发展和社会进步作出贡献。但是，女性总体参政水平还是很低，还存在着许多不容忽视的问题和不足。

---

① 宋秀岩主编：《新时期中国妇女社会地位调查研究》上卷，中国妇女出版社 2013 年版，第 154 页。

② 同上书，第 169 页。

③ 同上书，第 176 页。

④ 同上书，第 186 页。

其一，女性总体参政比例低。1995 年联合国第四次世界妇女大会通过的《行动纲领》要求女性在各级权力机构中的比例在 2000 年实现 30%。然而，尽管我国女性参政比例一直在逐年提高，但时至今日仍未达到这个目标。十一届全国人大女代表所占比例比十届全国人大提高了 1.2 个百分点，十一届全国政协女委员所占比例比十届全国政协提高了 0.9 个百分点。截至 2008 年底，全国村委会成员中女性所占比例为 21.7%，比 2005 年提高了 5 个百分点。① 再以十二届全国人大为例，在全部 2987 名代表中，妇女达到 699 名，占代表总数的 23.4%，比十一届全国人大时期提高了 2.07 个百分点。② 这是人大制度设立以来最高的女性参政比例，它离 30% 的目标尚有较大差距，更不用说同男性的参政比例进行比较了。

其二，决策岗位女性比例偏低。虽然女性参政比例在不断提升，但总的来说，我国女性进入各级决策岗位的比例仍旧偏低。党的十八大中央委员、候补中央委员和中纪委委员中女性的比例均有所下降，中央政治局常委、中央军委委员中仍无一女性；全国人大常委会中的女性比例从上届的 16.1% 降至 15.5%，全国人大常委会副委员长中的女性由上届的 3 位减至 2 位；全国政协副主席中的女性也由上届的 4 位减至 2 位；新一届政府的女部长也由上届的 3 名减至 2 名。妇女在村委会成员中的比例仍然偏低，特别是担任村委会主任的比例持续偏低。

其三，参政女性对决策的影响力极为有限。对决策的影响力是评估女性参政的重要指标，关系女性参政的实效。目前，女性担任领导职务仍存在"三多三少"的问题，即副职多正职少、虚职多实职少、边缘部门多主干部门少。从基层看，女性在村委会中所任职务多为妇女主任、计生专干等，只有少数妇女担任农村经济社会发展的重要领导角色，与当前业已呈现的农村女性化——女性撑起农业生产大半边天的状况极不相符。这些都说明进入决策岗位的女性影响力有限，女性决策权力仍小于男性。

4. 婚姻家庭领域的男女不平等

中华人民共和国成立以后，特别是改革开放以来，中国女性在婚姻家

---

① 王春霞：《实现男女事实平等仍任重道远》，《中国妇女报》2010 年 6 月 25 日。

② 《数说十二届全国人大：妇女代表 699 名占比历史最高》，光明网 http：//politics. gmw. cn/2013—03/08/content_6946613. htm。

庭中的地位有了较大提高，她们对婚姻家庭生活也表现出了较高的满意度，但婚姻家庭中男女不平等的现象依然存在，尤其是在封建思想影响较深的落后农村，男女不平等的思想和行为更是随处可见。[1] 婚姻家庭领域的男女不平等突出地表现为女性在家庭实权上仍居于次要地位以及女性依然是家务的主要承担者两个方面。

其一，女性在家庭实权上仍处于次要地位。对家庭事务尤其是家庭重大事务的决策，是体现家庭实权的重要途径。除了家庭日常开支外，在家庭事务决策中，夫妻共同商量已经成为主流。调查显示，与十年前相比，妻子能够参与各类家庭决策的比例（"共同商量"和"以妻子意见为主"的比例合计）均有所提高，特别是在投资/贷款和购买大件方面，分别提高了 14.2 个百分点和 7.9 个百分点。但是，在家庭重大事务决策方面，"以丈夫意见为主的比例"总是高于妻子相应比例，尤其是在买房/建房、投资/贷款等家庭事务上，"以丈夫意见为主"的比例是妻子相应比例的 5 倍左右。[2] 可见，在体现实权的家庭重大事务的决策上，男性仍然拥有更大的优势。

其二，女性依然是家务劳动的主要承担者。随着社会的发展和科技的进步，人们的生活水平和生活质量不断提高，男女两性承担家务的时间也呈减少趋势。但是，调查显示，不论城镇还是农村，家务劳动都主要是由妻子承担，城镇地区接近七成，农村地区超过 3/4。具体来说，除去家庭日常维修、买煤换煤气/砍柴等这样一些发生频率较低的家务劳动外，做饭、洗碗、洗衣等频次高、烦琐的日常家务劳动更多是由女性承担，30%左右的城镇女性和 40%以上的农村女性在家里完全负责了这些工作，均大大高于男性完全承担这些家务劳动的比例。[3] 在笔者所做的"当代中国女性美德建设现状"调查中，49%的人认为，在自己家里，在家务劳动的承担上，妻子（母亲）比丈夫（父亲）做得多。可见，目前女性依然是家务劳动的主要承担者，任务繁重。

---

[1] 李桂梅、黄爱英：《当代中国女性道德人格塑造的困境与出路》，《伦理学研究》2014 年第 2 期。

[2] 宋秀岩主编：《新时期中国妇女社会地位调查研究》上卷，中国妇女出版社 2013 年版，第 348 页。

[3] 同上书，第 364—365 页。

总之，法律平等与事实平等的背离，成了女性道德人格塑造过程中的困惑和障碍，尤其是阻碍着女性"四自"品格的养成。"四自"，即自尊、自信、自立、自强。"四自"是当代中国女性道德品格的核心内容。① 男女平等是女性道德人格内涵的应有之义，也是女性道德人格塑造的重要前提和基础②，没有平等的男女两性关系，女性道德人格的塑造就将是无源之水、无本之木。在现实社会中，男女事实不平等现象的普遍存在，致使一些女性抛弃了自尊、丧失了自信、滋长了依附思想，而不是选择自立、自强地面对生活。她们或者自轻自贱、抛弃人格尊严，通过色权交易、色钱交易谋取人生成功的捷径；或者妄自菲薄，在工作上敷衍了事，不求上进，却将嫁个好男人作为改变自己命运的机会；或者自卑自弱，认为女人天生是属于家庭的，成家后便在个人发展上止步不前，将丈夫当作靠山，将理想寄托于丈夫和孩子等。诸如此类的现象在很大程度上都是男女事实不平等折射在女性心理上和行为上的结果。③

二　角色的困惑

"角色"一词原是戏剧名词，指演员扮演的剧中人物。正是由于社会舞台和戏剧舞台具有某些相似之处，社会学家后来便将戏剧中的"角色"一词借用到社会学和社会心理学中。这时，"角色"一词便具有了社会学层面的含义，即指与人们的某种社会地位、身份相一致的一整套权利、义务的规范与行为模式，它是人们对具有特定身份的人的行为期望，是构成社会群体或组织的基础。

人的一生会扮演多种不同的角色。这些角色大致可以划分为家庭角色和社会角色（这里的"社会"是取其狭义，与"家庭"相对而言）。家庭角色指的是家庭成员在家庭中的特定身份和地位，并享有相应的权利和应尽相应的义务，表现出相应的行为模式和发挥相应的作用，如家庭中的父亲、母亲、丈夫、妻子等都是属于具体的家庭角色。而社会角色指的是社会成员在社会中的特定身份和地位，并享有相应的权利和应尽相应的义

---

① 李桂梅、黄爱英：《当代中国女性道德人格塑造的困境与出路》，《伦理学研究》2014 年第 2 期。

② 同上。

③ 同上。

务，表现出相应的行为模式和发挥相应的作用。职业角色是一个人最主要的社会角色。当今社会，无论男性还是女性，一般都身兼家庭和社会两种角色。人们的需求和期望是这两种角色能够相互协调和相得益彰，然而，现实却是家庭角色和社会角色两者之间常常发生冲突，进而使人产生角色的困惑。所谓角色困惑，是指承担某种特定角色的个体由于与其角色期望不相符合或发生冲突，而产生的矛盾、痛苦、迷茫和不知所措的心理状态。

在两千多年的中国封建社会，女性仅仅充当着家庭角色，即只是作为妻子、母亲而存在。她们的家庭角色以"贤妻良母"为要求，以"三从四德"为规范。她们除了畸形地发展自己的家庭角色，基本上毫无社会角色可言。[①] 封建等级制度和儒家传统文化将女性完全排斥于社会角色之外。"妇无公事"、"牝鸡无晨"的观念拒绝了女性的政治角色；"寝门之内，妇人治其业焉"的界定限制了女性的经济角色；"女子无才便是德"的教化拒绝了女性的教育角色；"男女授受不亲"的规定甚至剥夺了女性的社交角色。总之，也就是，在中国传统社会，女性社会角色严重缺失，家庭角色畸形发展。

自近代以来，伴随着女性解放运动的发展，广大女性走出家门走向社会，逐渐获得了政治、经济等各种社会角色。社会角色的获得象征着女性的觉醒，代表着女性社会地位的提高。但是，社会角色的获得并不意味着家庭角色的淡化或退出。反而，双重角色的压力让广大女性深感担子的沉重，让她们饱受角色冲突之苦。[②] 如谌容的小说《人到中年》就揭示了当代中国女性所承担的多重角色和责任，再现了她们在现实生活中的矛盾和冲突。身为眼科骨干医师的主人公陆文婷，在工作中恪尽职守，在科研上独辟蹊径；在家庭中，是一个合格的妻子和称职的母亲。身兼多种角色的她，就像一只鞭打不停、不知疲倦的陀螺，紧张地转呀转，甚至在心力交瘁之时仍在念叨着自己的人生责任，惦记着这折磨人又叫人难舍的生活。面对这种角色紧张的压力，女性大都希望的是两全其美的发展，即既能成

---

① 李桂梅、黄爱英：《当代中国女性道德人格塑造的困境与出路》，《伦理学研究》2014年第2期。

② 同上。

就事业，又能做一个贤妻良母。然而，多重的角色和责任使得这些女性承受着过大的压力，使她们的人生过于艰辛和沉重，并且，过度的劳作和付出并不一定能够换来家庭和事业的两者兼得。为了避免这种结果，许多女性不得不做出舍此即彼的选择：要么放弃事业，安心顾家，做个贤妻良母；要么淡化家庭生活或者独身，全力以赴投入事业。这看似是一个较为妥当的解决办法，然而，无论做出哪一种选择，都会带来女性心理上的失衡。如果一心扑在家庭上，终日为丈夫和孩子操劳，为此在职业生涯中平庸无为，不可避免地会被一种落伍与淘汰的感觉所折磨；而如果全心地为工作和事业打拼，却忽略了家庭和婚姻，耽误了孩子的成长，这又有什么能够抚平孤寂的心灵和内心的自责呢？总之，家庭和社会两种角色，作为现代女性人生中必不可少的两个部分，缺一不可，却又互相对立。

家庭和社会两种角色之间的冲突，给女性的人生道路和自身发展带来了角色的困惑。而这种角色困惑主要表现在两个方面，即角色期待与角色实际相冲突的困惑，角色需要与角色能力相冲突的困惑。

1. 角色期待与角色实际相冲突

当代的中国女性在追求理想，而女性的理想又被不同的社会要求制约着。孩子们要求妈妈：生活上要像保姆，学习上要像老师，感情上要像朋友；丈夫们要求妻子：事业上是个贤内助（大部分不要求强者），生活上是个依靠，感情上是个寄托；单位要求女职工：智力、能力向水平最高的同志看齐，干脆、利索同负担最轻的同志比较。作为双重角色的集合体，社会对一个成功女性的界定是，她必须符合女性所有的角色期待。一个事业型的女性，即使成就和地位丝毫不逊色于男性，也有可能因为家庭角色不到位而备受责难，或是为了追求事业选择单身而被当作另类看待。而对于家庭型的女性，即使把家庭事务打理得井井有条，社会同样希望她们能够积极参与社会竞争，拥有自己的职业角色，为社会发展作出贡献。总之，也就是在事业和家庭的两端，女性都应该拥有自己的位置，失去任何一端，女性的形象都会失去和谐和光彩。因此，将家庭和事业出色地兼顾，做到两全其美，便成了当代女性完美人生的标准和追求。暂且不说这样的标准和要求对于女性来说是否公平合理，即便是男性也不见得能承担得起这样的担子，更何况是两千多年来一直被束缚在家庭之中，直到近代才得以解放、走向社会的女性！① 另外，繁重琐碎的家庭事务也让女性无法心无旁骛全身心地投入工作。因此，女性常常无法达到社会对她们的角色期望，从而表现出角色期待与角色实际相冲突的困惑。

2. 角色需要与角色能力相冲突

美国作家吉恩·N. 兰德勒姆在《改变世界的十三位女性》一书中通过对十三位在各个领域获得超凡成就的女性的研究发现，这些女性的共同特点是无不忽略了自己的女性身份，或放弃了做母亲的权利，或牺牲了家庭时间，而成为一个狂热的工作爱好者。直至今日，在社会的各个领域，女性相比男性依然处于劣势的地位，女性往往需要付出多倍于男性的辛劳，才能取得与男性同等的成就。而这种现象在中国女性身上表现得尤其明显。中国的女性解放运动不同于欧美孤军作战的女权运动，它是社会主义革命的结果。因此，一方面，中国女性解放尽管起点低、时间短，但却在较短的时间内取得了巨大成就；但另一方面，绝大多数女性由于解放意识还尚未觉醒便获得了解放，因此不可避免地产生很大的依赖性，呈现出个人能力素质普遍偏低的状况。这种情况进而直接导致一系列不利于女性发展的社会反应，如在招工、招生、提干中连续失利；重男轻女旧意识重新抬头；男女两性在家庭生活中精神差距扩大等。总之，也就是，尽管男女平等享有各种社会权利，然而，广大女性由于自身素质的欠缺和不足，无法与男性一样担负起同等的社会责任，从而不自觉地在无形中自己妨碍了自己的解放程度。因此，一旦女性的角色能力与角色的需要之间呈现出鸿沟和落差，这便让广大女性深感无奈，从而产生困惑。

那么，在中国女性解放的过程中，导致女性产生角色冲突和困惑的原因是什么呢？主要地说，原因表现在传统性别文化的影响、女性素质能力的欠缺两个方面。

1. 传统性别文化的影响

自近代以来的中国女性解放运动从根本上改变了女性束缚于家庭、依附于男性的状况。广大女性获得了男女平等的权利，她们走出家庭、走向社会，传统的家庭女性开始转变成为现代职业女性。然而，时至今日，男

---

① 李桂梅、黄爱英：《当代中国女性道德人格塑造的困境与出路》，《伦理学研究》2014 年第 2 期。

尊女卑的传统性别文化的影响依然根深蒂固地普遍存在于男性和女性的头脑中。经过女性解放运动的洗礼，当代女性已经具有了觉醒的主体意识，她们不再希望自己仅仅做一个相夫教子的"贤妻良母"，而更希望在社会的舞台上拥有一片属于自己的天地，成为一个靓丽出色的职业女性。因而，在激烈的社会竞争中，她们同男性一样，积极进取、平等竞争。然而，男性一方面欣赏那种具有现代意识、洒脱、能干的事业型女性，另一方面，又强烈地希望自己的妻子是那种以家庭为重、温柔娴淑的家庭型女性。在他们的观念中，男性必须以事业为重，事业是衡量一个男性成功与否的唯一标准，一个事业成功的男性，即使家庭失败，但仍不失为一个成功的男性；而女性必须以家庭为重，家庭是评价一个女性必不可少的主要方面，一个女性，即使工作出色、事业有成，如果没有幸福的婚姻家庭，也绝称不上是一个成功的女性。虽然现代男性有时也会承担家庭角色，但他们并不认为这是他们分内的职责，甚至，做家务还会被少数男性认为是没有出息的表现。而对女性来说，她们一方面希望自己是一个工作出色、事业有成的职业女性，而另一方面又在很大程度上认同社会和男性对于自身的价值评判。因而，传统的贤妻良母的家庭角色和形象一般都为广大女性所接受。可以说，在当代社会，传统性别文化的影响与现代性别意识交错并存，两者不断碰撞、冲突，从而使女性产生无可适从的角色困惑。

　　2. 女性自身素质的欠缺

　　一般来说，女性的自身素质普遍低于男性，这是由于历史和现实的原因导致。这种情况深刻影响着当代女性的现实处境，也制约了中国女性解放的实际进程。一是思想上的狭隘性。妇女思想上的狭隘性是历史遗传的结果。几千年来，社会把女子约束在家庭内，她所接触的人和事都局限在一个小小的天地，她的兴趣和利害冲突都局限在私人范畴，久而久之，心胸能不狭隘吗？今天妇女走上社会，眼界开阔了，但狭隘性作为一种心理遗传，还在许多方面表现出来，比如多疑、妒忌、记仇、翻嘴倒舌、眼光短浅。这些毛病像病毒一样，直接危害到妇女的生活、学习和工作。二是心理上的依赖性。在两千多年的封建社会，女性没有独立的经济权和人格，只得依附于男性、依靠丈夫。"三从四德"作为传统女性的美德，就是这种心理依赖性的道德强化。当代女性虽然已经有了独立的经济权和人格，但由于传统气质的遗传，很多女性或多或少依然保持着依赖心理。不少女性在工作上敷衍了事、不求进取，宣称"干得好不如嫁得好"，她们把婚姻当作改变自己命运的机会，将自己一生的幸福全部寄托在丈夫和孩子身上。甚至一些知识女性的择偶标准也要求男性高己一筹，以便成为自己精神情感的支柱，这也是女性依赖心理的体现。总之，女性的这种依赖心理就是：不懂得依靠自己的道理，总把自己的未来和一切寄托于丈夫、孩子等外界之上，而一旦不能如愿，便怨天尤人，将一切归于女性的"命运"。三是总体文化素质相对低下。由于各种封建传统思想的存在和影响，女性在各个教育阶段接受教育的比例都要低于男性，这直接导致了女性总体文化素质的相对低下。尤其在竞争激烈的当代社会，文化素质的欠缺使女性不断面临社会角色甚至家庭地位的严重挑战。

　　总之，家庭角色与社会角色的冲突，束缚了女性自我发展的多重可能。在家庭角色和社会角色之间，女性可以根据自身情况和特点进行自由选择，或两者平衡，或有所偏向，这是女性道德人格的重要内容和表现。然而，社会却不允许女性在角色的选择上有所偏向，而必须是齐头并进、两者兼得、两全其美，从而致使家庭角色和社会角色两者之间常常发生冲突，使人产生困惑。角色的冲突与困惑让广大女性身心俱疲、心力交瘁，进而成为制约女性自我发展的重要障碍。而其实，作为具有独立道德人格的个体，不管是男性还是女性，都应该具有作为人的发展的多重可能，而不是被某种社会观念固化和限定。这种自我发展的多重可能是以自身情况和特点为基础，自主作出，从心选择。女性自我发展的多重可能表现在：她可以选择拼一番事业，做一个"女强人"，或者退回家庭，选择做一个贤妻良母，甚至如果可能，选择完美地将家庭和事业两者兼顾。当然，随着社会的发展，随着家务劳动的社会化，越来越多的女性将更倾向于选择在广阔的社会生活中获得自我发展，实现自我价值。因此，当代女性所面临的角色困惑必须被冲破，女性的自我发展才能获得广阔的发展空间。[①]

三　心灵的困惑

　　一位女作家曾这样感叹："女性的天空是低垂的，女性的翅膀是沉重

---

① 李桂梅、黄爱英：《当代中国女性道德人格塑造的困境与出路》，《伦理学研究》2014年第2期。

的……我要飞，但我总觉得会掉下来。"当然，我们认为，当代女性的人生并不如此沉重，她们也并没有如此悲观，但是，由于双重角色的压力和冲突，再加上一些历史和现实的因素，在女性解放的道路上，当代女性心灵的困惑却是真实的存在。在心灵层面，当代女性还远达不到自由的境地，而是一种被束缚的状态。心灵自由，指的是心灵的一种自在、愉悦的理想状态与体验。心灵束缚与心灵自由相对而言，是指心灵的一种不自在、沉重的感觉。现实生活中，心灵的束缚主要源于女性心灵的疲惫感和孤独感。①

1. 双重角色的压力带来心灵的疲惫感

当代女性不仅与男性一样有着自己的社会角色，同时还要承担几乎所有的家务，无论在身体上还是心灵上，这都让广大女性深感疲惫不堪。甚至有女性这样感叹：一天 24 小时 1440 分钟，除去维持个人生存的必要时间，没有一分钟真正地属于我，没有一分钟可以让我自由地支配，或是学习或是娱乐。为了兼顾工作和家庭，她们总是超负荷运转，总是处于忙忙碌碌的状态当中，而极少有真正属于自己的闲暇娱乐时间。家庭事务上的过度付出和自由时间的缺乏使得她们不再有时间和精力去发展自己的兴趣、爱好，追求自己的理想，或谋求自身更大的发展，实现个人的价值。女性学者李小江这样描述这些女性："她们被动地为家务所累，自我发展困难重重。……在繁重的双重角色面前，心理上强烈地感到身不由己的变化，觉得自己'越来越变得不是原来的我'。"② 她将这种女性称为非我型自我意识女性。原本，女性是为了寻求自我和发展自我而走出家庭，走入社会，然而，她却发现，社会角色和家庭角色的双重压力已经超出了她的承受能力，为此，她在穷于应付中精疲力竭、疲惫不堪。最重要的是，她的自我也被双重角色撕扯着，依然得不到实现。在这种角色争夺中，不少女性发出疑问："我们是不是面临被割裂的人生？"③

---

① 李桂梅、黄爱英：《当代中国女性道德人格塑造的困境与出路》，《伦理学研究》2014 年第 2 期。

② 史莉：《角色·困惑·追求——当代女性形象探索》，中国妇女出版社 1988 年版，第 102 页。

③ 李桂梅、黄爱英：《当代中国女性道德人格塑造的困境与出路》，《伦理学研究》2014 年第 2 期。

２. 社会角色遭到冷遇而导致心灵的孤独感

社会角色如同一团火焰，女性只想靠近它温暖自己，一不小心却又总是被它灼伤。自女性解放运动以来，广大女性步履艰难地走向社会舞台，获得了社会角色，然而，由于女性的自身素质普遍不及男性，与社会角色的要求也呈现出一定的差距，这使女性在社会中难免遭受种种冷遇而深感孤独。也有少数女性，她们付出了一般女性不曾体会的艰辛和努力，取得了事业的成功。然而，社会（包括男性和女性）却对她们嗤之以鼻，将她们称之为"女强人"，批评她们是"雄化"了的或"异化"了的女性。可曾知道，在当今社会，一个女性要想取得同男性一样的成就，她必须付出多倍于男性的辛劳，而且还要承受男性无须承受的心理压力。一旦因为事业而忽略了家庭，冷落了亲情和爱情，甚至拒绝了婚姻，必定要承受家人的指责和不谅解，还要忍受社会上各种异样的眼光和莫名的怀疑与猜忌。成功背后那颗孤寂的心灵，只有自己才能深刻体会，也只得由自己独自品尝。还有一些女性，她们退出自己的社会角色，选择回到家庭，做起了全职太太。在全职太太中，不乏有接受过高等教育、具有较强工作能力的优秀女性。为了孩子和家庭，为了丈夫的事业，她们选择牺牲自己，做成功男人背后的女人。在不少女性看来，衣食无忧的全职太太似乎是一个令人艳羡无比的"职业"，然而，正是由于社会角色的缺失，全职太太也深陷苦恼和面临着风险。她们每天往返于菜市场和家的两点一线，谈论的话题也只有丈夫、孩子和商品打折信息，没有了自己的生活圈，没有了足够的外界交流。单调枯燥的生活让她们从心底产生一种疏离社会、与社会脱节的感觉。更为严重的是，长此以往，她们将可能失去生存能力，失去自我，甚至失去丈夫的宠爱而面临婚姻危机。①

总之，这种心灵的疲惫感和孤独感，使广大女性现实的心灵束缚与理想的心灵自由之间呈现巨大落差，进而成为缠绕女性心头难以挥去的困惑。从根本上说，这种困惑却是缘于女性解放价值尺度的偏差，即女性解放价值尺度的男性化，以及女性解放与男性的解放、与人的解放相隔离。②

---

①　李桂梅、黄爱英：《当代中国女性道德人格塑造的困境与出路》，《伦理学研究》2014 年第 2 期。

②　同上。

1. 女性解放价值尺度男性化

近代中国的女性解放运动是在广大女性尚未普遍觉醒的背景下，由一批先进的男性知识分子摇旗呐喊、代庖主导进行的，如维新运动时期、辛亥革命时期的女性解放运动等。而女性只是在其中充当追随者的角色，社会影响力也极为有限，甚至出现"朝闻倡平权，视其人，则曰伟丈夫；夕闻言平权，问其人，则曰非巾帼"的状况。当然，由于女性自我解放主体意识的欠缺，近代中国女性解放运动由男性领导的这一特点有其产生的必然性和必要性，在实践中也有力地推进了中国女性解放运动的进程和促进了中国女性的觉醒。另外，在两千多年男尊女卑的中国封建社会，女性没有独立人格，依附于男性，并长期遭受男性的奴役和压迫。仰望男性的优势地位，并渴望像男性一样地生活，成为了广大女性的真实内心。因此，在各种因素的综合作用下，近代中国女性解放运动的价值尺度自然而然地发生了偏差，即女性解放价值尺度男性化。

男性，成为了女性解放的目标；仿效男性，成为了女性解放的途径。如新中国成立后，女性还曾一度喊出了"男人能办到的，女人也能办到"的口号，她们无视男女生理差别，同男性一道干起了高强度、重体力的工作，如"三八女子测量队"、"三八钻井队"、"女子高空带电作业班"等。她们也因此被称之为"铁姑娘"。不仅如此，她们也在外表上一改以往女性柔美的特点，转而追求去性别化的或男性化的形象：梳双辫或留短发、宽肩腰粗、大嗓门、身着蓝色工装、皮肤黝黑、结实而强壮，从不在乎自己的容貌、忌讳个人感情。女性爱美的天性被斥之为"臭美"，甚至连秀发、红唇、长腿等自然的女性身体美也被认为是专属于那些浪荡堕落的女性。再如，近年来，代表新时代女性形象的"女汉子"一词横空出世。"女汉子"一词的主流解释是：行为举止不拘小节、性格开朗直爽、心态乐观、能扛起责任，在生活中比较有气场；工作中果断、冷静，逻辑非常清楚，像男人一样地战斗，甚至气场盖过男人，但在生活中能将工作中的一面收放自如。"女汉子"不是形容举止上的不得体、不注意场合或者中性打扮，而是形容那些性格"纯爷们"的姑娘。总之，"铁姑娘"也好，"女汉子"也好，都是将男性作为衡量或塑造女性的标准。

其实，人之所以有性别的区分，正是因为男女各具有其不同的生理特点。生理指标的种种差异，造成男女在性格、气质、思维上的种种不同。

一般讲，男子较重理智，女子较重感情；男子较刚劲，女子较柔弱；男子较注重逻辑，女子较注重直觉；男子较严峻，女子较热情；男子偏重概括，女子偏重分析；男子较果断，女子较优柔；男子善逻辑记忆，女子善机械记忆；男子威严，女子文雅……智慧的差异，正如《情爱论》作者瓦西列夫所讲，女性的智慧是美的智慧，我们男性的智慧则是深沉的智慧。正是这些各自不同的生理特点及外在表现，才使得男性成其为男性，女性成其为女性。如果说，女性解放最终使女性变得像男性一样，那绝不是女性解放的真正目的和本质。"女性解放的真正目的不在于使女性达到男性在现实中的水准，成为'男性化'的人；而在于使女性超越男性设定的存在界限和自身内在的局限从而成为真正意义上的拥有自身独特个性的'人'的存在。"① 因此，女性的解放绝不是以男性为标准去模仿男性，而一定是合乎女性自身特点的发展。

2. 将女性解放与男性的解放隔离开来

在女性解放运动过程中，女性解放价值尺度的男性化进而导致了女性解放与男性的解放被隔离开来。女性的命运和男性的命运是紧密联系在一起的，它们之间的关系就如同一枚硬币的两个面。在男尊女卑的封建社会，男性一方面在占有社会资源和享有社会权利上占据着绝对的优势地位，但另一方面却承担着最主要和最沉重的家庭责任和社会责任。也就是，女性不是解放的女性，男性也不是解放的男性。女性需要解放，男性也同样需要解放。而且，女性的解放与男性的解放两者之间紧密联系。女性的不解放，必然导致男性的不解放；女性的解放，离不开男性的解放；男性的解放，也离不开女性的解放。所以，女性解放，绝不是可以仅仅依靠女性自身孤立地来进行和完成的，它必须依靠男性和女性的共同努力，必须与男性的解放并驾齐驱。在实践中，正是由于女性解放与男性的解放被隔绝开来，甚至对立起来，从而使得男性不仅无法了解女性解放的真正价值和意义，反而认为女性解放只是女性自己的事情。再加上女性解放误将男性作为价值尺度，极力地模仿男性，这样进一步加剧了男性对自身优势地位的本能维护和对女性解放冷漠、仇恨的心理态度。在《"亚当"的

---

① 刘晓辉：《女性解放的困惑与出路——马克思思想的启示》，《妇女研究论丛》2008 年第4 期。

困惑——一个男人关于女人的思考》一文写道："君不见：在日益普遍的家庭冲突中，女人的面孔越来越阴沉可怕，指责与训斥使越来越多的男人感到憷头。'怕委会'主任的梯队不断扩大，'妻管严'的流行更甚于艾滋病，开明男士们颇以自称其怕老婆为时髦，并旷日持久地论证其必要性与正确性。君不见：男人背弃女人，举国上下横眉冷对'陈世美'；女人背弃男人，则无谓可云。对于不正当男女关系（非指强奸），总是重责男方。从法律到道德，都是'保护妇女合法权益'。《中国妇女》为女性呐喊，全国妇联为女性撑腰，就是节日，女子也有'三八特权'。男人哪，谁为你们操办这些?! 我曾谈过建立'全国男联'的想法，女人们嘻讥：'羞不羞?'一位男士自嘲：'男子节已定于 2 月 31 日。'呜呼！今日之'男女平等'，原来就是——'忍着点吧，谁让你是男人呢!'"① 男性对女性解放的这种敌视态度，进一步加深了男性与女性之间原本存在的裂痕。所以，在人类解放的共同目标上，男性和女性均不应把自己的利益孤立出来，因为没有男性的解放；就没有女性的解放；反之亦然。

3. 将女性解放与人的解放隔离开来

以上两种情况，说到底，其实就是因为女性解放与人的解放被隔离开来。人的解放是指人摆脱物的奴役和心的枷锁而达到精神和实际生活的自主、自由及创造、发展，即马克思所说的人的自由全面的发展。人的解放包括男性的解放和女性的解放。二者相互依存、相互制约，共同构成人的解放不可或缺的两个部分。然而，女性解放对于人的解放却具有特殊重要的意义。这是由于历史上的女性一直遭受着特别的奴役和压迫，她们是最需要被解放的群体。可以说，没有女性的解放，就没有人的解放；只要女性不解放，就谈不上实现了人的解放。甚至可以说，女性解放是衡量人的解放的重要标志。那么，为了实现整体的人的解放，女性解放该如何去实现呢？女性解放是不是可以孤立地进行和完成？绝不是！女性解放只有置身于人的解放的大系统中来把握和考察，才能确保其价值尺度的正确性。如果说，人的解放是实现人的自由全面的发展，那么，女性解放就是作为人的女性实现具有自身性别特点的自由全面的发展。在实践中，我们孤立

---

① 史莉：《角色·困惑·追求——当代女性形象探索》，中国妇女出版社 1988 年版，第20 页。

地理解了女性解放，将女性解放与人的解放隔离开来，而简单地以为只有女性需要解放，女性解放就是以男性为标准，只要实现了男女平等，就实现了女性解放，也就实现了整体的人的解放。殊不知，人的解放是女性解放的基础，女性解放是基于女性自身作为人、作为女人的解放。这是女性解放需要把握的价值尺度。一旦偏离了这一价值尺度，女性解放的进行不过是南辕北辙罢了，不仅女性解放无法实现，男性的解放也无法实现，整个的人的解放更无法实现。

总之，心灵自由与心灵束缚的落差，制约着女性人格价值的充分实现。心灵自由是女性道德人格实现的必然结果。女性道德人格内含着心灵自由，未达到心灵的自由，不能算是拥有了完整的道德人格。而且，心灵自由与心灵束缚之间的落差，也成为了制约女性人格价值实现的困惑与障碍。现实生活中，人格价值处于压抑和束缚之下，无法得以充分发挥的女性不在少数，她们或者穷其一生忙忙碌碌，总是以牺牲式的付出和奉献，为父母活、为孩子活、为丈夫活，却从未考虑过自我的发展，从未聆听过自己的内心；或者当社会角色遭到冷遇后，便开始犹犹豫豫、裹足不前，不再敢大胆追随自己的内心和热爱的事业。这一切和心灵的疲惫感和孤独感有着密切的关系，并最终制约着女性道德人格的塑造。[①]

第三节　男女两性的和谐发展

在女性解放和女性道德人格塑造过程中，困惑的产生尽管无法避免，然而，也未尝不是一种进步，它至少意味着对真理的探索和向真理的迈进，就如同产妇分娩前的阵痛，如同虫儿破茧成蝶时的挣扎。正是这些困惑让我们深刻明白：男女平等不是光凭喊口号和搞运动就可以简单实现的，它需要女性自身能力素质的提高、需要女性的全面发展；不仅女性需要解放，男性也需要解放，而且男性不解放，女性解放也无法真正实现；女性解放和女性美德建设的目标并不是简单的男女一样、男女"平等"，而是男女两性的和谐发展。可见，解决女性道德人格塑造困惑的出路在于女性的

---

① 李桂梅、黄爱英：《当代中国女性道德人格塑造的困境与出路》，《伦理学研究》2014 年第 2 期。

全面发展、男性的解放以及两性的平等和谐。两性的平等和谐以女性的全面发展和男性的解放为基础,并与女性道德人格的塑造和形成过程趋同。因此,当代中国女性美德的建设,最后就是要解决女性道德人格塑造过程中的这三大困惑,其途径是,女性获得全面发展,男性也得以解放,男女两性达到和谐发展的状态。男女两性的和谐发展就是当代中国女性美德建设的价值目标所在。此即当代中国女性美德建设价值目标的第三步。

一　女性的全面发展

马克思指出:"每个了解一点历史的人也都知道,没有妇女的酵素就不可能有伟大的社会变革。社会的进步可以用女性(丑的也包括在内)的社会地位来精确地衡量。"[1] 我国近代思想家梁启超说:"女性开放则社会开放,女性独立则社会独立,女性自由则社会自由,女性强于欧洲则国强于欧洲,女性盛于世界则国盛于世界。"可见,女性的生存环境与发展状况直接反映着社会进步的程度,女性的全面发展是人类社会发展不可或缺的一个重要方面。[2]

作为人的全面发展的一个子系统和重要内容,女性的全面发展与人的全面发展有着密不可分的关系,因此,我们从人的全面发展视角来理解女性的全面发展。人的全面发展是相对于人的片面发展而言的。人的全面发展本来是指,使人们成为"各方面都有能力的人,即能通晓整个生产系统的人"[3]。然而,在现实生活中,私有制基础上的旧式分工却使得人们片面发展。因此,消灭私有制就成为实现个人全面发展的根本历史条件。另外,在马克思主义的文献中,"人的全面发展"具有两重含义,一方面,人的全面发展是共产主义高级阶段的目标;另一方面,人的全面发展是在社会进程中不断发展和逐渐实现的过程。从根本上说,女性的全面发展实则就是人的全面发展,与人的全面发展是同一过程。因此,女性的全面发展也同样包含两重含义,一是共产主义高级阶段所要实现的作为人的全面发展一部分的女性全面发展的目标;二是女性的全面发展是在人类社

---

① 《马克思恩格斯全集》第 32 卷,人民出版社 1958 年版,第 571 页。

② 李桂梅、黄爱英:《当代中国女性道德人格塑造的困境与出路》,《伦理学研究》2014 年第 2 期。

③ 《马克思恩格斯全集》第 4 卷,人民出版社 1958 年版,第 370 页。

会发展和人的全面发展过程中不断向前推进并逐渐实现的过程。然而，尽管女性的全面发展是人的全面发展的一部分，却并不意味着可以将女性的全面发展简单地等同于人的全面发展，或将女性的全面发展直接视作男性全面发展模式的复制与重现。女性全面发展应该是：在与男性的关系上，女性彻底摆脱对男性的依附，改变过去的客体地位，完全确立起自身的独立性和主体性；在社会生活上，女性能够广泛而主动地参与社会生活，在社会中从事全面创造，建立起自身在社会中的主体地位；在精神生活上，女性具有精神上的主体地位，能够从事精神的全面创造。① 由此可见，女性的全面发展是基于女性的本质和特点，展现女性精神风貌的全面、自由、充分的发展。

在整个人类历史进程中，由于多方面的原因，女性全面发展的步伐极为缓慢，它不仅落后于社会的发展，而且远远落后于男性的发展。在男尊女卑的中国封建社会，女性不曾拥有独立的人格和自由，女性的发展也一直被严格地限制和阻碍。伴随着近代以来的女性解放运动，中国女性逐渐觉醒，开始冲破封建社会的束缚和压抑，为争取自己的权利和自由而斗争。人类开始向着男女平等的时代迈进，女性的发展也开始有了实质性的突破。② 中华人民共和国成立以来，由于社会主义基本制度的确立为女性的发展扫清了障碍和开辟了广阔前景，女性发展取得了重大进步和长足发展，然而，女性发展依然存在着许多亟须解决的问题，而且这些问题并不是一朝一夕就能解决的，历史上那些曾经束缚女性发展的因素，即使在今天，依然在根深蒂固地影响着女性的全面发展。综观人类发展历史和中国女性发展历史，女性的全面发展是一个趋势，也必将是一个长期的过程。③ 研究和分析那些阻碍女性全面发展的因素，有助于我们有的放矢地破除阻碍，加快女性全面发展的步伐。从根本上来说，中国女性全面发展的阻碍因素主要来自社会生产力、社会性别分工以及封建父权文化的影响等。

1. 社会生产力是阻碍女性全面发展的根本原因

按照马克思主义经典理论，社会发展的最终决定力量是生产力，因而

---

① 李桂梅、黄爱英：《当代中国女性道德人格塑造的困境与出路》，《伦理学研究》2014 年第 2 期。

② 同上。

③ 同上。

生产力的水平从根本上决定着社会其他方面的发展。毫无例外，女性的发展在根本上亦是由社会生产力的水平所决定。从根本上说，封建社会男尊女卑和女性受压迫的最初产生，是由当时落后的社会生产力水平所决定的；近代以来女性解放口号的提出和女性解放运动的发起，是由当时发展了的社会生产力水平所决定的；而未来社会男女平等和女性全面发展的最终实现，也必然是建立在那时高度发达的社会生产力水平基础之上的。

在人类历史长河中，女性并不是一直处于劣势和被贬低的地位。在母系氏族，"妇女不仅居于自由的地位，而且居于受到高度尊敬的地位"①。男性与女性之间是一种朴素的平等关系，这也是由当时的社会生产力水平所决定的。母系氏族处于原始社会的早期，那时，社会生产力水平极为低下，生产工具只有简单的木棒和石器。这种极低的生产力水平决定了当时人们只能采取群婚制的两性结合方式。"在一切形式的群婚家庭中，谁是某一个孩子的父亲是不确定的，但谁是孩子的母亲则是确定的。"因此，"只要存在着群婚，那么世系就只能从母亲方面来确定，因此，也只承认女系"。② 另外，还由于女性在采集植物果实、管理氏族内部事务等社会生产活动以及人口生育、氏族繁衍等家庭生活中发挥着主导性的重要作用，因此，母系氏族中的女性备受人们尊敬，具有较高的社会地位。

原始社会末期，社会生产力水平获得了一定程度的发展，出现了第一次社会大分工，与此同时，奴隶主和奴隶两大对立阶级开始形成，以采集劳动为主的食物获取方式也开始退居次要地位。这样，女性原本在社会生产和家庭生活中的优势地位开始逐渐丧失，男性取代女性开始成为社会财富的主要创造者。同时，随着男性地位的日益提高，对偶婚制开始形成并发展起来。"对偶婚给家庭添加了一个新的因素。除了生身的母亲以外，它又确立了确实的生身的父亲。"③ 母系氏族最终让位于父系氏族。进而，对偶婚制转变成为个体婚制。在个体婚制家庭中，女性被完全排斥于社会生产之外，成为操持家务、传宗接代的专门工具。由于丧失经济上的独立性，女性只得日益依附于男性，遭受男性的奴役和压迫。

---

① 《马克思恩格斯选集》第 4 卷，人民出版社 1995 年版，第 45 页。
② 同上书，第 38 页。
③ 同上书，第 52 页。

随着生产力的发展，人类社会进入了文明的时代，当然，这是以牺牲女性的自由和发展为代价的。但男女不平等的现象，既不是从来就有，也绝不会永远存在。奥古斯特·倍倍尔指出："妇女完全解放，男女完全平等是我们文明发展的目的之一，地球上没有任何势力能够阻止这一目的的实现。"①　如同母系氏族、奴隶社会和封建社会中女性的地位根本上取决于社会生产力一样，女性解放的提出同样必须建立在社会生产力有了较大发展的基础之上。因此，女性解放也只是到了近代才被提上人类发展的议事日程。随着人类社会进入信息时代，男女两性因"生理差异"而产生的差距更是进一步缩小。在未来，女性的全面发展必将建立在高度发达的社会生产力的基础之上。伴随生产力的不断向前发展，女性的发展也必将不断向前推进。

2. 社会性别分工是阻碍女性全面发展的直接原因

性别分工以性别差异为基础，是一种自然的分工，是人类最早采取的劳动分工方式。它是与低下的生产力水平相适应，以男女两性的生理差异为基础而形成的。在自然性别分工情况下，没有明显的公私界限，男女两性的劳动价值也是相等的。也就是，自然性别分工是一种平等的性别分工。然而，根据马克思的观点，分工是一个历史范畴。它会随着生产力水平的不断提高，经历一个从低级到高级、由简单到复杂的发展过程。当然，在这个过程中，也不可避免地产生了私有制、阶级对立和性别压迫。因此，自然性别分工最终发展成为社会性别分工。社会性别分工不再是一种平等的性别分工，而是一种等级化的性别分工。其等级化不仅表现在这种劳动分工具有"公、私、内、外"的严格界限，而且还表现在男女两性的劳动具有"高、低"不同的价值。

在中国，"男主外、女主内"的性别分工方式就是一种等级化的社会性别分工。这种分工模式在原始社会末期开始形成，确立于西周，在两千多年的封建社会中被牢牢地固化下来。到了近代，随着资本主义因素的发展，等级化的社会性别分工开始出现松动的迹象。中华人民共和国成立后，在多种因素的综合作用下，等级化的社会性别

①　转引自王凤华、贺江平《社会性别文化的历史与未来》，中国社会科学出版社2006年版，第25页。

分工发生了根本改变。当代中国女性已经走出家庭、同男性一道活跃在社会生活的各个领域，成为社会发展不可或缺的重要力量。但是，历史形成的"男主外、女主内"的社会性别分工模式并未被彻底打破，其思想观念依然根深蒂固地存在于广大男性和女性的头脑中，并以一种复杂化、多元化的方式再现出来。如当工作与家庭难以兼顾时，往往是家庭中的女性作出牺牲，放弃工作和自我实现的机会，而男性则安心投入事业并获得自我发展；在双职工家庭中，尽管男性开始分担家务，但女性依然是家务劳动的最主要承担者等。正如法国政治经济学家让·巴蒂斯特·萨伊所指出的："分工是对人力的巧妙运用；分工可以增加社会产品，增进社会威力和社会的享受，但是它限制单个人的能力并使之退化。"① 因此，"男主外、女主内"的等级化社会性别分工严重制约了中国女性的发展，影响至今。

3. 封建父权文化是阻碍女性全面发展的重要原因

在两千多年的中国封建社会，"我们的文化也不许女人承认和满足自己对成长和实现自己作为人的潜能的基本需要"②。这种文化就是以男尊女卑为核心的封建父权文化。封建父权文化从思想、制度等方面对女性进行全方位的控制和贬损。在男尊女卑的封建父权文化下，女性的发展根本无从谈起。其一，男不言内，女不言外。在封建社会，女性一生都被禁锢于家庭的牢笼之中，不能与社会接触，不能参与社会事务。女性唯一的重要使命就是"传宗接代、延续香火"，作一个"相夫教子"的"贤妻良母"。德国哲学家亚瑟·叔本华甚至说："女人只是为种族的繁殖而生存，她们的天职也只有这一点而已。"③ 东汉班昭在《女诫》中云："妇不贤，则无以事夫。"④ 其二，三纲五常、三从四德。汉儒董仲舒在孔孟的基础上提出了所谓的"三纲原理和五常之道"。"三纲"，即"君为臣纲、父为子纲、夫为妻纲"；"五常"，即"仁、

---

① 转引自《马克思恩格斯全集》第42卷，人民出版社1979年版，第146页。

② [美]贝蒂·弗里丹：《女性的困惑》，陶铁柱译，黑龙江教育出版社1988年版，第70页。

③ [德]叔本华：《爱与生的苦恼》，金玲译，华龄出版社1996年版，第84页。

④ 转引自[日]山川丽《中国女性史》，高大伦、范勇译，三秦出版社1987年版，"附录"第84页。

义、礼、智、信"。"三纲五常"成为后来中国封建专制统治的理论基础，并为历代统治阶级所维护和提倡。其中，"夫为妻纲"是封建社会一切男女道德伦理的基础。"三从四德"便是以"三纲五常"为基础派生出来的，专为约束妇女而设立。"三从"，即"未嫁从父，既嫁从夫，夫死从子"；"四德"，即"妇德、妇言、妇容、妇功"。可以说，"三从四德"礼教规范，对女性进行全方位的严格限定和规范，将传统女性的个性和自由压抑和束缚到了极致。其三，女子无才便是德。封建父权文化不仅从生理上极力弱化女性，而且还从精神上不遗余力地贬损女性。父权统治者宣称，女性天生就是一种智力比男性低下的动物，女性"不必才明绝异也"①。因此，"丈夫有德便是才，女子无才便是德"。这种思想将女性拒之于学校之外，不得同男性一样享受接受教育、学习知识、开发智能的权利。其四，女性贞操观。在中国封建社会，贞操指的是女子不失身或妻子"从一而终"。孟子主张："男女授受不亲，礼也。"《史记·田单列传》曰："贞女不更二夫。"宋代理学家程颐认为："饿死事极小，失节事极大。"女性被封建父权文化戴上了"贞操"的枷锁，然而，男性却逍遥于贞操的约束之外。《女诫》云："夫有再娶之义，妇无二适之文。"② 这种片面的贞操观对男女实行双重道德标准，只有女性对男性的义务，而没有男性对女性的义务。此外，还如女子缠足的恶习、"女人是祸水"的观念等都体现着封建父权文化对女性的摧残和贬损。总之，封建父权文化对女性发展的阻碍极其深重。

由上可见，在当代中国，阻碍女性全面发展的根源不是单一的，因此，女性全面发展的途径亦必是一个由多因素构成的条件系统。第一，生产力的高度发展是女性全面发展的物质基础。生产力是女性全面发展的最终决定力量。生产力发展的不充分是阻碍中国女性全面发展的根本原因。只有实现了生产力的高度发展，才能消灭私有制，才能为女性的社会参与提供更为广阔的前景，也才能奠定家务劳动社会化的基础。而这些都是实现女性解放、实现女性全面发展的必要条

---

① 转引自〔日〕山川丽《中国女性史》，高大伦、范勇译，三秦出版社1987年版，附录第85页。

② 同上。

件。因此，大力发展生产力，是实现中国女性全面发展的必由之路。正如学者李小江所指出的："中国的现实和当代历史已经证明：无论怎样的社会制度，生产力的发展是不可逾越的；同样，无论怎样在立法中确立女性的权利，只要生产力不充分发展，社会不能摆脱基本的生存危机的困扰，那么，任何形式的妇女解放都可能是虚假的，都可能向我们讨付更高昂的代价"①。第二，社会性别分工的平等化是女性全面发展的先决条件。由前述可知，等级化的社会性别分工是阻碍女性全面发展的直接原因。追求性别分工的平等化必须打破公领域和私领域的性别界限，必须重新认定女性劳动价值。具体表现为，女性可全面走向社会，男性亦可选择退回家庭；女性生育的价值获得社会承认并被给予补偿；家务劳动实现工资化、社会化等。第三，先进性别文化的构建是女性全面发展的关键。在几千年的中国封建社会，以男尊女卑为核心的封建父权文化全面压制了中国女性的发展。时至今日，封建父权文化的影响力依然不可小觑。因此，追求女性的全面发展，必须消除封建父权文化的影响，构建先进性别文化。先进性别文化，是一种男女两性拥有平等的人格和尊严，拥有平等地参与社会和家庭生活的权利和机会，和谐相处、共同发展的文化。先进性别文化的构建是一项长期、艰巨、复杂的社会系统工程，不是一朝一夕就能完成的，需要包括女性、男性在内的全社会的力量来共同完成。②

二　男性的解放

在几千年的男权社会中，不管是占有社会资源，还是享有社会权利，男性一直都占据着绝对的优势地位。当然，伴随着这种优势地位，男性也无可厚非地承担着最多的家庭责任和社会责任。一直以来，男性的特权和男性的责任，不管是在男性看来，还是在女性看来，都是极度的理所当然和毋庸置疑。随着两个世纪以来女性解放运动的发展，男女平等思想逐渐深入人心，女性的自我意识、权利和地位大大提升，男性的特权

---

① 李小江：《女人的出路——致20世纪下半叶中国妇女》，辽宁人民出版社1989年版，第61页。

② 李桂梅、黄爱英：《当代中国女性道德人格塑造的困境与出路》，《伦理学研究》2014年第2期。

被打破。① 然而，在现实生活中，男女两性的社会分工、角色和作用并没有发生根本改变，男性依然还是家庭责任和社会责任的主要承担者和支撑力量。在家庭中，"男主外、女主内"的传统分工并没有大的改变，男性依然承担着最主要的经济压力，其地位也普遍高于女性。在社会中，繁重、艰苦的工作岗位仍然主要由男性承担，高科技、高智力工作岗位的男性比例远远高于女性，尤其在两性差异最大的政治领域，女性政治家可谓凤毛麟角。

可见，即使在"男女平等""男女半边天"的今天，男性还是承担了家庭和社会中最主要的责任和压力。现实生活中，男性的这种处境与男性的传统角色期待在人们意识中根深蒂固地存在有着密切关系，如男性必须坚强而不能脆弱，男性必须成功而不能失败，男性必须是"一家之主"而不能"吃软饭"等。西方学者哈利·基斯坦就提出"主导式男性特质"一词，并对其进行界定，如"男人应该压抑内心的脆弱感受"、"男性最高的价值是坚韧不拔"以及"男人应该是家庭收入的主要来源"等。美国著名学者曼斯菲尔德则高度肯定"男性气概"这一主要为男性所拥有的特质，并将其特征概括为："刚毅雄强"、"高度的责任感"、"庇护弱者"。可见，"主导式男性特质"也好，"男性气概"也好，都要求男性在社会生活中永远扮演强者的角色。进而，这种角色期待又进一步强化了男性在现实生活中的困境。总之，也就是说，在现代社会，男性失去了往昔的特权，却没有卸下肩上的重担。因此，在不堪重负的责任与压力面前，不少困惑和问题开始在男性的人生道路上逐渐凸显。②

1. 被迫坚强

男性从呱呱坠地开始便普遍在家庭和社会中接受着性别强化教育。这种性别强化教育的一个重要内容就是"男性必须坚强"，如"要有男子汉气概"、"男子汉要坚强"、"男儿有泪不轻弹"等。其实，这种"坚强意识"的教育本身无可厚非，不管是对男性还是女性来说，"坚强"都是一种宝贵的品质。只是人们错将这种教育同男性这一性别角色紧紧地捆绑在

---

① 李桂梅、黄爱英：《当代中国女性道德人格塑造的困境与出路》，《伦理学研究》2014 年第 2 期。

② 同上。

一起，认为一个男性只能选择坚强，坚强的男性才是真正的男性。按照这样的角色期待，男性被塑造成了一头勇往直前、不怕死、不怕累的牛，一堵能挡得住狂风暴雨的墙，一块挑得起千斤重担而不折腰的钢。而对于任何一个男性来说，只有当他的表现完全符合社会标准所定义的形象，仿佛他才是一个"真正"的男性，一个"正常"的男性，也才对得起"男人"这一称号。在生活中，人们往往用"妻管严"、"软骨头"、"窝囊废"、"娘娘腔"等诸如此类的称号，来指代那些软弱的男性，或不那么"男人"的男性。而且，对于一个男人来说，没有什么比被冠以这样的称号更为耻辱的了。传统角色期待的巨大影响力让广大男性不敢随意选择自己的生活方式，而只能被迫在社会所创造的"坚强神话"中锻炼着自己的"钢筋铁骨"。再大的困难，也要勇敢地面对，不轻易求助于别人；再大的痛苦和委屈，也得默默承受，绝不轻易向他人透露，如果不可能，也要假装不在乎，宁愿流血而不流泪；作为家庭的支柱和家人的依靠，任何时候都不能懈怠和逃避。

2. 强迫成功

成功，也是传统男权文化赋予男性角色的一个重要内容。其实，不管是男性还是女性，每个人都渴望成功，每个人也都有追求成功的权利。然而，在传统观念里，成功对于男性的意义和作用完全不同于其对于女性的意义和作用。对于广大女性来说，成功更多的是具有工具的价值，它是女性为达成某种生活目的的途径和手段。而对于广大男性来说，成功却是男性生命的目的所在，追求成功是他们的一种天性。在众多男性的心里，成功，意味着拥有人生的一切；失败，意味着人生的一无所有。而正是由于成功被错置于这样的高度和位置，无形中便给广大男性带来沉重的压力。他们"绝不允许自己生活在一个他们不能巩固自己的独特个体统一性的社会里"①，为此，他们不得不努力工作，拼命追求成功，而忘记或忽略了人生中那些最真实、最有价值的情感、体验和感受。现代社会往往用财富、权利、地位和名声来作为评价和衡量一个男性成功与否的标准，为了得到这些，为了获得尽可能大的成功，为了让自己更富有男子气概，男性

---

① 朱津君：《男人的恐惧——中国当代男性恐惧心理分析与咨询》，南方日报出版社1999年版，第29页。

唯有拼命工作。工作对于男性来说也便具有了特殊的重要意义。正如亨利·福特所说："对男人而言，工作就是睿智，就是自尊，就是拯救。工作不但不是灾祸，而且是无比的恩泽。"① 对于男性而言，工作与身份具有等同的含义。一个男人，他从事什么工作和职业、拥有什么头衔，往往是他身份的重要标记，他们也往往用工作来衡量自己和其他男性。这样，在男性的一生中，拼命工作和追求成功成为了他们唯一的选择，只有这样，他们才能成就自己、才能拥有一切。

3. 无法选择

传统男权社会对男性角色标准的界定，使得男性在生存和发展的方式上不再有多种选择的可能，男性必须选择坚强，而不能脆弱，只能选择成功，而不能失败。这种单一的选择使得男性承受着一种极大的非人性的压力。而在这一点上，女性则幸运多了。尤其是随着女性解放运动的开展，那些在男权社会中被男性视为弱者的女性开始对自己的生存和发展拥有了更广阔的选择权。她们可以"巾帼不让须眉"，在职场上、事业上与男性一争高低，做一个让男性啧啧称奇、赞赏不已的"女中豪杰"、女强人。她们也可以完全不需要工作和事业，而只是在家庭里相夫教子、操持家务，做一个"小女人"，让男人怜惜疼爱。也就是，在现代社会，随着女性的不断解放，女性选择哪种生活方式，都是为社会所接纳和认可的，而社会对男性的要求和标准却始终如一。

总之，在各种无法逃避的责任与压力面前，广大男性被迫坚强，强迫成功，无法选择，这让他们身心俱疲。刘德华在歌曲《男人哭吧不是罪》中唱道：男人哭吧哭吧哭吧不是罪，再强的人也有权利去疲惫。为数不多的这类歌曲深受很多男性的喜爱，因为它们表达出了一直深藏于男性内心的感受。总之，在传统男权文化下男性其实同女性一样深受其害，女性需要解放，男性同样需要解放，或者说，在传统男权文化下，男性和女性共同需要人性的解放。

那么，"男性解放"到底如何定义呢？美国学者小哈德罗·莱昂这样理解男性解放："至于男性解放，我认为就是把身为男人的我们从强悍、男子气概等虚构的社会形象中解放出来，让我们允许，并把我们所有人深藏内

① 林可行：《男人手记》，中国广播电视出版社 2001 年版，第 60 页。

心的温柔释放出来。……强悍，是一层为了在充满敌意的社会环境中求生存而发展起来的保护壳，并不像我过去认为的那样，是我力量所在。相反，使我们强大起来的，是我的温柔。强悍不是力量，温柔也不是软弱。"①2005 年 3 月 3 日，中国大陆第一个"男性解放沙龙"由北京林业大学人文学院心理学系创办成立。"男性解放沙龙"对男性解放作出了一个较为完整的定义：指"从传统男权文化通过社会性别角色的定义所施加的禁锢与奴役中，将男性解放出来，从而全面改善男性的生存处境"。总之，男性解放同女性解放一样，都是源自传统男权文化对于男性和女性的性别角色的规定、束缚和限制，解放的目的就是要彻底打破这种规定、束缚和限制。

由上可见，男性解放的根本障碍是传统男权文化，所以，男性解放最根本的就是要破除传统男权文化对于男性角色的束缚，同时，男性解放也需要女性的觉醒与解放。只有这样，"男性解放"才能真正得以实现。

1. 男性解放的根本在于破除传统男权文化

传统男权文化的塑造，从根本上导致了男性"强者"性别角色的形成，并进而导致了男性和女性对于"男性需要解放"问题共同的不觉醒。学者方刚指出："男性解放，在我的理想中，简而言之，便是要纠正社会文化对人的社会性别角色塑造，彻底打倒男性生活模式的权威，每个男人都具有绝对自由地选择自己生活方式的权利，而无需去管什么'角色'、规范。"② 可见，女性并非男性解放的障碍和阻力，男性解放真正要破除的其实是文化。在旧的男权文化下，女性不是解放的女性，男性同样也不是解放的男性。女性解放的敌人不是男性，同样，男性解放的敌人也不是女性。传统男权文化是男性和女性共同的敌人。因此，男性解放并不是简单的喊累，而是要对传统性别角色进行反省。研究性别的专家也说过："'男性解放'不应是男人失去女人宠爱后的自卫还击，而是积极而坦诚反思自身的性别坏血。男性解放不是趾高气扬自诩比旧男人前卫进步来获取优越感，而是走回大男人的阵营，让男人明白父权制对自己的伤害，从而与女人一起走出性别桎梏。"③ 传统男权文化下的男性和女性都不具有

---

① ［美］小哈德罗·莱昂：《温柔就是力量——男性解放的特征》，袁莉莉译，作家出版社1989 年版，第 6 页。

② 方刚：《男人解放》，中国华侨出版社 1999 年版，第 7 页。

③ 转引自周华山《阅读性别》，江苏人民出版社 1999 年版，第 104 页。

完全独立的人格。其实，"没有谁是百分之百的男性或女性，我们都是两者的混合体，是一端为纯粹女性，另一端为纯粹男性的连续体上的某一点（几乎可以说没有人界于这一极或那一极）"。① 因此，不管是男性，还是女性，作为人，都应该拥有人的各种可能性，而不一定是扮演性别文化所规定的性别角色。对此，西方学者威廉姆·斯隆·科芬一针见血地指出了性别解放的本质："最需要解放的是每个男人身上的女人和每个女人身上的男人。一旦我们能把这些男人和这些女人解放出来，我们就将最终具备了完整而自由的人类特点。"② 这里所要解放的"女人"和"男人"正是被传统男权文化所束缚和压抑的部分。因此，男性解放的根本就在于打破传统男权文化对男性性别角色的塑造，冲破传统男权文化对男性生活方式的限制，从而使每个男性都能自由地选择自己喜欢的生活方式。③

2. 男性的解放需要同女性的觉醒与解放并驾齐驱

男性和女性就像捆绑在同一性别文化链条上的两个囚徒，他们面临的处境是一个问题的两极，而且两者密切联系，男性解放的提出源自女性解放，男性解放的实现更离不开女性的觉醒。在女性解放运动开展的两个多世纪里，女性早已活跃于社会各个领域，早已同男性一样能养家糊口。然而，众多女性，其中不乏接受过高等教育的知识女性，依然无法彻底摆脱"夫贵妻荣"、"男主外、女主内"等观念，原本可以凭借自己的学识、能力和努力打拼出一片自己的天地、成就自己的一番事业，然而，她们主动选择以家庭为重、相夫教子，把成功的希望寄托于丈夫，把"借光"的位置留给自己，甘愿做一个成功丈夫背后的女人。而在"干得好不如嫁得好"、"赢得男人就赢得世界"等观念影响下，不少待嫁女性将讨男人喜欢和嫁个好男人作为她们的生活追求和价值追求。在择偶标准上，男性的社会地位、经济实力和发展潜力成为首要考量的重要因素，甚至有女性喊出"宁可在宝马里哭泣，也不在自行车上笑"。另外，当今社会，"二

---

① ［美］小哈德罗·莱昂：《温柔就是力量——男性解放的特征》，袁莉莉译，作家出版社1989年版，第26页。

② 转引自［美］小哈德罗·莱昂《温柔就是力量——男性解放的特征》，袁莉莉译，作家出版社1989年版，第5页。

③ 李桂梅、黄爱英：《当代中国女性道德人格塑造的困境与出路》，《伦理学研究》2014年第2期。

奶""小三"的涌现，瘦身、整容等美容产业的盛行以及各种女色消费无不反映女性在精神上独立性的缺失和对男性的依附。女性的不觉醒是男性解放的巨大障碍，男性的解放必然要求女性的觉醒以及女性某些传统观念的根本改变。① 因此，男性解放不是可以独立实现的，它必须同女性的觉醒与解放并驾齐驱。伴随着女性解放和男性解放的实现，"男强女弱"、"男外女内" 等传统性别观念将逐渐消失，男尊女卑的传统两性关系将逐渐瓦解，取而代之的将是男女平等和谐的现代两性关系。

三 两性的平等和谐

"和谐" 一词，在《现代汉语词典》中指的是 "配合得适当和匀称"。早在三千多年前，中国的甲骨文和金文中就有了 "和" 字。在《说文解字》等各种古籍中，"和谐" 两字最初都是指音乐的合拍和禾苗的成长，进而引申为各种事物和社会的有条不紊、井然有序、互相协调。早在西周末年，思想家史伯就强调 "和实生物，同则不继"。春秋战国时期，大思想家孔子更是明确提出 "和而不同" 的思想。而在西方，"和谐" 是从美学概念中引申出来的。古希腊哲学家毕达哥拉斯最早提出 "美是和谐" 的美学命题。毕达哥拉斯的门徒费罗劳说，所谓和谐，"乃是一种由许多复杂的元素所形成的统一以及一种存于不调和元素之间的一致"。② 从这里，我们可以看出，"和谐" 一词在中西方的表述中有所不同，但其有着一致的基本观点，即和谐不是趋同，恰恰相反，它是多样化的统一、对立面的一致。对立或多样化对于和谐具有重要意义。和谐以对立为前提，是对立的结晶，离开对立，无和谐可言。总之，概括地说，和谐就是不同事物、构成事物的不同要素或者矛盾的双方，在对立统一的辩证运动中形成的相互依存、相互适应、相互配合、相互制约，但又同时相互促进、共同发展的均衡状态。

在诸多的和谐关系中，男女两性的和谐是人类最基本的和谐。正是由

---

① 李桂梅、黄爱英：《当代中国女性道德人格塑造的困境与出路》，《伦理学研究》2014 年第 2 期。

② 转引自李思孝《西方古典美学史论》，南开大学出版社 1992 年版，第 15 页。

于男女两性的共同繁衍，人类才得以世代延续，生生不息。① 和谐的两性关系也因此被世世代代的人们渴望着、追求着，成为人类永恒的追求。美国文化人类学家理安·艾斯勒将母系氏族和未来男女平权社会的两性关系概括为"伙伴关系"。在伙伴式的两性关系中，男女双方是日常生活和精神生活的伙伴，是生儿育女的伙伴，是学习、工作和事业的伙伴，这就是一种和谐的两性关系。再如，中国古人历来把理想夫妻比作"并蒂莲"、"鸳鸯鸟"，并始终揣怀着一种"在天愿作比翼鸟，在地愿为连理枝"的对于美好婚姻的向往，这也都是和谐两性关系的生动写照。

从古至今，男女两性关系依次经历了朴素的男女平等时代、男性统治时代和女性解放时代，尤其是今天，男女两性关系正在向着两性融合的时代迈进。在不同的社会和不同的时代，两性的和谐有着不同的内涵，表现为不同的方式：或是夫唱妇随，或是男女比翼齐飞，或是两性高度融合。尽管内涵和方式不同，但是每一种和谐都是和当时的社会历史条件相适应的。人类社会不断向前发展，和谐的内涵、方式会变化，和谐的程度、层次也会不断向前发展。可见，两性的和谐并非静态的完美，而是一个随着社会历史条件动态发展的过程。那么，在信息时代的今天，在女性解放运动不断向纵深发展的背景下，人们所追求的未来理想社会的两性和谐应该具有怎样的内涵呢？

1. 两性和谐以男女平等为基础

自近代以来，男女平等一直为先进知识分子和进步人士所呼吁和倡导，是女性解放运动的核心目标和主题。男女平等，除了体现在抽象的法律条文上，更体现在具体的现实生活中，主要包括：一方面，男女两性在家庭和社会中受到同样的尊重和对待，不存在基于性别而产生的偏见和歧视；另一方面，男女两性在家庭和社会生活的各个领域中享有平等的权利和机会。男女不平等是一定社会历史条件的产物，当然，男女平等的实现也必然是一个长期的社会历史过程。男女平等是两性和谐的重要基础。没有男女平等，就没有真正的两性和谐；两性和谐，以男女平等为基础。而

---

① 李桂梅、黄爱英：《当代中国女性道德人格塑造的困境与出路》，《伦理学研究》2014 年第 2 期。

且，男女平等不仅是两性和谐的核心要素，而且也是推进两性和谐发展的重要原则。

2. 两性和谐以尊重性别差异为前提

我们已经知道，和谐是多样化的统一、对立面的一致。这个多样化或对立面，指的就是事物之间的差异。正是由于各种各样不同事物的存在，才构成了丰富多彩的美好和谐世界。《国语·郑语》有云："声一无听，色一无文，味一无果，物一不讲。"意即，一种声响，不成音乐，没有听头；一种颜色，不成文采，没有看头；一种味道，不成美食，没有吃头；一种事物，没有比较，无法品评。由此可见，和谐的本质在于"和而不同"。在两性关系中，男性和女性便构成了和谐的两个对立面。两性之间存在着一系列相互对峙、相互依存的各种内在和外在的因素，这些因素成为了两性和谐的前提。因此，两性和谐绝不是通过消除性别差异来实现，而恰恰是在尊重性别差异的前提下形成的。①

3. 两性和谐以男女两性的全面而自由的发展为最终目标

马克思曾提出，在未来社会，每个人都能获得"全面而自由的发展"。"全面而自由的发展"是未来共产主义社会每个人所达到的个人发展的理想状态。当然，"全面而自由的发展"，并非指每个人都获得全方位、全能的发展，而是指每个人根据自己的兴趣、能力和特点，使自己的潜能得到充分的发展。也就是，人的"全面而自由的发展"不是人的全知全能，而是人的个性发展。人的全面而自由的发展包括男性的全面而自由的发展，也包括女性的全面而自由的发展。男性的发展会影响女性的发展，女性的发展也会影响男性的发展，两者是紧密联系、相辅相成、相互促进的。一旦女性发展受到阻碍，男性就不可能获得"全面而自由的发展"；反之亦然。在漫长的封建社会，女性的发展一直受到人为的抑制而远远落后于男性的发展，其实，这种状态下的男性发展也并非正常的发展，是偏离"全面而自由的发展"方向的畸形发展。男女两性的全面而自由的发展是两性和谐的最终目标。两性和谐绝不是要强调女性的发展，忽视男性的发展，也不是要以女性的发展来代替男性的发展，而是要在一

①　李桂梅、黄爱英：《当代中国女性道德人格塑造的困境与出路》，《伦理学研究》2014年第2期。

个公平、公正、互利的环境中，使男女两性都得到全面而自由的发展。①

因此，概括地说，当代语境下的两性和谐，就是一种以男女平等为基础，以尊重性别差异为前提，以男女两性的全面而自由的发展为最终目标的两性关系。另外，由于男女平等是两性和谐内涵的应有之义，两性和谐亦可等同于两性平等和谐。在当今社会，两性的平等和谐有它独特的内涵，当然也有它独特的外在表现形式。大体上来说，两性关系包括社会领域的两性关系和婚姻家庭领域的两性关系。因此，两性关系的平等和谐不仅体现在教育、就业、参政等社会领域，而且也体现在婚姻家庭领域。

1. 教育领域的两性平等和谐

从根本上说，教育领域的两性平等和谐是其他一切领域两性平等和谐的基础。文化教育数量和质量的不均等，在较大程度上造成了男性与女性之间能力素质的差异以及发展机会的不平等。因此，其他一切领域的两性平等和谐，都是以教育领域的两性平等和谐为基础，即都离不开两性教育机会的平等和思想观念的平等和谐。教育领域的两性平等和谐突出表现为，女性在接受教育、享受文化教育资源等方面享有与男性同等的权利和机会，男女两性表现出思想观念上的平等和谐。② 改革开放以来，特别是21世纪以来，教育领域的两性平等和谐获得了前所未有的大发展，如女性平均受教育年限大幅提升，男女两性受教育年限的差距逐渐缩小；女性受教育层次不断提高，教育结构明显改善以及越来越多的女性接受继续教育等。但是，同男性的受教育状况相比，女性在接受教育的数量和质量上都要明显落后于男性，两者呈现出较大的性别差距。针对当前女性教育的现状，政府应努力优化教育环境，制定和提供良好的政策条件，大力发展女性教育，从而确保女性切实享有与男性同等的受教育的权利以及享受同质同量的文化教育资源，从而促进女性发展，推进教育领域的两性平等和谐。

2. 就业领域的两性平等和谐

经济独立是女性解放的一个重要标志，也是女性人格独立的前提和基

---

① 李桂梅、黄爱英：《当代中国女性道德人格塑造的困境与出路》，《伦理学研究》2014年第2期。

② 同上。

础。就业领域的两性平等和谐是两性平等和谐的重要内容，其主要体现在，女性在经济生活中享有与男性同等的地位；女性在劳动就业、职业发展、劳动报酬等方面享有与男性同等的权利和机会；男性和女性团结合作、公平竞争，共同发挥各自在经济生活中不可替代的重要作用。① 改革开放以来，中国女性在就业领域取得了前所未有的巨大成就，女性就业率大幅提高，女性就业层次和就业结构不断趋于优化和合理，但是由于"男主外、女主内"等传统观念根深蒂固的影响，以及女性自身发展的滞后，女性就业依然存在着众多的问题，主要有：就业机会少、劳动待遇低、就业层次低等。针对女性就业存在的诸多问题，政府应继续推进经济体制改革，完善经济制度和就业结构；通过多种途径发展技术培训和职业教育，提高女性自身素质和技能，转变女性就业观念，增强女性竞争意识；制定和完善相关法律法规，消除女性在劳动就业中遭遇的性别歧视，保障女性平等就业；建立和完善社会保障制度等。此外，政府还应尽快建立和完善提高女性经济地位和促进两性平等和谐的社会支持政策体系和机制，如规范非正规就业；消除职业、行业性别隔离；遏制性别收入差距的扩大以及平衡工作和家庭等。

3. 参政领域的两性平等和谐

女性参政是体现男女平等和谐的最高层次。参政领域的两性平等和谐主要表现为，女性在知政、议政、参政、从政等方面与男性享有同等的地位、权利和机会，男女两性发挥各自的特点和优势、配合协调、共同发挥作用。② 中华人民共和国成立后，随着社会主义民主政治建设的深入和女性参政环境不断改善，女性参政有了实质进展，参政比例不断提升，参政渠道不断扩大。但是，关于女性参政的法律制度还有待健全和完善，关于女性参政的偏见依然普遍存在，女性参政依然面临很大的挑战。在决策参与方面，女性参与各级决策层的比例与男性相比存在较大差距，参政女性对决策的影响力也远小于男性；在民主参与方面，女性政治认知水平整体上低于男性，尤其是农村女性政治认知水平更低。对此，一方面，政府要

① 李桂梅、黄爱英：《当代中国女性道德人格塑造的困境与出路》，《伦理学研究》2014 年第 2 期。

② 同上。

加快建立健全有关女性参政的相关法律法规，并建立和完善相关保障机制，从而确保女性享有与男性平等的参政权利；另一方面，政府要通过各种教育培训途径，使女性树立正确的参政观、权力观，提高女性的执政能力。

4. 婚姻家庭领域的两性平等和谐

在婚姻家庭领域，夫妻关系是核心和主体，在家庭关系中起主导作用。因此，婚姻家庭领域的两性平等和谐主要表现为夫妻平等和谐。中华人民共和国成立以后，特别是改革开放以来，随着女性在教育、就业、参政等领域中各种权利的获得和实现，她们在婚姻家庭中的地位也有了较大提高，男女两性关系也日渐趋向民主、平等，但男女不平等的现象依然普遍存在，如女性在家庭实权上仍居于次要地位，女性依然是家务的主要承担者等。婚姻家庭领域的两性关系不同于社会领域的两性关系，它的状况一方面以特定的历史时代和条件为基础，另一方面又与夫妻之间的某种相处之道密不可分。古人云："妻子好合，如鼓琴瑟。"夫妻和睦如同琴瑟的音调一般美妙，不过，琴瑟的音调需要调试才能和谐，夫妻关系也需经常调适和用心经营才能恩爱如初。因此，平等和谐的夫妻关系应该具备如下特点：一是平等对待，相互尊重。这是建立和谐夫妻关系、经营美满婚姻生活的基础。夫妻双方既要相互尊重对方的人格和尊严，又要在履行义务和责任上同心协力、平等互助。二是互相沟通，相互信任。信任是美满婚姻的重要条件。缺乏信任的婚姻必定是举步维艰的。信任需要沟通，坦诚的沟通有助于夫妻双方相互了解，消除隔阂，增进信任。三是自我调适，宽容谅解。如同这个世界没有完美的人，这个世界也不存在完美的婚姻。夫妻双方应在生活习惯、脾气性格、兴趣爱好等方面求同存异、宽容理解，给予对方切合实际的角色期待，而不能过于理想化。四是精神接近，爱情常新。爱情长久的奥秘就在于精神的接近、心灵的吸引。爱情不只是两情相悦，更需要一致的人生观、价值观。因此，夫妻双方要不断充实拓宽自己的精神世界，创造新的生活乐趣，爱情才会永不枯竭、愈久弥坚。[①]

① 李桂梅、黄爱英：《当代中国女性道德人格塑造的困境与出路》，《伦理学研究》2014 年第 2 期。

第四章　当代中国女性美德建设的主要内容

中国传统父权制社会形成了以"三纲五常""男尊女卑"为核心的道德体系，特别是对女性提出的"三从四德"的特殊要求，对维护封建社会的宗法等级秩序发挥了重要作用，但同时也束缚了人的个性自由、阻碍了男女平等发展。当代中国社会建立了以为人民服务为核心、集体主义为基本原则的社会主义道德体系，是人类道德文明史上的重要进步。针对社会转型时期的各种道德问题，2001 年我国制定了《公民道德建设实施纲要》，明确指出要加强公民道德建设并对公民个体道德、社会公德、职业道德和家庭美德建设的内容提出了具体规范。因此，当代中国女性美德建设必须在社会主义道德精神的指导下，扬弃中国传统道德尤其是女德要求，以《公民道德建设实施纲要》为基础、以社会主义核心价值观为导向，结合女性自身特点和所承担的各领域角色责任，尊重和发挥女性的主体性，建构当代中国女性美德的内容体系，探寻有效的建设路径。

第一节　当代中国女性的社会公德

社会公德是维护社会成员之间最基本的社会关系秩序、保证社会和谐稳定的最起码道德要求。随着女性社会地位的不断上升，女性社会公德在文明的演进和人类发展中的作用越来越重要。当代中国女性的公德状况总体上是符合我国公民道德实施纲要倡导的社会公德要求的，但也存在不少问题。开展女性社会公德建设，需要摒弃长期以来男性文化主导下的社会公德建设范式，从女性的视角出发，尊重和发挥女性的主体性，探寻新的路径，实现女性公德建设内容的优化。

一 当代中国女性参与公共生活的特点

所谓公共生活，狭义上指以国家、政府为载体的政治生活；广义上还包括经济、文化、精神生活中那些具有"公共性"的部分。[①] 笔者认为，随着大数据的普及、云计算的展开以及"互联网＋"时代的到来，人类公共活动空间进一步拓展，公共道德追求进一步升华，公共生活不仅包含传统意义上最普遍、最基本的公共性生活，而且应该包括当代公共权力运行、网络活动、人与外层共建活动等与人类公共利益相关的生活，它以公共领域为平台、以公共利益为目的、以公共理性为纽带、以公正规则为保障。公共参与就是参与公共生活和公共事务。公共参与具有民主性，它促使人们能有效沟通和协作，并对事物发展起着良性互动和监督作用。公共参与不仅包括公民对国家政治生活的参与，也涵盖了经济领域、文化领域、社会领域及政党、社会组织内部活动的参与。[②]

对当代女性的全面发展而言，最重要的自由不再仅仅是私人领域中免受干涉的自由，而是公共生活和公共事务中积极参与的自由，这是一种更加广泛的社会参与。由于女性身心的独特性及中国国情的特殊性，当代中国女性的公共参与呈现出如下特点：

1. 公共参与意识增强，但政治主体性欠缺

在中国传统的父权制社会里，由于传统公、私领域的二元划分，女性作为家庭私有财产被排除在公共领域外，没有公共权利与行动自由，导致女性在公共参与中长期"缺席"，在父权和夫权的夹缝中生存。

工业革命以后，妇女从家庭生活中走出来，首先通过劳动力市场参与公共劳动，然后涉足公共领域。20 世纪 60 年代女权运动的兴起，进一步促进了妇女以独立身份积极参与公共生活与公共事务。[③] 联合国从 1975 年起将性别视角纳入社会决策主流，有力地推动了世界女性的公共参与。在中国，五四运动打破了两千多年来专制统治下的禁锢女性自由的传统礼教，唤醒了中国女性的"独立自由意识"，一部分先觉女性开始走出家庭

---

① 张兴国：《公共生活的伦理视野》，《河北学刊》2006 年第 6 期。

② ［美］卡罗尔·佩特曼：《参与和民主理论》，陈尧译，上海人民出版社2006 年版，序言第13 页。

③ 曾璐：《国际发展援助视角下的妇女公共参与》，《南京政治学院学报》2013 年第 4 期。

参与社会公共生活及社会变革。中华人民共和国成立后，中国女性的解放在法律上以法条的明文规定确定下来，广大妇女在政府的推动和法律的保障下真正开始了与男人平等地全面地社会参与。改革开放以来，中国女性开始自觉地清理和改造传统性别文化，公共参与意识逐步增强，参与行为更加积极主动，特别在社会经济和社会文化领域较为突出。女性的公共参与获得了长足的进步、取得了可喜的成绩，但其总体状况仍比较滞后，主要表现为女性公共参与中的政治主体性欠缺，女性内在的政治诉求匮乏，对社会事务的参与意愿、组织化程度等都明显低于男性，很多参政女性还停留在"要我参政"，而非"我要参政"的阶段。对女性公民而言，公共参与意味着必要的政治主体性，即知道如何扮演公共角色，有行使政治判断、参与经济发展和进行社会交往的能力，能够通过实际行动表明自己不是一个弱者，而是一个公民、一个更加有效地承担社会义务和责任的公民；不是一个顺从的贤妻良母，而是能够和男人一起决定和分享公共事务的人。据我们调查，39.3%的女性从来没有给所在单位/社区/村提建议，只有3.0%的女性经常给所在单位/社区/村提建议；59.2%的女性从来没有向政府有关部门反映情况/提出政策建议，2.1%的女性经常通过各种方式向政府有关部门反映情况/提出政策建议。① 又有调查显示，在农村，没有参加过任何社团或组织的女性高达90.0%，城镇48.0%的女性没有参加过社会团体或组织。② 这说明，当前我国广大女性自觉参与的主体意识和权利意识较为缺乏，对自身社会义务和责任特别是女性参与行为对公共事务决策过程的影响作用认识不够，不少女性对参与公共事务仍然比较消极甚至排斥，漠视或者放弃法律赋予的公共事务参与权利，或者参与时消极应付、流于形式。

---

① 本调查组于2013年向湖南、湖北、广东、山东、重庆、贵州六省（直辖市）发放754份调查问卷，有效回收734份。其性别构成为：男性42.7%，女性57.3%；职业构成为：机关事业单位领导干部1.7%，办事人员和机关有关人员3.7%，科教文卫专门技术人员8.8%，企业管理者4.0%，企业职工19.7%，商业服务人员4.4%，私营企业主2.2%，个体从业人员8.0%，农业劳动者13.9%，农村外出务工人员5.0%，学生或其他28.6%。以下未注明出处的数据均出自本调查。

② 郑素娟、孟亚明：《公民社会视阈下推动女性公共参与的路径探索》，《兰州学刊》2011年第9期。

2. 公共参与广度扩大，但各领域不平衡

公共参与的广度主要是指公共参与主体、参与途径和参与领域的广泛性。当代中国女性公共参与的主体由五四时期的先觉知识女性逐渐扩大到当代的各种身份、民族、阶层的广大女性，不仅是女性个体，而且是各种社会组织和协会。同时，女性公共参与的途径与形式也呈现广泛性和多样性，既有间接参与，也有直接参与；既有政府组织，也有非政府组织；既有关注、了解公共信息和公共事务，也有积极行动和各种互动；既有现实参与，也有网络参与。

随着信息和科技的突飞猛进，当代中国女性在公共参与中表现为更加广泛的公共生活领域中的参与，不仅包括经济、文化和社会领域，还包括政治领域，但是女性在各领域内部和领域之间的公共参与存在着不平衡性。在经济领域，女性广泛地参与经济生产活动，就业渠道拓宽，在业率、就业层次和收入有所提高，社会经济权利与经济地位显著提高，高层中女性的人数逐渐增多，"在过去 10 年中，中国企业内的女性 CEO 比例在全球排名第二。[①]" 但是相对男性而言，女性参与经济生活的广度、层次及收入仍然有较大差距，在业率比男性低 11.76%，城乡在业女性年均收入是男性收入的 67.3% 和 56.0%，地区和城乡差异明显，妇女就业结构不合理、女性就业受排斥、农村妇女土地权益保障等问题依然突出。[②]在文化领域，特别是文学艺术、宗教信仰和道德情操、文化教育等领域，女性扮演着重要的参与和主导角色，但是在科学技术、文化制度建设等方面的参与相对逊色。在社会领域，女性较男性而言，具有独特作用，扮演着独特角色。女性在遵守公共秩序、促进社会和谐、社区建设、家庭幸福以及志愿者活动、献血、募捐救助等公益活动中往往更为积极。对网络营销、网络购物、户外旅游等公共生活情有独钟。在政治领域，女性民主参与面不断扩大，越来越多的杰出女性进入了决策层，越来越多的优秀女性开始管理国家政治事务，政绩辉煌。当今中国女政治家对世界和国家事务正发挥着比历史上任何时候都重要的作用，她们已经从政治上的点缀逐渐

① 刘琼：《女性 CEO 比例：中国第二》，《中国妇女报》2014 年 5 月 21 日。
② 第三期中国妇女社会地位调查课题组：《第三期中国妇女社会地位调查主要数据报告》，《妇女研究论丛》2011 年第 6 期。

变成政治上颇具影响力的人物。党的十八大女代表、十二届全国人大女代表和全国政协十二届女委员所占比例分别提高了 2.9 个、2.07 个和 0.18 个百分点。① 但是妇女参政比例还是偏低，与西方女性相比差距甚远，中国女性在决策层参政的状况整体堪忧。据来自各国议员联盟和联合国妇女署发布的《妇女参政（2015）》和《妇女参与议会 20 年回顾》的相关数据，中国的女部长比例为 11.5%，全球排序第 65 位；中国女人大代表比例增长 2.6 个百分点，居全球女议员增长比例排行第 140 位。② 我国妇女参政在数量、结构和质量上同国际标准存在一定差距。"从数量和参与机会上看，妇女在各层特别是高层的比例仍然偏低。2013 年全国人大女代表比例为 23.4%，比 38 年前 1975 年四届人大女代表的比例仅提高了 0.8 个百分点，在国际议会联盟女议员中的排序，从 1995 年第 12 位下降到 2015 年的第 53 位。③" 农村妇女参与基层民主的状况更是滞后。"'推动中国妇女参政'的一份项目文件显示，在农村，女性占农村劳动力的 65%，但在村委会成员比例中仅占 21.4%，仅有 1%—2% 在决策性岗位上。④"

3. 公共参与程度加深，但层次相对较低

公共参与的程度是指公共参与行为是否充分、持续、有力，程度判定标准主要涉及公共参与的层次性和公共参与目标的实用性。美国学者谢利·阿恩斯坦（Sherry R. Arnstein）认为参与就是权力。根据公众在参与过程中被赋权程度的不同，他将参与划分为操纵、治疗、告知、咨询、抚慰、合伙人地位、代议权和公民控制等八个阶梯，每一阶梯相对应的是最终决定结果的公民权利等级。⑤ 由于我国妇女在法律上获得了与男性同样的广泛参与公共生活和公共事务的基本权利，妇女通过个人或组织参与公共生活和公共事务的行为越来越充分、持续和有力，特别是在经济生活、

① 罗旭：《六位女代表畅言女性发展和权益保护》，《光明日报》2014 年 3 月 13 日。

② 冯媛：《全球妇女参政水平差　配额制亟待持续推进——联合国妇女地位委员会第 59 届年会观察之一》，《中国妇女报》2015 年 3 月 17 日。

③ 刘伯红：《国际妇女参政的实践及其对中国妇女参政的影响》，《国家行政学院学报》2015 年第 2 期。

④ 闵杰：《中国妇女参政尚需大力推进》，《中国新闻周刊》2012 年第 13 期。

⑤ 曾璐：《女性主义视角下的公共参与问题》，《民族论坛》2012 年第 22 期。

文化生活和社会生活领域，但妇女参与公共生活，特别是参与国家和社会事务管理的程度还不高，层次相对较低。在公共政治生活和经济生活领域，出现了女性参与公共生活不能实现与男性同等晋升的"玻璃天花板"效应，存在"副职多、正职少，虚职多、实职少，低层多、高层少，边缘部门多、主流部门少"的现象。①

4. 公共参与效度加强，但影响相对较弱

公共参与的效度是指在公共参与过程中，影响公共事务议程设置、公共事务组织与举办、决策制定与执行的实际效果与客观结果。随着当代中国民主程度的不断提高、妇女公共参与意识的增强、参与行动能力的提升，妇女公共参与效度在不断加强，对当今中国社会公共生活的良好、文明、和谐秩序的维护，对公共事务的有序、科学、民主管理的促进发挥了积极作用，但由于传统性别文化残余影响和女性自身公共参与主体意识不够以及参与素质有待提升等因素，当代中国妇女公共生活参与的客观结果不理想，特别是对政治决策和社会发展进程影响相对较弱。妇女担任拥有实权的决策部门如国防、交通、金融、外交等部门重要职位和高层正职的人数仍然稀少，妇女主要集中在所谓"适合妇女工作"的社会事务、科教文卫以及与性别平等、妇女、儿童、青少年、残疾人、老年人事务等相关的职位。②

上述特点和状况表明，当代中国女性正在不断觉醒和走向自由、自觉、自主，她们对公共生活的介入比历史上任何时候都更广、更深和更有力，彰显了女性的主体地位和时代进步。但是，受封建皇权专制、男尊女卑、男主外女主内的历史文化传统及女性自身素质不高的影响，当代中国女性参与公共生活的现状整体尚不如人意。一方面显示出关怀伦理在科学发展中的不足，另一方面也警示着公正伦理在现实土壤里的欠缺。

二　当代中国女性社会公德的建构

社会公德是人类社会生活最基本、最广泛、最一般关系的反映，是人

---

①　全国妇联妇女研究所：《2010 年国际妇女参政主要状况》，中国妇女研究网 http://www.wsic.ac.cn/researchproduction/76403.htm。

②　曾璐：《国际发展援助视角下的妇女公共参与》，《南京政治学院学报》2013 年第 4 期。

类在长期社会历史生活实践中逐渐积累起来的道德准则、文化观念和思想传统，它是社会群体生存所必需的最简单、最根本的公共生活准则和起码的普适行为规范。公共生活实际上是交往生活，它把自由、平等、所有权和利己心等这些基本价值置于公共交往的核心位置，人们可以自觉、自愿加入和退出公共生活领域，交往者是有责任的个体。社会公德构成公共交往和公共生活的文化基础，公共交往要求同时也生成着社会公德。社会公德作为人们以公民身份进行公共交往时可以相互提出的有效性要求，它是一种公共理性和公共价值。社会公共生活是纷繁复杂的，只有建立良性的群体交往伦理也就是进行社会公德建设，才能营造良好的公共社会氛围，实现社会公共生活的进步。

1. 当代中国女性社会公德的现状

当代中国女性社会公德建设是当代中国女性公共参与的必然要求和结果。当代中国女性的公共参与较过去有很大改善，女性社会公德建设也取得了较好的效果。在我们的调查中，对"您认为女性在社会公共场所的表现（遵守社会公德方面）如何？"的回答，64.5%的人认为很好或较好。"举止得体、文明礼貌"、"助人为乐、关爱他人"、"遵守秩序"被认为是当代女性在公共生活中发扬得较好的前三大美德。但是当代中国女性社会公德还有许多不尽如人意的地方，存在着不少亟待解决的问题。我们调查显示有25.3%的人认为女性社会公德不太好或不好。结合其他相关调查研究、媒体报道和笔者观察，当代中国女性社会公德问题主要表现在以下三个方面：

第一，在公共生活领域的人际关系中，女性社会公德的突出问题主要表现为不讲文明、言行粗俗、搬弄是非、有失诚信、缺乏爱心、自私冷漠、见义不为。据我们调查，有80.7%的人认为"唠叨啰嗦、搬弄是非"是女性在公共生活中做得最为不妥的行为，有51.4%的人把"自私自利、轻视或侵犯他人利益"摆在女性在公共生活中不妥行为的第三项，有45.5%的人将"大大咧咧，不注意形象"列入女性在公共生活中六大不文明行为之一。在现实生活中，也可看到一些女性奉行自我中心主义，我行我素、文明素质低下、审美情趣低级，错把败德当时髦、粗俗当壮烈，不自尊自爱，美丑不辨、善恶颠倒，诸如言行粗俗、飞扬跋扈，公共场所衣着不得体、身体过于暴露，与异性过于亲密、行为不检点，笑贫不笑娼等，不仅影响女性自身社会交往和形象地位，而且有伤风化、破坏社会和谐稳定。一些女性不守信用、见利忘义、不择手段、损人利己，甚至坑蒙拐骗，毫无廉耻；一些女性缺乏社会责任感、正义感、同情心和人道主义关怀情操，情感冷漠、行为自私，不关注社会事务和他人的需要，怕惹麻烦、不愿助人、不敢见义勇为，如佛山小悦悦事件中那个带着孩子从小悦悦身旁经过而不施救的中年女子等。据一项对陌生人的态度的调查显示，表示关心态度的只占 8.5%，绝大多数人都"事不关己，高高挂起"①。在我们调查中，当问及"近三年来您身边的女性是否主动参与捐款、无偿献血、志愿者活动等"，回答"没有"的占 25.4%，回答"偶尔"的占 31.2%，回答"经常"的仅占 14.8%。

第二，在人与社会的关系上，女性社会公德问题主要表现为损害社会公共利益、不爱护公共财产、贪小便宜、公共秩序意识淡薄。一些女性参与社会公共生活的目的仅限于追求个人功利，便于个人生活，少数人甚至唯利是图。因此，部分女性或在公共场所不遵守公共秩序、不爱惜公物、损公肥私、贪小便宜、自私自利；或充当犯罪分子的帮凶、助纣为虐、丧尽天良、危害社会；或侵吞国有资产、贪污腐化、成为人民公敌。如吴英非法集资案、郭美美恶意造谣中伤红十字会等。据我们调查，"贪小便宜"列为女性在公共生活中六大不妥行为之首。另外，一些女性公共秩序意识淡薄，在公共场所不讲秩序、大声喧哗、高声谩骂、乱闯红灯等现象经常发生。如对北京市民公交秩序的调查中显示："有 43.4% 的市民总是或者经常看到乘坐公共交通时争抢、拥挤；有 47.7% 的市民总是或者经常看到机动车抢道乱行；有 42.0% 的市民总是或者经常看到行人、骑车人不遵守交通信号灯。"②

第三，在人与自然关系上，女性社会公德问题主要有不讲公共卫生、生活奢侈浪费、破坏公共环境和漠视生态恶化等。据调查，人们最反感的女性十大不文明行为中，"不讲公共卫生、生活奢侈浪费"被列入其中，包括乱扔垃圾、随地吐痰、放任饲养的宠物在公共场所随地便溺、践踏草

---

① 廖申白、孙春晨：《伦理新视点——转型时期的社会伦理与道德》，中国社会科学出版社 1997 年版，第 35 页。

② 转引自贾立平《当代中国社会公德缺失问题研究》，河北师范大学硕士论文，2008 年，第 14 页。

坪、攀折花木、生活奢侈、过度消费、炫富比阔等。另外，包括女性在内的很多现代人只关注自己的物质享受和眼前利益、缺乏环境保护意识、漠视生态恶化、甚至拒绝对与我们息息相关的自然进行道德关爱，经常在自然面前任意妄为。① 在饮食选择上，一些女性对野生动物进餐桌趋之若鹜，满足美味欲求；在穿着打扮上，好穿珍稀动物皮草，以满足虚荣心。甚至个别女性为求一时之悦或排忧解恨，肆意伤害小动物、泯灭人性，比如复旦女研究生虐猫等事件令人发指。

推究产生当代中国女性社会公德问题的原因，主要有四个：一是中国封建专制制度、宗法家族伦理纲常和父权文化长期以来对女性的禁锢、压制和迫害，使旧时代的女性天然地被排斥在公共生活之外，阻碍了女性公德意识的产生。中国传统社会典型的自给自足小农经济，其封闭生存环境导致了女性与外界的隔离和精神上的保守，制约了女性公德意识的发展。当代中国女性虽然社会地位和公共交往相比过去有很大的提升，但是封建流毒依然侵蚀着社会公德建设。二是现代社会发展滋生的负能量广泛冲击着女性社会公德建设。一方面是来自市场经济和改革开放的强力冲击和功利主义、拜金主义、享乐主义及西方资本主义腐朽思想的渗透；另一方面是现代信息技术和高科技的发展，导致公共空间更为深邃、人际交往更为繁杂，新型犯罪手段层出不穷带来各种新的诱惑，使得女性犯罪有增无减。三是缺乏有效的社会监督氛围，社会公德控制机制弱化。在我国，面对公民在生活中违反社会公德的种种恶风劣俗和不文明行为，众人不是挺身而出、群起责之，而是事不关己、高高挂起、熟视无睹，在日常生活中缺乏社会公德的维护者、监督者。同时，人们的法治观念淡薄，以权代法、以威代德的现象时有发生。四是社会公德教育流于形式，德育目标存在空泛化、理想化现象，缺少对女性的人文关怀和个性化教育，公德教育实效性不强。在全社会的德育过程中，往往强调"高大上"的高尚道德品质培养，却淡化甚至忽视基本层次的社会公德教育、人格教育，导致女性无法将自己的日常行为与理应遵循的道德准则联系起来，社会公德教育空洞乏力，有如流星划过苍穹。

---

① 吴潜涛、杨峻岭：《社会公德建设与公民耻感涵育》，《道德与文明》2008 年第 1 期。

2. 当代中国女性社会公德建构的内容要点

开展社会公德建设，必先确定社会公德建设的基本内容。2001 年9 月中共中央颁发的《公民道德建设实施纲要》明确提出了"文明礼貌、乐于助人、遵纪守法、爱护公物、保护环境"五大社会公德基本要求。因此我们需在此基础上结合女性公共参与的特点，建构当代中国女性社会公德的主要内容。

（1）温文尔雅，宽容礼让

这是文明礼貌的一般公德要求在当代中国女性身上的特殊体现。文明礼貌就是注重个人形象，讲求必要礼仪，它是行为文明在人际交往中的外化。行为文明集中反映着公民的文明教养程度，它在社会公德中居于基础地位。传统社会对女性的角色定位往往是家庭内的贤妻良母，对女性的母仪、女德及日常言行举止等提出了具体详尽的礼仪要求，如《女论语·立身篇》要求妇女仪容仪态做到"十莫"，即"行莫回头，语莫掀唇，坐莫动膝，立莫摇裙，喜莫大笑，怒莫高声，内外各处，男女异群，莫窥外壁，莫出外庭，男非眷属，莫与通名，女非善淑，莫与相亲，立身端正，方可为人"。当代社会，广大女性不再局限于家庭角色，广泛参与社会生活，应在扬弃传统女德礼仪要求的基础上，遵守现代文明，努力做到温文尔雅，宽容礼让。所谓温文尔雅，即态度温和，形象端庄，言行文明，举止典雅。这是对女性在公共生活中的个人形象、言行举止方面应达到的基本文明要求。所谓宽容礼让，即心胸宽广、大度容人，礼貌待人、谦敬忍让。这是中华民族优良的道德传统，也是当代女性在社会人际交往中与人和谐相处应达到的礼貌、理性要求。海纳百川，有容乃大。女性在与他人交往中，要严于律己、虚以处己、宽以待人、礼遇他人、求同存异、相互包容，对非原则性问题不斤斤计较，特别在面对矛盾和利益冲突时，应该在不违背公理、正义的前提下，关注对方的感受，少为自己打算，发扬风格、对利益主动谦让，从而达到平息人际矛盾、缓解人际关系紧张，实现人际和睦与团结。

（2）仁爱关怀，亲善乐助

中国传统道德推崇"仁爱"原则，主张"仁者爱人"、"仁者自爱"、"兼相爱，交相利"，强调要"亲亲而仁民，仁民而爱物"（《孟子·尽心上》），亲仁善良、推己及人、关心他人，倡导团结互助、扶贫济困、助人为乐、雪中送炭、与人为善。这些道德要求在当今社会仍然具有积极的意义，具体到对当代中国女性的公德要求就是"仁爱关怀，亲善乐助"。"仁爱关怀，亲善乐助"闪耀着母性的光辉，核心是舍己为人、处处为他人着想，展示出女性在关爱他人方面所具有的特殊优势和达到的自主文明水平，特别是女性能在社会公共生活中成为发扬社会主义人道主义精神的楷模。"仁爱关怀，亲善乐助"有如下几点要义：第一，女性充分尊重人权，对他人基本权利和人格给予关切。第二，女性与他人之间是互帮互助互乐互进的关系。第三，女性对遭受不幸和困难的本国或他国单位、组织或个人，给予道义上的同情、慰问、支持与物质上可能的援助等。女性在团结助人、关爱他人、热心公益方面往往表现得非常出色，因为在这些时候，最能体现出女性温柔贤淑善良的本性。

（3）热心公益，爱护公物

公益是公共利益事业的简称，这是为人民服务的一种通俗讲法，指有关社会公众的福祉和利益。公益活动是现代社会条件下的产物，是公民参与精神的表征。公益活动要生产出有利于提升公共安全、增加社会福利的公共产品。

在组织公益活动时，要遵循公德、符合公意，努力形成参与者多赢共益的良好氛围。因而，公益活动至少应包含公民、公共、公德、公意和共益等五个要素。① 女性热心公益包括积极发挥自身性别优势，积极参与政治经济文化事务、关注社会问题、致力社会发展、参与公益活动、奉献社会等。爱护公物就是女性以主人的态度善待社会公共财物，对社会的共同劳动成果予以保护。在践行"八荣八耻"、弘扬社会主义核心价值观的今天，爱护公物还要求全社会的女性树立节约意识、建设节约文化、倡导节约文明、培育节约光荣的社会风尚。

（4）敬畏法律，恪守规则

在社会公共生活领域中，人员构成复杂、素质参差不齐，正常的生活秩序可能受到影响甚至破坏，这就需要用纪律、规则和法律来维护公共生活的正常秩序。法律是由国家制定或认可并以国家强制力保证实施的规范体系，在社会生活中具有权威和尊严，包括女性在内的每个中国公民都有

---

① 钟一彪：《大学生公益活动实务》，中山大学出版社 2013 年版，第 13—14 页。

义务和责任敬畏法律，树立法律信仰，维护社会主义法律权威。女性一般能循规蹈矩，但是很多女性往往法律意识淡薄、不懂法，遇到侵害不能勇敢维权。这就要求女性要增强法治意识，学法、知法、用法，遵守法规、法令和各项行政规章，敢于同违法犯罪行为作斗争。规则一般指由群众共同制定、公认或由代表人统一制定并通过的，由群体里的所有成员一起遵守的条例和章程。规则具有普遍性，它需要得到每个社会公民承认和遵守而存在。规则是多种多样的，规则使我们的社会生活更有条理，每个人都离不开规则。同时，规则具有制约性。人的行为不是一种完全的无拘无束的行为，而是在一定的范围内得到许可的可行行为。许可涵盖自然界、社会、他人的许可，这就是规则的制约性表现。制约性中包含着个体切身的利害关系，制约性是普遍存在且不可消除的。因此，当代中国女性在社会生活中必须具有规则意识，恪守市民守则、乡规民约、厂规校纪和有关制度等各种行为规则。

（5）热爱自然，保护环境

女人天生爱美，而且充满爱心。女性对卫生的讲究、对自然的热爱和对环境的爱护更多地依存于女性的情感体验和道德直觉，符合关怀伦理学的旨趣。保护生态环境，打造卫生健康、美丽宜居的生活空间，建设好两型社会，关乎最广大人民的根本利益和中华民族发展的长远利益，特别对女性繁衍后代有着特殊的意义。女性必须充分认识保护生态环境的重要性、艰巨性、长期性，坚持保护环境的基本国策，保护植被、森林和濒危动物，逐步改善生态环境，为经济社会带给女性的可持续发展创造良好条件。女性应增强保护生态环境的自觉意识，倡导生态文明，成为保护生态环境的最美天使。

三 当代中国女性社会公德建设的主要路径

当代中国女性社会公德建设是一项关系国家、民族未来和人民福祉的庞大而繁复的立体工程，需要国家、社会、学校、家庭以及女性自身多方努力，共同建设。

1. 国家应该重视制度建设，为女性社会公德建设提供保障

在社会公德规范不够健全、社会公德水平较低的情况下，推行社会公德的制度化与法律化，通过约束和引导，可以促使人们能更自觉地遵守社

会公德。西方社会公德水平较高的国家在制度建设上颇有成功经验，如美国专门的"道德立法委员会"，制定"道德法"规范人们的社会行为。美国法律早已把某些人"不救助危难"、"不报告危难"的行为定为轻罪。法国、瑞士、波兰、挪威的法律都规定，不为他人伸张正义者，均要被处监禁或罚金。新加坡人的言谈举止、衣食住行皆有章可循、有法可依。到过中国香港的人都知道，在公共场合吸烟或者吃东西，都将面临罚款。

当代中国女性社会公德建设的制度系统可从如下几个方面考虑：一是建立自律性的制度。各级妇联、妇幼保健院、承担女性社会服务或管理功能的商业机构与政府相关部门、女子学校，根据女性发展特点制定相关制度并认真执行，以提高行业女性和全社会女性的公德水平。二是建立他律性的制度。国家与政府部门应制定与女性公德相关的法律法规，采取强制的手段予以规范。三是建立监督性的制度，形成一系列以公共媒体为主体的女性社会公德监督及批评制度，让违背公德的行为无处遁形。四是建立激励性的制度，也就是奖惩制度。奖惩制度既有物质的也有精神的，主要起到榜样感召和示范作用。如有些地方建立"见义勇为"基金制度，有些行业或单位树立"道德标兵"、评选"感动中国人物"等。

2. 社会应该营造和谐文明的公共生活环境，树立性别平等意识，尊重关爱女性

社会公德环境是指制约社会公德发展变迁和道德活动的基础、氛围和内外部条件，它是社会公德赖以生存发展的土壤。女性社会公德的环境建设可以从四个方面入手。一是优化经济环境，大力发展社会生产力，完善社会主义市场经济体制，为女性社会公德建设提供坚实的物质基础。女性社会公德水平的提高与女性经济地位、女性的生存状况、女性的物质满足有关。因为物质生产力水平低下和物质生活水平落后，女性文明程度就会很低，女性社会公德水平就很难提高。当然物质水平提高了并不代表就具有较高的公德水平，相反那些炫富女、傍大款的女性往往骄奢淫逸、不可一世，挑战社会公德底线。这些情况的出现正是由于社会转型期市场经济体制不完善带来的，归根结底还是经济的影响。所以整顿和优化经济环境，必能给女性社会公德建设提供坚实的土壤。二是优化政治环境，夯实公正有序的社会结构。政治环境的公平正义与否、社会结构的科学合理与否，都影响着人们对该社会所提倡的道德原则、规范、要求和价值目标的

认同和接受程度。一个公平正义、充满关爱的和谐社会总是能给生活在其中的女性提供源源不断的正能量，而一个充满金钱与铜臭、腐败与潜规则的社会就会腐蚀女性的身心，给社会公德建设带来的只是负效应。因此，优化公德建设的政治环境，就要营造公民社会、打击腐败、大力发扬民主政治，坚持依法治国和以德治国并举。三是优化文化环境，倡导良好的社会风气。积极发挥舆论的导向作用，弘扬社会正气。发展社会主义先进文化，特别是发展社会主义女性文化，牢固树立性别平等意识，切实尊重和关爱女性。严厉打击家庭暴力、拐卖妇女、黄赌毒等一切侵害女性权益和身心健康的违法犯罪活动。四是优化生态环境，建设美丽家园。优美的自然环境和宜居空间往往能刺激女性的感官愉悦，给女性带来美的享受，激发女性爱的活力，促使女性更懂得珍惜和呵护。优美的生态环境就是一剂催化剂，能净化女性的灵魂、陶冶女性的情操，潜移默化地引领女性步入公德建设的良性轨道。

3. 社会、学校和家庭要运用关怀德育模式培育女性公德

诺丁斯以关怀为核心的道德教育理论及模式有许多独特之处，它改变了人们对道德发展和道德教育的认识，给学校德育工作注入了新的活力。关怀德育模式强调教师（关怀者）的示范性，重视学生（被关怀者）的感受性，注重道德教育的情感性，突出道德教育的实践性。当前，社会、学校和家庭运用关怀德育模式培育女性公德需要重点解决三个问题。一是让女性学会关心，改变"事不关己、高高挂起"、"不要和陌生人说话"的道德窘境。虽然很多女性都具有关心体贴、仁慈博爱的美德，但是关心他人的品格并不是天生的，必须把学会关心作为女性社会公德建设的重要主题。诺丁斯说："我认为，教育最好围绕关心来组织：关心自己，关心身边最亲近的人，关心与自己有各种关系的人，关心与自己没有关系的人，关心动物、植物和自然环境，关心人类制造出来的物品，以及关心知识和学问。在这些关心领域，我们会发现许多主题可以作为我们课堂教学、专题讨论、研究项目、阅读参考及对话的基础。"[1] 如果让女性学会关心、养成公民意识，让关爱成为最好的润滑剂，那么，女性在关爱的氛围下，

---

① ［美］内尔·诺丁斯：《学会关心——教育的另一种模式》，于天龙译，教育科学出版社2003年版，第3页。

一切都会变得自觉，女性社会公德建设自然顺理成章。二是必须把情感因素置于女性社会公德教育的中心地位，使情感激发成为加强女性社会公德教育的有效动力。诺丁斯从特有的女性视角对道德情感给予了更多的关注，她特别重视道德情感，强调情感对动机的发动作用。在诺丁斯看来，道德原则并不足以产生道德动机，自然关怀来源于爱的情感。① 因此，在进行女性社会公德建设时，必须要充分考虑女性的情感反应，从女性重感性轻理性的特点出发，使女性成为关怀教育的主体、让施教者充满关怀的教育激情。三是突出道德教育的实践性。实践部分是关怀德育模式的重点。关怀德育模式帮学生设计了许多丰富多彩的活动。如建议家长帮助孩子饲养动物以养成孩子的责任感；让学生跟学校的管理员一块儿工作；让学生到医院、公园、饲养地等处参加服务活动。通过活动锻炼学生与人、与动物交往的能力，培养他们的关怀意识和行为习惯。这就要求我们，在女性社会公德建设中，应多开展丰富多彩的德育实践活动。譬如创建文明城市、文明村镇、文明行业活动，各级党政机关开展的争先创优以及群众路线实践教育活动，社会各界组织的"希望工程"、"春蕾计划"等公益活动，都以"讲文明树新风"为主题，对女性社会公德建设有着深刻的影响。女性社会公德实践活动源于基层、扎根群众。要因势利导，发挥基层组织和群众团体的骨干作用、广大群众的主体作用，坚持从具体事情做起、从女性最关心的事情抓起，使女性道德实践活动与女性各项工作紧密结合。

4. 女性应自尊自爱，加强个人修养，培养关怀德行和公共精神

因为社会公德具有明显的非强制性，它并不是借助于武力强迫人们去遵守，而是要求人们做到主动为自己立法并自觉遵守。只有在微观上提高每个女性的社会公德素质水平，才可能在宏观上改善整个社会的社会公德面貌。个体道德和社会道德密不可分，构成个体道德的本质内容是社会道德，而个体道德是社会道德在个体身上的内化和个性化。对女性来说，自尊是确立现代女性个体道德的基础。"没有自我尊重，就没有道德的纯洁

---

① 何艺、檀传宝：《诺丁斯的关怀伦理学与关怀教育思想》，《伦理学研究》2004 年第1 期。

性和丰富的个体精神。"① 自尊必然包含着自爱。自尊自爱是女性自我对自己的生命、人格和价值的尊重及对自己能力和成就的恰当评价。女性只有尊重爱护自己，才会被别人所尊重爱护，也才知道如何尊重爱护别人。

道德修养是社会公德养成内部机制的核心，即古人所强调的"修身为本"。培养社会公德并逐步完善人格最基本的途径是道德修养，它有利于女性在履行社会公德过程中提升道德境界。道德境界可以分层推进，从初始境界到完善境界，其间是漫长的中间境界。较高的道德境界是女性通过自我改造、自我陶冶、自我锻炼和自我培养形成的，是在实践活动中养成的，离开在实践中的反省、自察谈修养，就会流于形式。培养女性关怀德行和公共精神，则需要树立全社会女性的公民意识，加强女性的社会公德教育和公德行为的养成，让公共精神之花在充满关爱的实践土壤里盛开。

第二节　当代中国女性的职业美德

当代中国女性正在逐步通过社会参与来实现自我价值、实现社会关系普遍而全面的发展，为"自由而全面发展的人"的实现奠定基础。就实质而言，女性的社会参与是人的发展的本质要求。随着中国经济社会的快速发展和女性社会参与的多元化，女性的职业生活有了明显进步，但也凸显了一些职业伦理道德问题。究其原因，主要是国家保障机制不全、企业伦理责任缺失、社会性别观念落后、双重角色冲突严重和自我道德修养不够。因此，当代中国女性的职业美德建设，就要提高女性自身的职业美德修养、强化女性职业美德建设的社会伦理支持、构建现代女德培育的职业场域。

一　女性的社会参与是人的发展的本质要求

当代中国社会转型时期，随处可见女性在社会经济、政治和文化舞台上活跃的身影，女性日益广泛的社会参与已成为我国经济社会发展的重要力量。世界经济论坛发布的《2010 年全球性别差距报告》中显示：截至2010 年，中国的女性就业率为 74%，远远高于世界 53% 的平均水平。女性在社会活动中从事多种多样的职业，扮演着越来越重要的职业角色。人

---

① ［苏］苏霍姆林斯基：《教育的艺术》，肖勇译，湖南教育出版社 1983 年版，第 28 页。

们的角色意识态度也证实了这一点，我们的调查数据显示：认为女性在职业领域所扮演的角色"极为重要"的占 35.6%，"比较重要"的占53.0%，两项合计达到 88.6%。女性的社会参与，具有十分重要的意义。参加社会生产劳动既让广大女性取得了经济上的独立，有了社会性别意识的觉醒，进而为妇女解放不断开辟新的道路；也使女性"建立了与外部世界的广泛联系，使她们在社会交往中按照美的规律重塑和完善自我"①。

马克思主义人学基本观点认为：人是劳动存在物、人是社会存在物、人是有意识的存在物、人具有个性。所以，人的发展包括劳动能力的发展、社会关系的发展、精神的提升、个性的丰富。② 其中，社会关系的发展构成人的发展的核心内容。人的社会关系的发展是一个历史和逻辑相统一的过程，第一阶段是以"人的依赖关系为基础"的人的狭窄贫乏的社会交往阶段；第二阶段是"以物的依赖性为基础"的人的普遍全面交往关系的形成阶段；第三阶段是以"自由个性"为基础的全面丰富自由的社会交往阶段。从这个意义上说，人的发展是人的社会交往普遍性的发展和人对社会关系控制程度的发展。

人的本质是一切社会关系的总和。人的本质在于它的社会性，人没有独立于社会属性之外的自然属性。人总是以特定的性别身份存在于人类社会中，两性关系是人类社会最基本的社会关系和伦理关系，本质上是社会性别关系。女性的一切能力、特点都是从她的活生生的、有声有色的、外在的社会实践活动中表现出来的，离开社会参与及其社会关系的普遍而全面的发展，女性将失去独立的人格。女性只有广泛地参与社会交往才能真正地实现自身作为人的本质，生成独立的道德人格，从而为实现"自由而全面发展的人"奠定基础。

因此，社会参与是当代女性在现有客观经济条件下的生存方式，是女性的"社会人"属性不断生成和持续发展的表征，女性的社会参与是人的发展的本质要求。

---

① "有中国特色社会主义妇女基本理论"课题组：《改革开放以来妇女解放基本理论观点综述》，《妇女研究论丛》2002 年第 5 期。

② 杨凤：《当代中国女性发展研究》，中山大学博士论文，2006 年，第 2 页。

二 当代中国女性职业生活中存在的道德问题

随着中国经济社会的快速发展，当代女性的职业生活有了明显进步，具体表现为：部分女性就业层次有所提高，职业发展空间有所拓展；就业观念发生转变，创业女性群体开始出现；女性职业结构趋于合理，职业流动性不断增强等。但与此同时，两性就业分化正在扩大，女性失业问题严重，且女性就业低层次、低水平、兼职性和非正规性等问题仍不容忽视，女性职业道德失范现象仍较为突出。

1. 当代中国女性职业道德问题

当前，女性职业道德总体状况良好。她们普遍拥护党的路线、方针、政策；热爱职业，解放思想，勇于进取；推崇自由民主、公正平等、诚实守信的道德规范。当代女性对社会主义道德和中华传统美德有着较高认同，但也受到西方功利主义、拜金主义价值观带来的消极影响，形成了职业道德意识和行为上的一些突出问题。

第一，职业女性主体意识相对较弱。传统的依附性至今没有改变，从对家庭的依赖到对社会、对国家的依赖，女性主体意识不强严重影响了女性的道德人格塑造。笔者的调查数据显示：人们从思想上已认识到女性取得职业成就的主要原因是，自己努力上进（占 76.5%）和自身有职业追求和抱负（占 21.3%），但在自身行为上，不少女性仍缺乏独立谋生、奋发有为、努力获取成功和财富的意识与行动。"这些女性的主体意识并不是被动地被社会或男性剥夺，而是被自身的物质欲望所侵蚀。[①]"事实上，女性的自我贬低、依赖服从的道德心理是对女性自身权利的放弃。职业分工和性别分层中的两性不平等现象，有性别歧视的原因，但也不排除女性自我价值定位不当，进取意识不强、放弃自身权利的因素。这种普遍存在的自卑感和依赖性，极大地限制了当代女性社会实践的发展、制约了当代女性主体意识的充分提升和女性自由全面发展的充分实现。以平等独立的社会成员立足于世、以自身的主体性来实现自己的价值，仍是女性在职业生活中首先要解决的问题。

---

① 李桂梅、陈俐：《试论五四时期中国女性道德观念嬗变及其启示》，《伦理学研究》2013年第 6 期。

第二，职业女性集体意识和团队精神相对淡薄。随着现代社会分工的发展和专业化程度的增强，职业生活对从业人员的竞争意识和团队精神的要求越来越高。根据我们的调查，50.7%的人认为当代中国女性"只做分内事不管其他"的状况有待改进。因此，当代女性需进一步扩展职业生活中的互惠合作关系，尤其是女性群体内部的团结、互助、信任与合作。只有中国女性集体意识的觉醒，才会有觉醒了的女性积极参与社会、实现自我发展、并促进女性群体共同发展的自觉行动；才会在与国家社会"断奶"的阵痛中，学会从女性自身汲取力量、探求女性群体发展的出路。

第三，职业女性道德认知与行为不相统一。这一点在诚信问题上表现得十分突出，根据江苏省 2008 年妇女思想道德状况问卷调查结果，虽然58.7%的被调查女性认为"大多数人还是讲究诚信"，26.5%的女性认为"别人诚信与否我不管，但是我要讲诚信"，仅有 10.0%的人认为"现在人们普遍不讲诚信"，但其中也有 38.0%的女性选择在工作中"根据自己的需要，会夸大或弄虚作假"，甚至有 14.0%的女性选择"一贯夸大或弄虚作假"。[①]

第四，女性职务犯罪呈现上升趋势。有一些掌握一定公共权力的女性领导干部和管理人员，在金钱刺激和物质欲望的驱使下，利用职务之便谋取私利，进行权权交易、权钱交易，冲破了道德底线，触犯了国家法律。据调查，2010—2012 年，广东省东莞市第二人民法院共审理职务侵占案件 114 宗，其中女性职务侵占案件 20 宗，涉案 22 人，所占比例近两成。2005—2012 年，北京市海淀区检察院反贪局共立案侦查女性职务犯罪案件 66 人，占该区立案总人数 317 人的 20.82%，涉案金额从 1 万元至4700 万元不等。[②]

2. 当代中国女性职业道德问题的成因分析

第一，国家保障机制不全。参政是社会参与的核心内容，但目前我国女性参政的职业化发展状况仍不容乐观。无论是参政女性的绝对比例还是

---

① 沈美华、施健、朱安平：《女性道德教育需因时而变不断出新》，《中国妇女报》2008 年1 月 15 日。

② 高斌、汪蕾、曹瑜、王波峰、姚光银：《女性职务犯罪逐年上升　情感虚荣让"女神"变成"女贪"》，《正义网—检察日报》2013 年 5 月 14 日，http：//news.jcrb.com/jxsw/201305/t20130514_ 1110508. html。

相对比例，也无论参政女性在女性就业人数中的比例还是与男性参政比例相比，都明显过低。现行政策和制度仍有性别不平等性质的内容，缺乏针对女性的有效的法律救济机制和援助手段。比如在社会就业的促进政策中，虽然明确了消除性别歧视的就业政策，但对女性因生理造成的就业弱势没有足够的保护政策，"特别是女性遭受就业歧视后不能得到及时有效的法律援助，致使一些女性不得不选择娱乐、酒店、美容等较高性风险行业甚至成为专门性工作者。①"

第二，企业伦理责任缺失。企业在片面追求经济利益最大化的动机驱动下，往往对女职工的劳动安全保护问题熟视无睹。一些早已存在的问题，至今未能得到根本解决。如在一些私营、三资企业，工作条件恶劣、劳动安全保护差、超时超量劳动；无视女性的特殊生理需求，安排女性在有噪声、粉尘、有害气体、有毒物质和有辐射等不良环境和条件下作业；缩短女职工的产假周期、停发工资或降低工资等。② 女性在职业领域仍受到就业机会歧视、职业性别隔离等职业歧视。第三期中国妇女社会地位调查显示，在就业方面遭遇过性别歧视的女性占 10.0%，在求职中遭遇过不平等对待的女大学生占 24.7%，高层女性人才所在单位存在优先招用男性或只招男性情形的占 20.6%，存在男性晋升比女性快情形的占 30.8%，存在男性在技术要求高、有发展前途的岗位比女性多的情形的占 47.0%。③ 据我们调查，最近三年在生活中有 56.9% 遇到过 "只招男性或同等条件下优先招男性"，58.8% 遇到过 "同等条件下男性晋升比女性快"，62.4% 遇到过 "在技术要求高/有发展前途的岗位上男性比女性多"，74.5% 遇到过 "同职级女性比男性退休早"，27.5% 遇到过 "重要部门或业务由女性主管" 的情况。女性就业难、就业层次低、工资报酬低、晋升机会少、退休年龄早等问题，标志着女性在当代市场经济条件下仍遭遇较为严重的性别歧视和性别隔离。

第三，社会性别观念落后。当前，传统性别观念和态度有所回潮，各

①　付红梅：《当代中国女性性道德失范的性别文化归因与伦理重建》，《伦理学研究》2014年第 2 期。

②　邱仁宗：《女性主义哲学与公共政策》，中国社会科学出版社 2004 年版，第 201 页。

③　第三期中国妇女社会地位调查课题组：《第三期中国妇女社会地位调查主要数据报告》，《妇女研究论丛》2011 年第 6 期。

式各样的妇女回家论调、社会性别价值评价失衡等社会性别文化观念问题，直接限制了职业女性在工作和事业上的自由全面发展。据第三期中国妇女社会地位调查，对男人应以社会为主、女人应以家庭为主的传统性别角色分工模式表示认同的男性占 61.6%，比 2000 年提高了 7.7%；女性占 54.8%，提高了 4.4%；而对"干得好不如嫁得好"的说法表示认同、支持的女性比男性高 7.3%。[①] 因此，需要进一步营造有利于女性参与社会劳动的社会舆论氛围。国家和社会必须高度重视女性职业生活的制度和环境建设，发挥女性促进经济建设、推动精神文明进步的积极作用。

第四，双重角色冲突严重。中国当代职业女性既要扮演好各种直接创造社会财富的社会角色（或工作角色），又要扮演好照顾家庭、生育和养育孩子、承担家务劳动的家庭角色（妻子角色、母亲角色等）。广大职业女性普遍面临双重角色冲突，艰难地在事业和家庭之间寻求平衡。其消极影响表现为：使职业女性疲于奔命、过度透支体力和精力、承担巨大的心理压力，从而有损于女性的身心健康；使她们无暇进行专业学习、人际交往和信息交流，从而制约着女性整体素质的提升；使她们因工作而不能很好地操持家务、抚育子女、照顾老人，容易引起家庭矛盾，甚至招致社会舆论的指责；使她们重视家庭"主人"角色，放松社会角色中的"主人翁"意识培养，降低社会领域的职业表现，从而不利于女性的社会地位的提升，不利于两性的协调发展、不利于和谐社会的建立。

第五，自我道德修养不够。一些女性没能深刻认识到职业美德修养与自身职业发展和职业成就的高度关联性，反将职业美德看作自己赢得社会声望、现实利益的障碍，一些女性自身职业道德修养自觉性减弱、缺乏以较高道德标准严格要求自己的自主意识。有的人认为遵循职业道德规范会影响自己获取社会声望和追求物质利益，缺乏对道德自律精神的内心认同；有的人过分强调社会环境的外在原因，缺乏从自身出发的道德内省和自我批评；有的人盲目附和一些非道德主义的观念和行为，缺乏正确的理想信念和价值观指引人生；有的人虽然具有一定的道德知识和道德判断能力，但是缺乏将之贯彻到自身行为实践的道德情感、意志和信念。这些都

---

① 第三期中国妇女社会地位调查课题组：《第三期中国妇女社会地位调查主要数据报告》，《妇女研究论丛》2011 年第 6 期。

将导致她们忽视自身的职业道德修养，导致道德素质的下降和道德行为的失范。中国当代女性职业道德的优化提升，要建立法律和制度的他律机制，要重视职业道德教育，但归根结底要落实到加强女性的自我道德教育，提高女性的道德自律意识，培养女性的道德责任感和义务感。

三　当代中国女性的职业美德要求与建设路径

职业道德是人们在职业劳动过程中处理自身与服务对象、同事、所在单位、行业及其他职业集团的关系时应当遵循的道德原则和道德规范的总和。它对人们的具体的职业道德关系，职业道德认知、情感、意志和行为，乃至整体人格均有着重要影响。

1. 当代中国女性职业道德的基本要求

《公民道德建设实施纲要（2001）》明确提出公民的职业道德要求是爱岗敬业，诚实守信，办事公道，服务群众，奉献社会。这是包括女性在内的所有从业人员在职业活动中应该遵循的行为准则和基本规范。广大职业女性应结合女性自身实际，培养和践行相应的职业美德，塑造"四自"道德人格。

第一，敬业爱岗，尽职履责。敬业爱岗是人们以高度的责任感和使命感对自己所从事职业的积极投入和执着追求的精神境界，是一定社会文化精神在职业道德领域里的集中反映。它的核心内涵应包括对职业价值与意义的高度认同、热爱职业的情感态度、积极主动的意志品质、勤业精业的行为意向。在古人那里，敬业是"执事敬"、"事思敬"、"专心致志以事其业"的敬德；在现代社会，敬业爱岗是人们在对职业的价值、意义与使命有高度认知基础上形成的一种对职业的崇敬、忠诚、热爱、专心、积极主动、开拓创新、锲而不舍、精益求精的精神状态。尽职履责就是人们在工作中集中精力、兢兢业业，以认真负责的工作态度，忠实、热忱、全力以赴地履行岗位职责。它是敬业爱岗精神的外在行为表现。我们的调查数据显示，认为当代中国女性在职业领域方面最需改进的是，工作敷衍、得过且过（占调查对象总数的61%）。这种职业态度直接影响到女性的职业发展和职业成就。因此，对于职业流动性较大的女性来说，要建立和发展职业自尊心、认同感和责任感，不应当将职业仅仅理解为谋生手段；对于双重角色冲突较严重的女性来说，要注意爱岗与爱家的统一，通过家务劳动社会化、获取家庭内部支持等方法手段，增强职业生活的身心投入，尽职尽责地履行工作职责。

第二，诚实守信，公道正派。诚实守信作为个体道德，是中华优秀传统伦理文化积极倡导的立身之本，儒家伦理中的"诚"是所有道德规范的根本所在。诚实守信作为商业道德，要求做到遵守合同契约、货真价实、买卖公平、童叟无欺。诚实守信作为一般职业道德，要求个人在职业活动中诚实劳动，以质取胜、以信立本，合理合法地获取报酬。在诚信问题上，女性应进一步克服从众心理和攀比心理，树立坚定的道德信念，形成坚强的道德意志，培养热忱的道德情感，勇于将诚信品质贯彻到职业生活中的实际行动中。

公道正派是中华优秀传统文化所推崇的处事之道和官员道德，也是现代社会人们普遍要求的为官哲学和人生哲学。所谓"公道"，就是公平、客观、合理；所谓"正派"，就是作风、品行要规矩、光明、严谨。即在工作中要坚持公平正义和法律规则、原则，不以自己的主观意志、主观倾向办事。要公私分明、光明正大、严谨自律、廉洁无私、反腐倡廉，不假公济私、不计个人得失、不畏各种权势。特别是女性党政机关领导干部、政府公务员、企事业单位管理人员的职务行为更应在公平正义理念、规则严明意识、清正廉洁作风等方面做到公道正派。

第三，服务群众，热情优质。服务群众，对于领导干部和公务员来讲，就是要树立公仆思想和正确的群众观，通过为群众做好事、做实事、谋实利，实现为人民服务的根本宗旨。服务群众，对于其他服务性行业的女性从业者来讲，就是要从思想上意识到自身的职业活动既是赚钱改善自己生活的谋生手段，也是为他人服务、为群众服务、为人民服务的便民之举；从行动上待人真诚友善，文明礼貌，通过热情、细致、高效、优质的服务工作，真正贯彻"顾客是上帝""消费者是上帝"的行业要求。女性应以良好的素质和热情优质的服务，展现个人形象和组织形象，赢得广大群众的欢迎和赞誉。为此，女性在服务岗位上应做到尊重群众、微笑服务、细致周到，将发自内心的诚恳和热情溢于言表；要注意个人的仪表形象，服饰打扮要整洁大方、服务用语要规范礼貌、举止行为要优雅得体，让自己的一言一行都符合现代服务礼仪要求；要创新工作方法、提高工作效率、优化服务质量，来赢得服务对象的信赖和肯定。

第四，团结同事，关怀合作。团结同事是一种工作上的要求，也是做好本职工作的基本保证。团结同事要建立在心平气和、和而不同、与人为善的基础之上，但绝非不讲原则的一团和气，同样也要建立在讲求原则、明辨是非、坚持真理、反对错误、协调发展、整体进步、共同成长的基础上。其中，同事间在交往过程中建立一种关怀型的平等对话关系是十分重要的。每一个女性职业人要将自己看作是与他人权利平等的利益主体，以现代平等意识对待自己和对方，既要争取获得他人尊重、享受同等对待和文明环境的权利，也要尊重他人、关怀他人、自觉履行自己的职责和义务。同事之间的关怀，就是在身心上对他人有所承认和承担，并通过自己的关怀行动来满足后者需求，赢得他人的积极回应，从而促进整个职业领域中互助合作秩序的扩展。同事间的合作是在共同的职业目标和职业要求下，将具有不同个性、特长、能力、经验的个体，凝聚成一个通力合作、取长补短、互济互成的集体的必然要求。构建关怀型同事交往关系，有利于女性自身道德素质的提高和完善，有利于团结、友善、和谐的工作环境的营造，有利于信任、互助与合作的社会合作秩序的形成。

第五，奉献社会，发展自我。奉献社会是社会主义职业美德的一种最高层次的要求，它表征的是个人在职业活动中要以对社会的贡献作为人生的最高价值和最高境界。其核心内容就是为了人民、为了社会、为了国家、为了民族的根本利益，勇于牺牲个人利益，做到大公无私、舍己利人。奉献是自古以来就受到提倡的崇高精神和品德，现代社会里高扬奉献精神以提升职业道德的品质和层次，尤为重要。因为只有在社会基础层面上以奉献社会来引领职业道德的精神方向，使人们在敬业爱岗、尽职履责，诚实守信、公道正派，团结同事、关怀合作的道德行为中更将乐于奉献作为自己高度自觉的职业道德追求，才可能真正创造一种德行伦理和德行社会。

发展自我是指个体在社会化过程中实现健康成长、自我完善和全面发展，同时以自我发展促进职业、社会和他人发展。女性要在社会参与中实现与社会的共同发展，首要的是谋求自我发展，就是要不断提高主体意识、提升职业能力、培育职业道德、塑造道德人格，努力实现"人的自由全面发展"。一是职业女性要发挥主体自觉能动性，主动追求和实现职业理想和人生价值。二是要克服依赖心理和自卑心理，强化竞争意识、进取意识和创新意识。三是要培养独立人格，提高自强意识，形成健康人格力量。四是要提高思想道德素质、科学文化素质、心理素质，不断发展职业能力和社会适应性。总之，职业女性只有注重自我悦纳、自我完善、自我超越，才能为自身赢得更为广阔的发展空间，推动社会发展、实现自我发展。

上述五个方面的女性职业道德基本规范，各有侧重、相互补充，共同形成一个相对稳定的规范体系。"敬业爱岗，尽职履责"主要着眼于职业女性与职业的关系；"诚实守信，公道正派"主要着眼于职业女性的个人利益与国家、集体、他人利益间的关系；"服务群众，热情优质"主要着眼于职业女性与服务对象的关系；"团结同事，关怀合作"主要着眼于职业女性与同事的关系；"奉献社会，发展自我"主要着眼于女性职业发展与社会发展价值的关系。它们共同构成女性在职业生活中的基本道德要求。具体到各行各业的职业道德规范的制定和实施，既要考虑到基本道德规范在该行业的普遍适用，强调、深化或扩展某种基本道德规范，也要根据该职业的特殊社会职责、特定人际关系，抽绎出带有特殊性的行业道德规范。

2. 当代中国女性职业道德建设的社会伦理支持

第一，国家体制机制保障。首先，国家要不断完善男女平等的法律政策，建立健全与女性职业发展密切相关的社会保障、劳动就业、土地分配和补偿等制度。逐步清理、废止涉及女性职业歧视与暴力的法规政策，修改有关退休年龄、生育保险、养老保险等社会政策，带动婚居制、财产继承制和性别分工制的变革。打击职场性骚扰、暴力侵害妇女等犯罪行为，增强妇女儿童法律援助服务。将妇女儿童发展从法律政策的角度引入社会发展计划及其实施过程，从而使女性发展与社会发展同步。进一步构建女性参与经济社会活动的支持体系，完善针对妇女而创办的中小企业的支持和服务，增强女性就业创业的公共政策支撑。其次，政府及其行政人员要加强行政道德建设，打造责任型政府，建设诚信政府，抗拒权力腐败，提高政府公信力，促进社会公平正义，保证人民赋予的权力始终用来为人民谋求福利，营造有利于女性职业发展和职业道德建设的良好政治环境。最后，妇女组织要加强女性"四自"精神的宣传教育和女性维权法律援助工作。

　　第二，企业履行社会责任。企业作为社会成员之一，理应承担起消除性别偏见与歧视，保障妇女合法权益、促进性别公正与和谐的社会责任。企业在经营管理活动中，应贯彻《劳动法》，禁止就业歧视，保障职业女性的就业平等权；禁止就业待遇歧视，保障职业女性的同工同酬权利；禁止就业服务和就业安全歧视，保障职业女性享有职业培训、签订劳动合同和参加社会保险的权利；贯彻"妇女权益保障法"精神，确保妇女在职业晋升中享有平等的权利。① 企业应依法制定规章制度，对管理干部和职工进行性别平等、防止性骚扰方面的职业道德教育和培训，为女职工创建良好的工作氛围。企业应消除劳动安全隐患，落实女职工的"四期"保护，加强女职工的劳动安全保障，维护女职工的合法权益，提升企业的社会责任感和社会形象。

　　第三，先进性别文化建设。先进性别文化主张社会要同等对待男女两性的人格和尊严，保障两性参与社会与家庭生活的权利和机会平等，提倡男女两性平等相待、和谐相处、良性互动、共同发展。② 先进性别文化建设，要加强性别教育，促进女性在积极、主动的社会参与中赋权。多方开展社会性别意识培训，培育女职工的"四自"精神和主体意识，提高其社会性别意识觉醒水平。大众传媒要提高媒体公信力，宣扬先进性别文化，传播社会正能量。在全社会提倡男女平等、尊重差异、两性和谐的社会性别意识，尊重女性的人格、尊严和发展权利，在价值上不再以高低尊卑来定位两性劳动价值，在伦理上逐步消除一切建立在不合理的性别分工基础上的社会性别规范和制度。构建先进社会性别文化，需要全社会的力量来共同完成。

　　3. 当代中国女性职业道德建设的若干策略措施

　　第一，加强职业美德与个体美德、家庭美德、社会公德的良性互动。职业道德，"并不是存在于做人之外的另一种道德，而是通过职业行为表现出的道德人格"。③ 做事主要是遵守职业道德，做人则是个体美德、家庭美德、社会公德的综合体现。公民道德的四个基本方面是相互渗透、相

---

① 王歌雅：《性别排挤与平等追求的博弈——以女性劳动权益保障与男性家庭责任意识为视角》，《北方法学》2011 年第 6 期。

② 谭琳：《论先进性别文化的构建》，《南开学报》（哲学社会科学版）2007 年第 2 期。

③ 赵莉：《师德、做人与职业道德》，《道德与文明》2001 年第 3 期。

互促进的关系。一个人的职业道德状况，与他（她）的基本品德是相一致的。当代女性职业道德培育要能收到良好效果，家庭、学校和社会必须通力协作，全面推进公民基本道德建设。

第二，创新女性职业道德教育。现代女性伦理学所揭示的女性道德及其发展的特殊性，也可以为中国女性职业道德建设提供某些借鉴和启示。从社会性别的角度出发，重视女性的道德体验、研究女性的道德发展、倾听女性的道德声音。普及和推广社会性别研究领域取得的先进成果，加强社会大环境对女性职业道德教育的正面影响力。加大法律建设力度，切实保障女性在就业过程中的利益，真正促进男女平等，巩固女性职业道德教育的成果。[①] 开展女性职业道德终身教育，在内容上，既应包括针对专门行业的具体的职业道德教育内容，也应培养女性就业的自信心，帮助女性建立正确、健康的就业创业观；在方法上，要克服目前职业道德教育方式过于单一、流于形式的弊端，需因时而变，推陈出新，努力提高女性职业道德教育的针对性和实效性。在家庭、学校和社会教育的全过程中，应鼓励女性自觉发掘自身潜力，积极参与社会竞争，建立完善职业道德终身教育的自我约束机制和自我激励机制。

第三，强化女性职业能力的自我提升和职业道德修养。在经济全球化、知识化、信息化的今天，女性应该根据性别特点和自身的教育背景、特长、素质、能力等特点，找准自己职业发展的方向。围绕自己的职业生涯规划，加快知识储备和转型，打造过硬的专业技术。培养自己的人际沟通能力、语言表达能力、心理承受能力、社会适应能力、实践创新能力，加强综合职业能力建设。培养自己的职业兴趣与事业心，完善婚前、育前的角色调适，缓解双重角色冲突。女性要按照职业道德规范要求，下足自我锻炼、自我改造、自我陶冶、自我教育的修身功夫，塑造自尊、自信、自立、自强的道德人格。

第三节　当代中国女性的家庭美德

家庭是社会生活的基本单位。家庭美德是调节家庭关系的道德原则和

[①] 奥多：《改革开放以来中国女性道德教育状况研究》，内蒙古科技大学硕士论文，2010年，第 33 页。

行为规范。男女两性都要充当家庭角色，遵守家庭美德，承担家庭角色伦理责任，这是个体自身发展和人类社会发展的必然要求。当代社会生活的丰富性和多元性决定了中国当代女性通常要同时扮演多种角色，面临家庭角色与社会角色、家庭内部角色之间的多重角色冲突。女性多重角色冲突和中国传统性别文化的影响导致一些女性家庭权益遭受性别排挤和侵犯。调节女性家庭角色冲突、维护女性家庭权益，既需要党和政府、妇女组织和工作单位加强社会先进性别文化和制度建设，创造男女平等自由发展的和谐社会环境，也需要女性自身加强家庭美德建设和自我全面发展，自觉调适角色、承担家庭角色责任，更需要男性强化性别平等意识，共担家庭责任、共建幸福和谐的美好家园。

一　当代中国女性的家庭角色冲突

社会中的每一个人都扮演着一定的个体角色，并按照相应角色要求去行动。个体角色是指人在社会上和家庭中的身份地位、享有的权利、应尽的义务和所起的作用。当代社会生活的丰富性和多元性决定了每一个体通常要同时扮演多种角色。当各角色之间或者角色内部发生矛盾和抵触从而妨碍个体履行角色责任时，就会产生角色冲突。当代中国女性普遍面临着多重角色冲突问题。

1. 女性家庭角色与社会角色的双重冲突

无论男性或女性，都具有家庭角色和社会角色双重属性，都不能脱离其中任何一种角色的扮演和履行。人们都期望自己及相关的人两种角色能达到和谐统一、相得益彰的理想境界。然而，当代社会，无论男女，其所负的家庭角色和社会角色都不可避免地存在着相互制约、相互矛盾甚至相互冲突的现象。比较而言，女性家庭角色和社会角色的冲突则具有多发性、普遍性。

历史地看，随着社会发展和家庭形态的历史变迁，女性家庭角色也在不断变化。在远古时代的母系社会，女性的社会角色与家庭角色是和谐统一的。进入文明时代父系社会以后，男女间形成了尊卑贵贱的位置、公私内外的分工及其相应的价值界定，女性的家庭角色和社会角色开始分化甚至分裂，女性逐渐丧失了社会角色而沦为家庭奴婢角色。近代以来，传统性别制度和婚姻家庭制度遭遇现代性的洗礼和冲击，女性社会角色意识开始觉醒并得到一定的社会支持。中华人民共和国成立以后，从根本上解放了主要扮演传统家庭角色的女性，女性从家庭走向了社会，社会角色和家庭角色基本上得到了重新统一。在当今中国社会，双职工家庭已成为主流。然而，事实上，女性社会和家庭双重角色的统一，并没有使女性的传统家庭角色完全消失，传统性别角色模式并未彻底改观，女性家庭角色与社会角色的本质的统一和实际的矛盾同时并存。女性双重角色的内在矛盾通过时间上、精力上和角色形象上的三个明显的冲突困惑着女性。据本课题组 2013 年抽样调查，66.1% 的人认为女性在家庭生活中扮演的角色极为重要，只有 35.6% 的人认为女性在职业领域所扮演的角色极为重要，58.8% 的女性感到事业与家庭都在争抢自己的时间和精力，二者很难兼顾好，常产生角色困惑。由此可见，当今中国女性普遍面临着双重角色的冲突问题，在冲突中艰难选择。

当代中国社会，女性的双重角色冲突，主要体现为家庭角色抑制社会角色。第一，生育子女的母亲角色抑制女性职业发展成就。我国在执行计划生育政策以后，减轻了已婚女性妊娠生育和一定家务劳动的负担，但在一定程度上抑制了其社会角色的扮演。对于女性来说，尽妊娠生育之天职和抚育婴幼子女之义务所付出的是事业发展初期七年到八年的黄金年华。职业女性由于抚育婴幼，不可能像男性那样全力投入事业，很难完全把握学习提高、进修深造、出访升迁等各种强化社会角色的机会，势必影响她们能力素质的提高和竞争力的增强，因而在晋升职务、业绩创造等职业发展方面的性别差异凸显出来。一些有抱负的女性，为了事业和前途而选择不生育或舍弃家庭，可当她们功成名就时，却要遭到家庭成员的埋怨甚至饱尝家庭角色缺失的孤独和隐痛。第二，助夫养家的妻子角色抑制女性社会作用的发挥。现代社会虽然倡导男女平等承担家庭和社会责任的同时追求自我发展，但男主女从、男外女内的传统思想仍然有一定影响，女性往往会强化其家庭角色，以主动或被动抑制社会角色的方法解决家庭角色和社会角色的冲突。据本课题组调查，50.1% 的人认为丈夫的发展比妻子的发展更重要。特别是在职业发展和职务升迁等事业发展关键时期夫妻两人不可兼得的情况下，往往是妻子牺牲自己的机会而保全丈夫，至少是退而求其次。这是职业女性长期抑制社会角色沉积效应的典型表现。第三，操持家务的管家角色抑制女性社会活动参与。虽然现代社会人们在广泛参与社会生活的同时越来越重视家庭幸福和谐，一般家庭都是由两性共同承担着家务劳动和家庭管理，但是实际上天平往往向女性倾斜。据本课题组调查，90.3%的人认为对于一个女人而言，人生最重要的事情是有一个幸福美满的家庭；在家务劳动的承担上，女性和男性的家务负担通常为2∶1；在家庭日常事务处理与开支的决定上，68.1%的家庭由妻子承担。据若干个案分析，操持家务牵扯了女性全部有效时间和精力的三分之一左右，超过男性一倍以上。这就使她们难以全身心投入工作或抽出应有的时间参与社会活动。

总之，在家庭与社会双重角色的矛盾冲突中，我国当代女性总的倾向仍偏向于家庭角色、而轻视或抑制社会角色的发展，一定程度上影响了妇女社会地位的提高。当然，女性的社会角色也在一定程度上影响或抑制了家庭角色和家庭幸福。有些女性甚至因为过于追求社会角色的成功而忽略或失职于家庭角色，导致家庭关系或家庭事务处理不当、家庭失和、婚姻不幸、子女不成才等。

2. 女性家庭角色内部的多重冲突

在家庭生命周期的不同阶段，人们往往集多种家庭角色于一身。对女性来说是妻子、母亲（婆婆）、女儿（儿媳），可能还承担祖母、孙女、姐妹及亲朋邻居等其他角色。日常生活中，女性常常承担着多重角色，难免发生各种矛盾和冲突。以下三个方面是当代中国女性较为普遍面临的主要家庭角色冲突。

第一，婚姻冲突。女性的婚姻冲突主要表现在作为妻子的角色与丈夫的生活、心理及生理矛盾和冲突上。生活冲突在婚姻生活中较为普遍而频繁，主要体现为夫妻在生活习惯、家务劳动、孩子教养、日常生活安排、家庭财务收支、亲属关系处理等共同家庭生活方面的分歧和矛盾。据全国妇联2009年抽样调查，1.8%的夫妻常有生活矛盾且较难正常交流，但能维系婚姻；1.0%的夫妻经常有冲突甚至家庭暴力，已打算离婚。[①] 心理冲突主要是夫妻因理想、志向、情趣、性格、价值观念的差异未能互补或角色期待过高而导致的心理负荷、落差与感情挫伤，在新婚期表现最突出，特别是婚前了解不够的闪婚或非自由恋爱婚姻。即使是婚前有足够了

———————

① 洪天慧：《中国和谐家庭建设报告》，社会科学文献出版社2011年版，第46页。

解并愿意接受对方与自己的异质，但婚后由于不能实现异质互补或不能相互宽容、谅解，夫妻间便会产生冷漠、排斥、伤害等心理或行为。生理冲突主要是夫妻间的性机能不平衡和性生活的不协调。据调查，只有64.5%的人对夫妻性生活满意或比较满意，对夫妻性生活"很不满意"的受访者中有63.9%感到婚姻"不幸福"。① 总之，在现实的婚姻生活中，受各种因素的影响，夫妻冲突日益增多和复杂，一些家庭夫妻关系出现疏远或紧张乃至家庭暴力时有发生，导致现代社会婚姻平均寿命的缩短和离婚率的上升。

第二，亲子冲突。女性的亲子冲突主要表现在作为母亲同子女、作为女儿同父母之间在思想观念、行为方式、生活态度、教养方法等方面的代际差异或矛盾。现代社会变迁迅速，两代人之间的文化差异和心理距离越来越大。作为母亲相对较传统、保守、严厉、谨慎、节俭、朴实，而作为子女则相对现代、开放、活泼、随意、追求时尚等。这些差异或矛盾处理不好或者教养方式不当就会上升为代际冲突，严重的甚至会导致家庭暴力、亲情断裂乃至性命伤害。

第三，婆媳冲突。婆媳冲突自古有之，只是内涵和表现形式有所差异。女性作为婆婆或媳妇的角色非常特殊。婆媳关系是因为一个男人（儿/夫）而产生的非直接血亲关系，缺乏亲情的自然基础，"内聚力"较弱，但是在家庭生活中交往又比较频繁，在家庭事务、生活方式、培育下一代、子爱与夫爱的争夺等方面容易引起家庭纠纷，且难以处理。传统社会婆媳关系主要是统治与被统治的关系，婆媳冲突以媳妇对婆婆的服从、忍耐来缓解。现代社会二者则更多是平等关系，婆媳都想唱主要角色，媳妇不再像传统社会那样言听计从，婆媳矛盾便不可避免。据本课题组调查，只有7.8%的人婆媳关系处理得非常好，24.6%的人婆媳关系不太好或很不好。

3. 当代中国女性家庭角色冲突的性别文化归因

造成女性家庭角色冲突的原因，从宏观上看，主要有历史（文化、教育）因素、社会（政治、经济）因素；从微观上看，主要有社区文化、家庭结构、夫妻感情和女性自身因素等。鉴于人们举手投足的角色行为往

---

① 洪天慧：《中国和谐家庭建设报告》，社会科学文献出版社2011年版，第57—58页。

往是受潜意识支配的深层文化的外在表现，这里主要从社会性别文化的视角，着重分析传统性别分工观念、传统家庭文化与生育文化观念、女性性别意识觉醒对女性家庭角色的影响。

第一，传统性别分工观念和制度对女性家庭角色的深远影响。在中国传统社会中，在公私、内外的二元划分中，"当公领域与男人、理性联系起来，私领域和女性、感性联系起来，并且赋予它们不同的价值的时候，等级就产生了，不平等就产生了"①。中国传统社会将这种等级与不平等进行强化，并通过官方力量将"男主外、女主内"的性别分工制度化。近代以来的法律制度和政策对此缺乏深刻的认识和彻底的清理，因此也就无从真正建立公正平等的现代性别秩序。现代社会，传统分工模式仍延续其原有的运行方式，特别是在就业岗位有限和就业压力较大时，甚至出现了"妇女回家论"②，将"男主外、女主内"作为男女两性社会分工、性别分工和家庭分工的常态，将女性角色刻板地定位为"家庭角色"，女性的主体性在家庭中受到了漠视。一些女性屈从"贤妻良母家庭角色"的要求，回归家庭全心扮演家庭角色或者在社会角色与家庭角色的冲突中心力交瘁。女性的性别利益逐渐在"贤妻良母"的赞美声浪中"牺牲"掉。

第二，传统家庭文化和生育文化观念对女性家庭角色的强化作用。在中国，以儒家思想为核心的中国家庭主义文化重视家族（庭）的延续，将家庭价值置于个人价值之上，强调"男尊女卑"的等级制、重男轻女的生育价值，在家庭角色身份上女性服从、依附于男性。③ 这些文化奠定了男女两性传统家庭角色的基本格局。特别是中国传统生育文化将生育责任和义务片面加之于女性，使得女性逐渐失去在社会和家庭领域中的地位。尽管自 20 世纪 80 年代以来，我国大部分地区普遍实行独生子女政策，减轻了女性生育的负担，但抚育婴幼儿阶段的子女仍主要是母亲的义务，传统生育观念对女性家庭角色的强化作用仍然存在。"女性的独立性

---

① 沈奕斐：《被建构的女性——当代社会性别理论》，上海人民出版社 2005 年版，第 204 页。
② 黄春晓：《城市女性社会空间研究》，东南大学出版社 2008 版，第 120 页。
③ 杜芳琴：《妇女研究的历史语境：父权制、现代性与性别关系》，《浙江学刊》2001 年第 1 期。

和妻性、母性的从属性就构成了人性内在的根本冲突。"① 这种角色冲突，表面上似乎是女性自身的事情，实质上是传统社会性别观念通过女性的多重角色矛盾对女性解放与发展的一种严峻挑战。

第三，我国当代女性觉醒的性别意识与传统观念博弈带来的选择困惑。我国当代女性自我主体意识和性别公正意识的确立是女性性别意识觉醒的首要标志，具体表现为女性对自我价值、自我独立性、两性平等和自主权利的肯定和争取。传统社会，女性被男权性别文化传统束缚在被动、接受、从属的位置上，基本缺失自主、独立的主体意识。"五四"时期，新文化运动催化了女性主体意识的觉醒；中华人民共和国成立后，女性在参与社会劳动和事务的过程中，逐渐增强了自我实现的主体意识；改革开放以后，女性自我主体意识进一步觉醒，性别公正意识和权利意识得以确立。在对传统性别伦理文化压抑女性情感和欲望、片面要求女性遵守妇德的反思中，一些女性意识到性别公正的缺失以及自我价值和自我选择权利的存在，使女性从单一、封闭的家庭角色和相夫教子、传宗接代的片面责任者处境中解脱出来。② 当代中国女性开始坚定地捍卫自己的婚姻家庭权益和社会工作权利，力求多种角色完美结合，实现女性人的价值与女人的价值和谐统一。然而现实生活又不可能达到如此完美的境界，女性的社会角色和家庭角色并没有真正得到与男性平等的公正对待，加上女性自身尚存的传统观念造成了角色冲突的心理压力。当一个女性不能很好地认知各角色的多重冲突和道德责任时，就会陷入角色选择的迷茫，导致因片面选择或完美主义选择而顾此失彼。如有些女性为了自我发展和事业成功而忽视家庭责任甚至放弃婚姻，有些女性为了操持家务而不能尽职工作甚至放弃工作，有些女性为了事业和小家庭而不能尽孝养照顾父母的责任，有些女性为了夫妻二人世界而宁可不生小孩，或者为了全心照顾孩子而冷落丈夫，有些女性为了高傲的女性自由而保持单身，有些女性为了事业家庭双丰收和完美体现女性、妻性、母性而心力交瘁等。每一种选择都可能使女性获得某种安宁或成功，但也很可能同时失去某种人生最可宝贵且是人性必需的东西。

---

① 夏国美：《女性、妻性、母性的角色错位和冲突——婚姻家庭中妇女地位变化与面临的挑战》，《社会科学》1999 年第 11 期。

② 付红梅：《当代中国女性性道德失范的性别文化归因与伦理重建》，《伦理学研究》2014 年第 2 期。

当代中国女性的家庭角色冲突不仅影响女性自身的生活和发展，而且影响社会和家庭的稳定与和谐，必须引起全社会的重视，努力寻求缓冲、调节女性角色冲突的路径。当然，缓冲、调节女性家庭角色冲突是一项系统的综合工程，既需要政府、妇女组织和工作单位加强社会先进性别文化和制度建设，推进男女平等，保障妇女权益，创造平等公正、自由发展的和谐社会环境，也需要家庭成员和女性自身加强家庭美德建设，自觉调适角色，共担家庭责任，创造相亲相爱、幸福美满的和谐家庭环境。

二 当代中国女性的家庭美德要求

家庭角色关系一方面要靠社会政策与法律规范来调控，但在很多方面还主要靠家庭道德来调节，靠家庭角色责任伦理来支撑。中国传统社会的家庭道德主要以"父慈子孝、夫义妇顺、兄友弟恭、男主女从"为主要规范和角色责任，特别对妇女提出了"三从四德"的要求，对维护封建社会的宗法等级秩序和家庭稳定发挥了重要作用，同时也影响了社会文明进步、男女平等发展。当代中国家庭道德和角色伦理总体是以"平等、民主、和谐、向上"为特征的，家庭成员各负其角色责任，分工合作，共同完成家庭功能和对社会的道德责任。但是，在社会转型时期，家庭道德体现出评价的失范性、选择的矛盾性和调控机制弱化等过渡性特征，出现了诸如离婚率持续升高、重婚、非法同居、婚外恋、啃老族，甚至虐童、嫌老、虐老、弃老等现象。当代中国女性在家庭生活中也出现了或多或少的道德问题。如过分强调爱情而忽视夫妻义务、对婚姻爱情不忠、大女子主义、夫妻不和、依赖性强、不愿在经济上独立、家庭责任担当不够、不愿或不善持家、尊老不足爱子有余、关爱和教育子女不当、亲友邻里关系不融洽，等等。基于此，我国非常重视家庭道德建设，在《公民道德实施纲要》中明确指出要加强家庭美德建设并提出了具体规范要求，即尊老爱幼、男女平等、夫妻和睦、勤俭持家和邻里团结。当代中国女性只有以此20个字为基本标准，自觉培养现代家庭美德，担负起相应家庭角色伦理责任，才能协调好家庭内的各种关系，有效缓解多重角色冲突，促进个体发展和家庭幸福。

1. 为妻之德：恩爱丈夫、情义和合

夫妻关系是家庭关系的基础和核心。夫妻道德是调整夫妻关系的道德原则和行为规范。夫妻恩爱是婚姻稳定和谐的基础、夫妻和睦幸福的源泉，是夫妻生活力量与快乐的迸发地。因此，当代中国女性的为妻之德的要求主要体现为恩爱丈夫、情义和合。

妻子恩爱丈夫，首先，应该亲爱依恋、忠实信任丈夫。汉苏武《诗》之二有言："结发为夫妻，恩爱两不疑。"恩格斯认为，现代社会符合道德要求的夫妻关系是以爱情为基石的，"只有继续保持爱情的婚姻才合乎道德"①。因此，一方面，女性婚姻应该以男女双方相互真心爱恋为缔结前提，同时，婚后要继续与丈夫谈情说爱，相互亲昵依恋、温暖热情，协调性关系、和谐性生活，不断增进爱情。另一方面，在感情和生活上要忠实信任丈夫。相互忠实是现代夫妻婚姻关系的法律底线，也是现代婚姻伦理倡导的夫妻义务。婚姻关系确定之后，男女双方都必须忠实、专一，在性生活上互守贞操，坚决杜绝婚外情、非法同居、重婚等不忠情感和行为。相互信任是夫妻关系的道德根基，也是减少夫妻冲突的重要准则。信任可以保证夫妻间的亲密关系和各自的自由、权利。因此，妻子对丈夫必须以诚相待、胸怀坦荡、主动沟通，努力避免误会、猜疑。

其次，要尊重理解、温柔礼让丈夫。夫妻平等相待、相互尊重、相互理解是建立和维系美满和谐的婚姻关系的伦理前提。一方面，妻子要尊重和关切丈夫的人格尊严、独立自由及其所承担的工作角色，既不能搞男尊女卑的男权主义也不能搞女优男屈的女权主义，不能轻视和侮辱对方。另一方面，应尊重理解丈夫的基本权利和个性、志趣、爱好等。在世界观、价值观等方面要相互走近，在生活方式和习惯上要相互适应、接纳和宽容，努力学会求大同存小异甚至异质互补，不吹毛求疵、不强人所难。在家庭生活中应注意"大事不糊涂，小事不计较"，对一些原则问题，要讲究方式方法，言语轻柔、不急躁、不轻易发怒，在一些日常生活的小是小非上，要学会一笑置之，温柔礼让。

再次，要关心体贴、支持帮助丈夫。夫妻本是共同体，同舟共济、相濡以沫是历来被最为看重的婚姻道德。作为妻子，一是要关心丈夫的衣食起居，注意衣服的添置、更换与清洗、饭菜的可口与营养。二是要关心他的身心健康。这不仅表现在对丈夫生病时细心照顾、贴心护理和在日常生

---

① 《马克思恩格斯选集》第 4 卷，人民出版社 1995 年版，第 81 页。

活中督促丈夫注意加强身体保健，还表现在充分关心丈夫的心理健康，了解他的内心情感，并能适时地给予抚慰。三是要关心他的事业、理解他的事业、支持和帮助他的事业，在他事业成功时给他祝福、在他遭遇挫折时给他鼓励和安慰。

最后，要追求夫妻情义和合、如鼓琴瑟的最佳道德境界。男女双方自结成婚姻，即形成人身关系和财产关系的社会共同体组织。夫妻结合不仅是身体、感情和生活状态的融合，更应是双方精神追求的志同道合和家庭责任义务的共同担当。婚姻生活是互帮互助、团结合作的家庭生活，恩爱的夫妻不是相互索取，而是无私的给予和奉献。因此，妻子要本着相互帮助、相互给予和相互奉献的态度，在行使表达爱情、享受幸福生活的权利的同时要自觉承担关爱照顾丈夫、做好家务劳动、计划生育以及抚育子女和赡养老人的责任，以对方的幸福为自己的幸福，并以自己能为对方的发展提供动力和帮助而得到最大的满足，自觉吸收对方的优势和长处，最大限度地接纳对方也最大限度地融入对方，将夫妻恩爱感情和幸福生活推进到琴瑟和合的最高层次。①

2. 为女（媳）之德：敬爱父母，养老尽孝

"孝"是中国传统伦理的核心，儒家把"孝"作为一切道德的出发点和基础。"万恶淫为首，百善孝为先"，而不孝则是天地所不容的罪恶。《礼记·祭义》中云："曾子曰，孝有三：大孝尊亲，其次弗辱，其下能养。"这是孝敬父母的基本要求。当代社会，我国的法律和道德规范都明确把敬爱、赡养父母列入基本规范。当代中国女性应将传统孝德与现代孝德相结合，自觉做到敬爱父母、养老尽孝。

首先，要尊重敬爱父母（公婆）。孝敬父母必须从内心尊敬父母，包括尊重父母的人格和独立，尊重父母的思想和意愿，对父母作出的选择和决定，我们应尽量支持并促其实现。为人媳妇者对公婆要克服见外心理，视同亲身父母给予同等尊重敬爱。交谈时做到话出真心、声调平和、语气热诚。特别在父母年老之时，不能嫌父母穷、丑、脏、病和唠叨。绝不能对父母"用得着时便抢，用不着时便推"，更不可虐待、遗弃甚至打骂丧失生活自理能力的父母或者其他前辈。

---

① 付红梅：《现代夫妻关系的伦理调适》，《经济与社会发展》2014 年第 2 期。

其次，要赡养照顾父母（公婆）。子女必须尊重和感恩父母多年养育辛苦的付出。父母年老时，作子女的要使父母衣食宽裕、卧宿安适。特别是在父母由于离开工作岗位或者丧失劳动能力、经济收入可能减少或者经济收入来源缺失的情况下，子女在经济上要负担老人晚年的生活费用、在生活上要给予老人细心的照顾。尤其是女性性情更为细腻、温和，作为女儿和媳妇，应该在照顾父母和公婆物质生活和精神生活上倾注更多的精力。

最后，要关心体贴父母（公婆）。随着生产发展和生活水平的提高，在社会保障制度日益完善，城市老人多数享受退休养老金、农村老人赡养问题也逐步得到解决的条件下，从精神上、感情上尊敬体贴关心老人就显得更为重要。因此，作为女儿和媳妇在日常家务上要体贴父母（公婆），多说些关心感激的话，空闲的时候要多参与日常家务；他们身体欠好的时候，更要嘘寒问暖，体贴关心；因各种原因不能跟父母生活在一起时，要常联系挂念、常回家看看。另外，要学会爱屋及乌地关爱对方的所爱，在日常生活中要注意在他们最关心的问题和事情上保持一致。在节日及生日等重要日子，一家人要聚在一起，享受天伦之乐。

3. 为母之德：关爱晚辈，教子有方

亲子关系是家庭代际关系的核心。传统社会调整亲子关系的伦理道德主要是"父为子纲"、"父（母）慈子孝"。"父为子纲"是维护专制的男性家长制权威和剥夺子女独立意识的家庭代际伦理纲常，在当今社会应该被彻底剔除；"父（母）慈子孝"强调父（母）辈对子女的"慈爱"和子女对父（母）辈的"孝道"，对当今社会调整亲子关系依然具有借鉴意义。母亲的慈爱是一种道义之爱，即对孩子进行道德的培养，教会孩子做人。子女有了它的滋润，才能正常而快乐地成长。作为母亲（包括婆婆或岳母）应发扬"慈爱"道德精华，对晚辈关心爱护、尊重体谅，抚养尽责、教育有方。

为母之爱，首先体现在对晚辈关心爱护、尊重体谅上。一是要学会正确关心、细心爱护未成年子女。要经常关怀子女身心成长的状况与需要，注意维护子女的自尊与荣誉感，给予其正确的引导、协助和爱护，在可能范围内，允许他自由发展，让他们有机会承担部分家庭责任；无论多忙，一定要抽出时间跟子女沟通交流，建立亲密的感情；不要轻易用物质来奖赏子女或弥补未能关怀子女的内疚；坚决避免过分溺爱、自私偏爱、重男轻女或者冷漠对待甚至体罚孩子。二是要对成年子女给予尊重和体谅。成年子女有自己独立的思想和生活，母亲在关心其生活的同时，一定注意不要干涉过多，而是要学会尊重理解他们，认真倾听他们的意愿，支持他们投入社会、追求自己的理想，特别是对于已婚子女和媳妇、女婿更应该充分尊重他们的生活方式、家庭事务管理和事业发展，在生活上不要提过高要求，要注意他们在大节上的作为，不必在细枝末节上苛求晚辈，要体谅他们生活的难处，有条件的可适当给予经济资助或协助照看孩子、处理家务甚至事业发展上的必要帮助。

为母之爱，其次体现在对晚辈抚养尽责、教育有方上。我国法律明文规定，父母有抚养和教育未成年子女的义务和责任。作为母亲，在孩子成长发育过程中要注意养教结合，尽责抚养、科学教育。尽责抚养子女就是要给孩子基本的生活保障和生活照顾，关心、解决孩子的吃、住、行等问题，保证其营养、促进其健康成长，不可娇惯孩子，使孩子养成自私任性、好吃懒做的习惯，切忌完全交给老人抚养或放任自流、撒手不管。尽责抚养固然重要，但不能只养不教或重养轻教。教育孩子是一门科学和艺术，需要家长不断学习科学理念和方法、积累实践经验。首先，要重视道德教育。不仅使孩子懂得待人接物之理，更要教导孩子具有端正的人品，立身行道。其次，要有正确的教育思想和教育方法。要平等对待子女，尊重他们的权利、自由和人格、自尊，以科学方法、耐心态度、理性方式引导教育孩子。要避免过分保护、过分干涉、苛刻管教、严厉惩罚等不当的教育方式。另外，应该充分认识到"身教重于言教"的重要性，注意修身正己、时时处处为子女做榜样。作为母亲，要有善良之心、道德行为、开阔心胸和礼仪修养，尤其要戒除一些不良嗜好，比如赌博、偷盗、酗酒等。最后，对孩子的教导应该是终身的。在孩子的不同成长时期，应施以不同方法，开展针对性的教导，达到有益而教、有教而益的目的。特别是子女成家以后，更要以慈爱和教导来关爱子女、媳妇和女婿，教导他们做人处世的道理。但切忌在小事上挑剔，如指责他们的穿戴、时尚的生活方式等。

4. 持家之德：勤劳节俭，持家有道

家庭生活的一个重要特点和任务就是精心安排生活消费和家务事。女性作为家庭主人，应该与丈夫一起承担起家庭事务的方方面面，勤劳节俭、持家有道。

首先，要合理进行家务管理。俗话说："清官难断家务事"，说的就是家务的复杂性、烦琐性。因此，妻子要善于运用科学的管理方法和技巧，激发家庭成员的责任心与义务感，充分调动家庭成员对家务劳动的积极性，对每一个家庭成员应承担的家务劳动进行合理的分工和安排，尽量使家务劳动简单化、现代化和社会化，以减轻家务劳动的强度，从而提高家务劳动的效率。

其次，要善于进行财务管理。家庭的财务管理问题就是家庭财富的分配、消费和创收的问题。在家庭理财上，妻子要把握的是两条基本原则：一是"尽力开源"，也就是要与丈夫一起按照每一个人、每一个家庭的具体情况来明确工作和致富目标、投资风险底线，努力工作、勤劳致富、合理投资。二是"合理节流"，也就是要合理进行家庭消费、节约支出。要在细心了解自家现在的经济状况的基础上，按照勤俭节约的原则，确定基本的家庭生活标准，并搞好家庭的预算与决算，合理有度地使用家庭收入。

最后，还应加强环境管理。良好的家庭环境使人们心情舒畅、精神愉快，对家庭成员起到一个潜移默化的陶冶和教育作用，因此越来越受到人们的重视。家庭环境管理包含物质环境管理和精神环境管理。妻子必须掌握一定的房间布置的知识，提高自己的审美情趣，把握舒适、整洁、美观、环保、温馨的基本原则；积极开展有意义的文化娱乐活动，如培养家中良好的阅读氛围，安排健康有益的休闲活动等，从而提升家庭成员的审美情趣和精神境界，加强家庭成员之间的沟通与交流，营造出和谐、温馨、自由、高雅、文明的家庭氛围。[①]

5. 亲邻之德：友爱亲邻，待人有礼

古往今来，每一个家庭都不是独立存在的，它存在于社会关系之中，存在于亲戚、朋友及邻里的相互交往之中。亲戚、朋友及邻里关系的好坏直接影响着家庭和睦与幸福。因此，当代中国女性应学会正确处理与亲戚

---

① 易银珍等：《女性伦理与礼仪文化》，中国社会科学出版社 2006 年版，第 219—221 页。

邻里的关系，其基本要求是友爱亲邻、待人有礼、互谅互让、互帮互助、团结友爱。

亲戚关系是家庭关系的延伸，自古以来都受到重视。女性在成家之后，正确处理娘家和婆家的各种亲戚关系，这关系到家庭的幸福与和睦。女性在亲戚交往中，要遵循诚恳平等、亲情关怀的伦理原则，做到不以血亲论亲疏、不以贫富论高低、不以地位论卑微，一视同仁，平等相待。两边的亲戚都应该经常来往走动，亲戚来访，热诚接待，逢年过节，礼貌拜访，不断交流思想、沟通感情、关怀生活、重情轻物、深化亲情、密切关系；亲戚有困难求助，应在合法合理前提下尽力相助。遇事能够以大家庭的团结和利益为重，自强不息、乐于吃亏、善于合作，亲戚之间有了误会和矛盾，应发扬风格、与人为善，主动退让、宽容谅解。

邻里关系是以居住地域的连接和相近为条件，并在日常生活相互联系的基础上形成的家庭与家庭之间的相互关系。女性在避免邻里摩擦、密切邻里关系方面有着决定性的作用。因此，女性要注意把握好处理邻里关系的基本道德要求。一是要友待邻里、遵守公共道德。平时交往时应主动招呼，热情问候；友好相处，礼貌相待；照顾大家的共同利益，不要独自占用公共设施和公共空间，避免制造噪声，影响邻里休息等。二是要亲善邻里、平等信任。在平时生活中适当亲近、赞美邻居，尊重邻居的生活方式和隐私，注意善言善行，不干涉彼此内政、不打听人家的隐私、不背后议论邻里的长短、不传播小道消息。对左邻右舍，平等相待，一视同仁，真诚信任。三是关心邻里、助邻为乐。俗话说"远亲不如近邻"，主要体现在邻里的相互帮扶的便捷性。女性要主动关心邻里、助邻为乐，适时地送去问候和帮助。同时，在帮助他人时一定要真诚无私，不求回报。四是礼让邻里、和睦相处。所谓礼让，就是在面对矛盾时，女性应该在不违背公理、正义的前提下，对利益的一种主动谦让，在利益面前多替别人着想、少为自己打算，以和为贵，以仁为美。同时，女性还应积极地将矛盾消弭在未发状态，也就是说尽量减少矛盾发生的可能性。

三　当代中国女性的家庭权益保障与男性家庭责任担当

如前所述，当代中国女性集多重角色于一身，面临着多重角色冲突，影响了女性自身的生活和发展。女性通过自身加强家庭美德修养，自觉承担所扮演的各种角色伦理责任，可以在很大程度上缓解各种角色冲突给女性带来的困惑和负面影响。但是，我们不能仅要求女性履行家庭角色法律义务、承担家庭角色伦理责任，而忽视女性在家庭角色权益上的种种问题和男性家庭责任意识对女性家庭角色权益的性别排挤。因此，我们必须在重视国家法律和社会机制保障女性家庭权益的同时，探寻男性家庭责任担当救济女性家庭权益的路径。

1. 性别排挤下的当代中国女性家庭权益问题

女性家庭权益是指女性在婚姻家庭关系中依法享有的权利。女性家庭权益的实现是女性自身发展与提高、婚姻家庭和睦与稳定、社会文明与进步的重要基础。我国《宪法》、《民法通则》、《婚姻法》、《妇女权益保障法》等法律赋予了女性在婚姻家庭中与男性平等的人身和财产权利。虽然在法律规定层面，女性的家庭权益基本上得到了与男性平等的对待，但是在现实家庭生活中，女性的家庭权益却没有得到应有的尊重，受到了家庭成员尤其是男性不同程度和不同角度的排挤和损害。主要体现在以下几个方面：

第一，女性人身自由权不受尊重，对女性的家庭暴力禁而不止。人身权利是女性最重要、最易受侵害的权益。人身自由权是人身权的重要内容，也是宪法赋予公民的基本权利，人身自由权主要包括公民的身体、人格尊严、住宅、通信自由、秘密不受侵犯。《婚姻法》、《妇女权益保障法》明确规定了"禁止家庭暴力"，"禁止对妇女实施性骚扰或家庭暴力"。当代中国女性在家庭生活中的人身自由权相对于传统社会得到了更好的尊重，但仍然存在一些不容忽视的被侵犯现象，特别是对女性的性侵犯和家庭暴力禁而不止。据全国妇联调查显示，有30%的女性遭受过家庭暴力，其中施暴者九成是男性。24.7%的已婚女性遭受过丈夫辱骂、殴打、限制人身自由和强迫性生活，有7.8%的女性遭受过亲属或邻居的性骚扰。[①]

第二，女性生存权与发展权受到性别挤压和非正常侵害。受传统文化影响，我国女性无论是其生命诞生之初还是其成长进程中，都充斥着男尊

---

① 第三期中国妇女社会地位调查课题组：《第三期中国妇女社会地位调查主要数据报告》，《妇女研究论丛》2011 年第 6 期。

女卑的性别挤压和性别歧视。受传宗接代、偏好男孩生育文化的影响，我国家庭特别是农村家庭选择性别生育、重男轻女的现象仍然大量存在，造成了女孩生存处于相对劣势。自20世纪80年代以来我国的新生婴儿性别比一直在108以上，2010年为118，有两个省超过了130，0—4岁人口性别比为120①，加上女孩死亡水平、遭遗弃率相对偏高，形成了所谓的"失踪女孩"现象。② 这些表明目前中国女孩的生存权利受到了家庭非正常的侵害。对女孩发展权的侵害主要存在于农村家庭在对受教育机会、成长资源分配方面的重男轻女现象，特别是贫困家庭在资源不能充分保障儿女都得以发展时，往往牺牲女孩的发展权来保障男孩发展。据第六次全国人口普查数据显示，农村和城市15岁以上女性文盲率分别为10.66%和3.32%，比男性高6.94和2.21个百分点。6岁以上受小学以上文化教育程度分别为79.44%和48.69%，比男性低11.8和5个百分点。在10—14岁学龄儿童的农村辍学人口中，女童占57.2%。③ 在城市不少家庭中，由于家务劳动和抚育子女义务主要由已婚女性承担，导致这些女性自身成长机会和资源受限，在社会生活中处于竞争劣势，甚至被排挤到社会的边缘。据调查，18.9%的在业母亲经常或有时为了家庭而放弃个人发展机会。④

第三，女性配偶忠实权受到男性婚外性行为侵害，导致离婚案件增多。据成都的得邦女子维权中心统计，从1995年到2005年10年间，婚外情导致的离婚率增加近30多倍，85%以上的离婚是男性婚外性行为造成的。丈夫的婚外性行为违背了夫妻忠实的义务，损害了妻子的配偶权，破坏了夫妻的和谐。⑤

第四，女性生育行为遭受歧视。在传统社会，生育价值是以男性标准来定位的，传宗接代、男尊女卑的生育观念一直影响着人们的生育行为，

① 国家统计局：《中国2010年人口普查资料》，中国统计出版社2011年版，第183页。
② 姜全保等：《中国失踪女孩的数量统计：1900—2000》，《中国人口科学》2005年第4期。
③ 国家统计局：《中国2010年人口普查资料》，中国统计出版社2011年版，第301—306页，第313—318页，第331—334页，第339—342页。
④ 第三期中国妇女社会地位调查课题组：《第三期中国妇女社会地位调查主要数据报告》，《妇女研究论丛》2011年第6期。
⑤ 林葆先：《妇女权益保障与和谐家庭构建的问题及对策》，《河北师范大学学报》（社会科学版）2007年第2期。

人们对"母以子贵"和"男性生育特权"的性别歧视现象司空见惯。在当代中国家庭，生育行为依然被烙上了性别歧视的印迹。重男轻女的生育性别选择再现了评价女性生育价值的双重标准；法律和伦理习俗赋予男性无论婚内还是婚外的生育都具有正当性，仍然彰显着男性的生育特权，与男性的生育特权相比，女性的生育行为更多地表现为一种义务，女性婚外的生育却要遭受道德的责难，难以得到法律的充分保障。

第五，女性劳动权益遭受性别排挤。当人类社会进入工业文明后，传统的性别分工、家庭分工随之发生了变化。女性劳顿于家庭劳动与社会劳动过程中，也引发了女性劳动权益保障与男性家庭责任意识的冲突与博弈。女性的劳动权益被双重排挤导致女性劳动权益的弱化和女性双重的身心压力。[1] 据全国妇联 2010 年抽样调查，社会劳动领域的性别排挤表现在两个方面：一是女性在业率降低，就业性别歧视仍然存在。统计结果显示，2010 年末，18—64 岁的城乡女性在业比例为 71.7%，比男性低 11.76 个百分点，比 2000 年降低 16.3 个百分点。10.0% 的女性在就业时遭遇过性别歧视。二是女性劳动收入相对较低，男女两性收入差距呈扩大趋势。在城乡低收入组中女性占 59.8% 和 65.7%，比男性高 19.6 和 31.4 个百分点；城乡在业女性年均收入是男性收入的 67.3% 和 56.0%。[2] 女性家务劳动领域的性别排挤，主要是家务分工歧视，具体表现在三个方面：一是社会观念支持系统依然保留"男主外、女主内"的歧视意识。61.6% 的男性和 54.8% 的女性赞同"男人以社会为主，女人以家庭为主"的传统性别分工模式，71.1% 的人认为家务劳动应主要由女性承担。二是家务劳动依然主要由女性承担，女性家庭劳动负担较重。有 72% 以上的妻子承担家庭中大部分或全部日常家务劳动。女性平均每天用于家务劳动的时间达 4.01 小时，比男性多 2.7 小时。三是家务劳动无报酬，家务贡献贬值化。由于女性家务劳动的贡献难以获得货币化报酬，价值不能得到客观评价，使家务贡献贬值，从而常常导致女性在婚姻家庭生活中特别是

---

① 王歌雅：《性别排挤与平等追求的博弈——以女性劳动权益保障与男性家庭责任意识为视角》，《北方法学》2011 年第 6 期。

② 第三期中国妇女社会地位调查课题组：《第三期中国妇女社会地位调查主要数据报告》，《妇女研究论丛》2011 年第 6 期。

离婚时遭到权利排挤和资源掠夺。①

第六，女性家庭财产权益保障遭遇现实困境。虽然我国法律赋予了妇女在家庭中与男子平等的财产权，但是在现实生活中，由于传统观念和社会习俗及男性的过错，导致了女性在家庭财产继承、离婚时的财产分割、财产补偿等方面的权益保障很难实现。据调查，2010 年，没有土地的妇女占 21%，其中 27.7% 是因为婚姻变动。② 在农村 60% 以上的出嫁女性被剥夺继承和分割父母财产的权利。山东省妇联接待妇女来信来访中涉及妇女离婚和离婚过程中财产分割的信访，占总数的 32.3%，反映离婚后妇女生活陷入困境的占 31.3%。其中，涉及离婚时妇女权益被侵害的占总数的 16.1%，主要表现在离婚时男方隐瞒或转移财产，致使夫妻可供分割的共同财产太少，直接导致妇女离婚时"无财可分"。③ 在司法实践中，迄今为止，妇女经济补偿请求权和离婚损害赔偿备受冷落。"在哈尔滨市随机抽取的 100 件二审离婚案件中，尽管有 24 件提出经济补偿或损害赔偿，但无一例获偿……从请求权行使的主体看，90% 以上是女性。北京各区法院 2001 年 5 月到 2002 年 5 月判决的关于离婚损害赔偿案件也寥寥无几"。④

2. 女性家庭权益保护中的男性家庭责任承担

"我国男女平等的任务在平等的领域（公私领域）与平等的手段（事实与规范）上都是双重的，它需要在建设公私领域平等规范的同时，在公私领域对妇女作特殊保护。"⑤ 在社会领域，对女性权益的保护和救济，主要依靠国家政策法律与救济机制来保障以及相关社会组织来保护，通过强化男女平等精神、权益保障意识，建立和运行权益救济机制、社会监管体系，消除针对女性的性别歧视和权益侵犯，促进社会整体利益的均衡保

---

① 王歌雅：《性别排挤与平等追求的博弈——以女性劳动权益保障与男性家庭责任意识为视角》，《北方法学》2011 年第 6 期。

② 第三期中国妇女社会地位调查课题组：《第三期中国妇女社会地位调查主要数据报告》，《妇女研究论丛》2011 年第 6 期。

③ 冯西淳：《新〈婚姻法〉下妇女财产权益的研究与保护》，《法制博览》（中旬刊）2012 年第 10 期。

④ 母丽娜：《妇女婚姻家庭权益保障问题研究》，河北师范大学硕士论文，2007 年，第 22 页。

⑤ 周安平：《性别与法律》，法律出版社 2007 年版，序言第 6 页。

护。在家庭领域，只有在法律保证妇女权益平等和婚姻自由的基础上，女性才能保有一种没有任何从属性的独立人格。但是，对女性家庭权益的保护和救济，除了依靠国家政策法律与救济机制来保障以及相关社会组织保护外，还需要女性自身权益保护的意识觉醒和努力抗争，更需要男性家庭责任意识的转变和男女家庭责任的共同担当。

当代社会，众多女性奔波于家庭内外的劳作，辗转于家庭内外多重角色的转换，以致心力交瘁。可现实中，本应受到社会和男性的充分尊重和爱护的女性的家庭权益却遭受到种种男性家庭责任意识的性别挤压和侵犯。国际女权主义者的口号："分一半权力给女人，分一半家务给男人"，男女共同分担家务，是一场社会性别意识的大革命。它将从根本上改变传统的两性家庭角色，使男女两性都有更为多样化的选择机会和生活世界，女性可以依据自身兴趣、才能、时间、精力和理想去选择家务劳动或（和）社会工作，男性也可以去选择照料小孩或（和）从事专门职业。因此，从女性家务劳动权益保护出发，从实质上维护女性与男性平等的家庭地位，强调男性承担家庭责任，与女性关怀互助、共同分担家务，不仅能解放女性，而且有助于解放男性以及促进家庭与社会的和谐发展。基于女性家庭权益保护的男性家庭责任的担当主要体现在三个方面：

（1）增强性别平等意识，尊重关爱女性

性别歧视自古就有，并一直牢固地占据着人类思想的历史。中华人民共和国成立后，我国实施了男女平等基本国策，在法律形式上基本实现了男女平等，但在包括家庭生活在内的社会现实生活中还远没有实现男女平等。女性的家庭权益遭受性别歧视、排挤和侵害的现象屡屡发生。因此，强化性别平等意识、推进家庭领域男女平等的实践，应成为男女两性的共同责任。作为男性应将家庭责任担当与促进性别平等、保护女性家庭权益紧密联系起来。① 在家庭生活领域，男性必须关切到现实生活中女性家庭权益的被侵犯现象，反思性别影响因素，检讨自身问题。男性在要求和享受女性履行家庭美德、承担家庭责任的同时，应自觉承担起相应的家庭角色责任，尊重女性的基本权利、生育贡献与性别价值，维护女性正当的家

---

① 王歌雅：《性别排挤与平等追求的博弈——以女性劳动权益保障与男性家庭责任意识为视角》，《北方法学》2011 年第 6 期。

庭权益，关心女性的身心健康，敬爱母亲、恩爱妻子、关爱子女。平等分享成长和发展资源，支持女性的自我发展与自我成长。

（2）强化家庭角色意识，合理分担家务

如前所述，当代女性劳动权益遭受性别排挤，女性家务劳动领域的性别排挤，主要是家务分工歧视。"男主外、女主内"的社会性别歧视意识仍有残留，家务劳动依然主要由女性承担，女性家庭劳动负担较重而得不到应有的价值认同，这常常导致女性在婚姻家庭生活中特别是离婚时遭到权利排挤和资源掠夺。因此，为了充分保障女性的家庭权益、实现男女平等，必须强化男性的家庭角色意识。即男女两性的社会性别角色是平等的，无论男女都有权利选择扮演社会与家庭的双重角色，也有义务承担双重角色的伦理责任。操持家务不是女人的专属，男性也必须投入更多精力参与家庭管理、合理分担家务劳动，促进女性在家务劳动领域的身心解放，拓展其自我发展的空间。

（3）提升家庭责任意识，共建幸福家园

家庭是一个整体，是依靠男女两性共同建立和维系的。男女在家庭中的责任应该是平等的、共同的。在农业社会甚至工业社会前期，养家糊口、传宗接代的家庭责任由男性独自承担；女性则主要担负着相夫教子、操持家务的家庭责任。人类历史由农业文明迈入现代工业文明之后，大量女性从家庭走向社会参加社会生产，取得劳动报酬，同丈夫一起成为家庭的供养者。至此，"男主外、女主内"的分工模式发生转变，变成为男女两性共担养家持家责任的性别合作。然而，男性的家庭供养责任意识在女性承担供养责任后有所淡化，家务操持意识并没增强，反而要求女性在同样分担家庭供养责任的同时依然如传统社会履行贤妻良母责任、操持家务，致使女性既成为家庭的供养者又是家务的操持者，女性承担的家庭责任反而大为加重。"家庭责任中的性别平等关系，已经成为制约当前及未来一个时期家庭领域中性别平等与妇女发展的最重要因素。"① 因此，男性必须提升家庭责任意识，既要与女性一道致力勤劳致富，担负起家庭成员的供养和家庭建设的"开源"责任，又要用心勤俭持家，履行丈夫、

---

① 中国性别平等与妇女发展指标研究与应用课题组：《中国性别平等与妇女发展评估报告（1995—2005）》，《妇女研究论丛》2006年第2期。

儿子和父亲等的男性家庭角色伦理责任，从家庭责任的担当中寻找生活情趣、享受天伦之乐，共建幸福和谐家园。

第四节　当代中国女性的个人美德

道德建设的根本任务是把具有普遍性的社会道德目标、道德原则、道德规范转化成个体的内在道德需要和价值取向，形成个人美德。当代中国女性个人美德的建设就是要求当代中国女性能在社会生活、职业和家庭等领域内化形成适时的、稳定的道德品质和道德人格。因此，研究当代中国女性个人美德的生成、内容、发展和修养之道不仅是研究当代中国女性美德建设的题中应有之义，也是进一步完善和深化中国特色社会主义道德体系的需要，是促进人的自由全面发展的需要。

一　女性个人美德与女性发展

个人美德即个体道德，是指个人为自我实现、自我完善而具备的，并适应社会一定利益关系的客观要求的道德素质和指导自身行为选择的内心道德准则的总和。[①] 个人美德往往通过一个人的道德认识、道德情感、道德意志和道德行为等外化出来。亚里士多德在《政治学》中提到，男人与女人各自需要不同的德行，女人需要一种同她的自然作用相适应的德行。女性的个人美德包括女性个体的道德人格、道德品质和道德价值追求。女性的道德人格，是指女性个体人格在道德上的社会规定性，是"一定社会历史条件下的女性所具有的符合女性性别角色和特点的人格尊严、道德品格和人格价值的总和"[②]。现代社会里，男女平等是女性道德人格内涵的应有之义，也是女性道德人格塑造的重要前提和基础。女性的道德品质，是指女性的一系列道德行为所表现出来的比较稳定的特征和倾向，是人类自进入文明社会以来，女性自我改造、自我完善过程中创造和积累的积极道德成果的总和，其基本内容渗透在社会、职业和家庭等各个

---

①　唐凯麟：《伦理学》，高等教育出版社 2001 年版，第 158 页。

②　李桂梅、黄爱英：《当代中国女性道德人格塑造的困境与出路》，《伦理学研究》2014 年第 2 期。

领域中。女性的道德价值追求，是指女性坚持揭示客观事物中所具有的能够满足人类需要的属性和功能的价值认识，始终坚持事物本身的好坏、善恶、美丑的价值判断。

女性个人美德与社会道德是紧密相连的，社会道德是形成女性个人美德的基础，女性个人美德是基于社会道德的个性化表现。女性的个人美德的发生是女性个体与社会互动的产物，是一个社会实践的过程。因此，女性个人美德的产生和发展是以社会道德为客观前提的。女性个人美德作为社会道德内化的产物，是以个体的自我意识和自我完善、自我发展为主观前提和价值目标的。① 女性自我意识是个人美德形成和发展的心理机制，自我完善与自我发展是个人美德形成和发展的动力机制。女性个人美德的发展历程就是社会道德发展与女性自我发展相互作用的过程。女性道德人格塑造和道德品质发展、道德价值实现的根本标准是基于作为人的女性的自由全面发展。

人的发展是一个古老而又常新的课题，是一代又一代人探索和追求的目标。在总的历史发展趋势下，人不断地摆脱本能的局限，呈现出人与历史共同进步的趋势。女人和男人同样是人类历史的创造者和社会发展进步的推动者，女性的发展是人类社会发展不可或缺的一个重要方面。然而，时间和空间上共存的男女两性却没能实现人类文明硕果的共同分享，人类所称颂的"文明"社会，却成为女性为"奴"的起点，女性历史性地失落了，陷入了女性自我"集体无意识"的困境，被遗落在"人"的发展进程之外。正如恩格斯所说："母权制的被推翻，乃是女性的具有世界历史意义的失败。"② 在几千年的封建社会中，中国女性作为男人的附属，没有人格独立和尊严，深受政权、族权、神权及夫权的压迫和"三纲五常""男尊女卑"等封建道德的禁锢，根本无从实现个人自由与发展。所谓女性个人美德"三从四德"是封建社会强加给女性的道德枷锁，体现了封建社会男性意志的价值取向，其通过以贞顺为核心、以家庭的道德责任为依归，将传统女性死死地束缚在家庭之中。19 世纪如火如荼的西方女权运动唤醒了世界各国的女性，她们从卑微无我的"集体无意识"境遇

---

① 唐凯麟：《伦理学》，高等教育出版社 2001 年版，第 162—163 页。
② 《马克思恩格斯选集》第 4 卷，人民出版社 1995 年版，第 54 页。

中走了出来，开始女性自身的解放和发展，并审视和挑战传统道德对女性的不公平要求。随着近代中国封建经济的解体，中国民众受到了西方女权主义思想和民主自由思潮的强烈影响，再加上男性进步知识分子同盟为女性主体意识的觉醒提供了契机，女性开始谋求自身的解放，抗争旧女性道德。经过辛亥革命时期的女子参政运动、五四运动时期对封建礼教的批判和对女性独立人格的追求以及后来的战争洗礼，中国女性逐渐觉醒并以实际行动捍卫自己作为人的发展权利和道德人格，但是由于社会历史条件的限制和女性自我解放的不彻底，女性的自由发展和道德人格独立难以真正得以实现。1949 年中华人民共和国的成立，使中国女性发展开始了新的历史纪元。国家通过法律赋予了女性与男性平等的社会地位和社会权利，"男女平等"思想得以倡导和普及，开辟了女性人格尊严确立、人格价值实现及道德品格塑造的广阔前景。传统女德的"卑微"、"贤内助"角色和"三从"价值取向被扬弃，女性在家庭中既承担对父母、丈夫及子女的道德责任，还承担着在社会和职场的道德责任。女性积极参与社会生产和公共事务，广泛活跃在社会的各个领域，成为社会发展的"半边天"。"文化大革命"时期，"男女平等"被歪曲为极端化的"男女都一样"，女性被解放为毫无女性人格特质的"男性化"的人。"女性"再次隐匿了，女性发展和女性道德完善遭遇困惑和挫折。改革开放以来，广大女性在改革开放的大潮中，面临着多元的选择机会和前所未有的机遇和挑战。在社会生活的各个领域中，她们与男性一样成为社会发展不可或缺的重要力量。随着当代女性主体意识的觉醒和发展，中国女性开始了对个人权利的诉求和对女性真实自我的思考、探索，质疑"男女都一样"、"男性化的女人"的女性角色标准，发出"做女人，做全面发展的人"的呼声。①她们积极响应国际妇女运动，结合我国的传统价值理念与自身的现实追求，开始塑造、发展和完善女性德行。把性别平等价值诉求与社会制度正义性有机统一，创新了女性的个人美德内涵。我们可依休谟的三类德行论，将当代女性个人美德分为三类，即"有益于我们自己的品质"，如自信进取、自立自强、机智勇敢、勤劳俭朴等，这类德行具有促进女性本人的利益趋向，能够增强女性在社会中的生存力和发展力；"直接使我们自

---

① 刘晓辉：《当代中国女性发展探析》，山东大学博士论文，2010 年，第 13 页。

己愉快的品质"，如自尊、自爱、自重、骨气、文雅等，这类德行能够使女性自身产生快乐，并能扩散快乐而感染旁观者；"直接使他人愉快的品质"，如尊重、正派、谦逊、诚信、奉献、关怀、友善等，这类德行如同正义起源于社会和人性局限的需要，这类品质是女性顺利交往的需要。

总之，马克思、恩格斯指出："私有制只有在个人得到全面发展的条件下才能消灭，因为现存的交往形式和生产力是全面的，所以只有全面发展的个人才能占有它们，即才可能使他们变成自己的自由的生活活动。"① 当代中国女性的全面发展是人的全面发展的一个子系统。当代中国女性应彻底摆脱对男性的依附，完全确立起自身精神上的独立性和主体性，从事精神的全面创造，培养良好的道德情操和洁身自好的人格品质，追求高尚的人生价值；广泛而主动地参与社会生活，建立起自身在社会中的主体地位，积极向上、开拓进取、勇于创新，不断自我完善，实现全面发展。

二　当代中国女性个人美德的基本内容

当代中国女性的个人美德的基本内容应该体现当代社会女性的角色多样性，包括她们在家庭生活、职业生活和公共生活中的社会道德规范要求。她们的个人美德应是传统女性个人美德的继承和发展，是当今世界各民族女性的积极道德成果的融合和吸取，是中国公民道德建设系统工程的主要部分。其主要内容包括以下几个方面：

1. 自尊自信，自立自强

当代中国女性的个人美德呈现出多元性，但女性"四自"美德，即自尊、自信、自立、自强，是当代中国女性道德人格的核心内容。② "四自"美德是针对传统道德观中女性自卑、自弱、依附、顺从等缺陷而提出的。在传统社会"男尊女卑"的男权文化束缚下，传统女性人格发生了异化和贬低，沦为男性的依附，从而扭曲了女性自身拥有的美好个性品质。在当时的环境里，她们逆来顺受而生"卑"，妻妾并存而生"妒"，少受教育而生"浅"，紧锁闺房而生"狭"。而现在，性别平等观念被普

---

① 《马克思恩格斯全集》第 3 卷，人民出版社 1960 年版，第 516 页。

② 李桂梅、黄爱英：《当代中国女性道德人格塑造的困境与出路》，《伦理学研究》2014 年第 2 期。

及和认同，女性就应当以"四自"为基础建构自己的现代性别意识和个人美德。对女性来说，自尊是确立现代女性道德人格的基础，是自信自立的强大动力。所谓自尊，即自我尊重，尊重自己的生命、人格和价值。"没有自我尊重，就没有道德的纯洁性和丰富的个性精神。"[①] 自尊必然包含着自爱。自爱包括两层含义，即自我保存和人格维护。自爱是女性自我价值的体现、自我能力的肯定、自我成就的恰当评价，有助于女性努力维护自己的人格尊严，克服各种现实困难及自身的弱点，实现自己的价值目标。[②] 女性只有尊重自己，才会被别人所尊重，只有爱护自己，才知道如何爱护别人和被别人爱护。因此，当代中国女性要破除"男尊女卑"的传统观念，克服自卑感和依附心理，做到自我尊重、自我爱护。自信，是指女性能全面认识和始终坚信女性自身的力量、潜能和优势，确立性别平等意识，发现并能充分发挥自己的优势。自信体现为人的主体性。所谓自立，是指女性具有独立自主的精神，不依附与盲目顺从，并且通过社会化摆脱男权对女性的束缚，能自主生活。所谓自强，是指女性做到艰苦奋斗，拼搏进取，革除自卑心理，勇担社会责任。女性应当用行动摧毁"男强女弱"、"男尊女卑"的传统观念，努力开拓自己的事业，用自己的专业和专长参与社会竞争。当今社会，越来越多的女性跟上了时代的步伐，在事业上与男性并肩合作，展示了奋斗的自信与坚强，在拼搏中实现自己的价值，活出了人格、气概，活出了自我。当代女性应当发挥自己的优势、走出自卑的峡谷，在自强不息中展示当代女性的风采。"四自"美德是当代社会女性个人美德的实质和精华，它不仅是女性自我道德发展和完善的途径，也是其道德发展和完善的目标。

弗洛伊德的人格理论认为，人格的不同部分具有不同的道德性质以及人类成长发展的不同阶段具有不同的道德特征。他认为人格结构中，"自我"是心灵中的理性部分，它是后天习得的，是"本我"活动的经验教训在心理上的积淀，"超我"是从"自我"发展和升华而来，它是人格中最高级的最道德的部分。完善自我就是使"本我"绝对服从社会道德或

---

① ［苏］苏霍姆林斯基：《教育的艺术》，肖勇译，湖南教育出版社1983年版，第28页。

② 李桂梅：《女性的自爱意识与道德素质》，《吉首大学学报》（社会科学版）1997年第2期。

社会文明的要求，使个人达到社会所要求的理想道德境界。因此，自我价值实现是现代女性特有的精神财富；保持和完善自己的灵魂、人格和价值，是每一个现代女性必备的美德。这种精神能够使她们立足社会，认识自我，实现人生价值。

2. 爱国爱家，敬业奉献

爱国爱家作为现代女性个人美德的基本要求，反映的是女性作为公民与国家、家庭的关系，表现为女性角色所应具有的道德品格和价值追求。爱国是指热爱、忠诚、报效祖国，是人们对祖国的一种深厚的感情和主观感受，是每个人的客观义务。这种感情包括热爱自己的民族，热爱自己祖国的语言、文化、民族优良传统和风俗习俗，关心祖国人民的命运和前途等。爱家是指热爱、忠于并努力经营好婚姻家庭。婚姻是由一定社会制度或风俗所确认的男女两性的结合以及由此而产生的关系（夫妻关系）。家庭则是由婚姻关系、血缘关系或收养关系而发生的亲属之间的社会生活组织。婚姻和家庭是密切联系的，婚姻是产生家庭的前提，家庭是缔结婚姻的结果。家庭还是社会的细胞和社会生活的组织形式。社会主义婚姻家庭既要有崇高的爱情，又要承担社会的责任，其具体内容有：婚姻自由、一夫一妻；男女平等、夫妻和睦；教育子女、尊老爱幼；勤俭持家、合理消费；邻里团结、关爱他人。爱国爱家是相辅相成的。爱国是爱家的道义和价值基础，爱家是爱国的重要保证和具体体现。一个真正的爱家之人才是一个真正的爱国者；一个真正的爱国者，也必定真正地爱自己的家庭。

敬业奉献既是女性在处理职业的道德关系中所应遵循的道德准则和行为规范，也是当代女性应具有的一种思想道德境界。它是集体主义思想在人生观、价值观、事业观上的体现和升华。敬业就是人们对工作充满热爱和专注，表现为忠于职守、勤勤勉勉的工作心态。其内涵是干一行爱一行、钻研业务、提高技能、兢兢业业。奉献是指在处理个人与职业、个人利益与他人或集体利益的关系时应不计个人得失，承担社会责任，履行公民义务，为社会、为人民多作贡献。它是一种处事原则和高尚的道德精神。敬业奉献体现了中华民族优良道德传统和新时期道德发展的内在要求，既是社会对所有女性提出的必然要求，也是有志者事业成功的根本保证。

3. 知书达理，诚信大度

知书达理是中华民族的传统美德之一，通常是对一个人有知识，好品行，懂礼貌，守规矩的赞誉。从当代女性个体角度看，知书达理主要是指女性在生活中要讲知性、有教养、行聪慧、知礼节，大方得体、通情达理、宽容无私，"择辞而说，不道恶语"，不无理取闹，不虚伪做作。在待人接物方面，要讲究仪容礼节，在容貌、服饰、言谈、举止上适宜得体。与人处事时，操之以礼、持之以度。在处理家庭与集体关系方面，要明确认识到自己所处的社会地位，承担所担负角色的道德责任。中国古人说："腹有诗书气自华。"当代女性要做到知书达理，就需要努力学习，不断提高自己的文化素质和道德境界。

诚信大度作为当代女性的个人美德，既是对中国古代优秀道德传统的继承与发展，又是现代社会处理人与人、人与社会关系的基本行为规范，是人之为人的基本道德准则。诚信大度，即诚实守信、宽容大度。诚，即诚实，表里如一、说老实话、办老实事、做老实人；信，即重诺守信，言行一致。诚信是每个女性做人立世的根本道德。孔子云："人而无信，不知其可也。"（《论语·为政》）孟子把修养诚信作为做人应走的正道，"思诚者"是"人之道也"。（《孟子·离娄上》）当代女性在生活中应该把家庭、职业及社会公共生活各领域的诚信道德规范要求，自觉内化为自身的道德情感需要和道德意志，并外化为现实生活中的诚信行为。所谓宽容大度，即心胸宽广、大度容人、谦敬忍让。这是中华民族优良的道德传统，也是当代女性与人和谐相处应达到的理性要求。"海纳百川，有容乃大"，"敬人者人恒敬之，爱人者人恒爱之"，"天下之事成于大度之君子，而败于私智之小人"。（明方孝孺《郑灵公》）女性在与他人交往中，要严于律己、虚以处己、宽以待人、敬以容人，不斤斤计较、不吹毛求疵。

4. 勇敢正直，关怀友善

勇敢正直、关怀友善是人类生存和发展的必不可少的道德品格。苏格拉底认为，一个人倘若有对于节制、勇敢、虔诚、正义等美德的理性的知识，知道自己该做什么和不该做什么，而且这种知识必定会在行动中体现出来。勇敢正直、关怀友善是当代女性完善道德人格、实现事业成功所必需的处世态度和行为准则，有利于保持社会有序、家庭和睦、人际关系和谐。

　　勇敢正直要求情感、意志和行动上的和谐统一。其内涵包括：与人相处时，态度上勇于担当，情感上乐于助人，行动上顾全大局。勇敢正直具有号召力，它能动员人们振奋精神、勇往直前；勇敢正直是精神支柱，能鼓励人们乐观勇敢地面对各种挫折和挑战。关怀是人世间最纯洁、最高尚的感情，关怀友善是当代女性最美好的品质之一，女性是关怀的使者，富有关怀之心是女性的本性。一个具有善意关怀的人会是一个令人愉快的好人，也是一个善解人意、乐于助人的人。所以，关怀友善是女性在社会中建立友谊、实现全面发展的重要条件，是她们更好地融入社会的前提。其内涵包括：关切社会问题，在意他人需要，热爱自然，待人真诚友爱，善解人意，与人为善，乐于助人，等等。孟子说："老吾老，以及人之老；幼吾幼，以及人之幼，天下可运于掌。"（孟子《梁惠王上》）。孔子也说："己欲立而立人，己欲达而达人。"（《论语·雍也》）亚里士多德认为，友爱与正义是人们共同生活的基本纽带，而且，在这两者中，友爱似乎更为重要。他还认为，不管是私人的共同生活，还是政治的共同生活，友爱等这样的伦理德行是必需的。关怀友爱可形成一股强大的力量，人们之间的互助互爱可以使整个社会充满爱心和温情。因此，在社会主义条件下，勇敢正直、关怀友善就要求每个女性从自己做起，从小事做起，以勇敢正直、关怀友善的态度与同事、家人、朋友相处，建立一种和谐、融洽的人际关系，提高生活质量和工作效率，为社会主义现代化建设提供良好的社会氛围。

　　5. 勤劳俭朴，优雅大方

　　勤劳俭朴、优雅大方是当代女性在生活方式和生活态度方面应该体现的道德品质。勤劳俭朴是中华民族的传统美德，是个人成家立业的保证，是我国一条古老而现实的伦理要求。勤劳俭朴之德历来为我国人民所推崇，孔子主张俭约，反对奢靡，"奢则不逊，俭则固，与其不逊也，宁固"。（《论语·述而》）老子则认为，为人处世有"三宝"："一曰慈，二曰俭，三曰不敢为天下先，"（《老子》六十七章）其中把俭作为必不可少的一宝并告诫人们适可而止，满足于简陋的衣食住行的水准。《左传》中更是明确地提出："俭，德之共也；侈，恶之大也。"（《管子·禁藏》）这些言语都表达了勤劳俭朴的思想，要求女性培养勤劳俭朴的美德。勤劳是女性对待劳动的一种态度，它要求勤奋努力、不怕辛苦，强调用自己的劳动创造美好生活。俭朴就是朴素、节约，是对待物质欲望的一种态度，它要求节制自己的生活欲望，约束自己的消费行为，俭约生活，节约财用。

传统女德对"妇容"作出了严苛的规定，要求女性在言行站坐，喜怒哀乐，出入交往等仪容、仪表、仪态都必须符合诸如"女诫"和"十莫"的要求。"妇容"内容虽太严苛，但作为女性德行美的人格形象表征，在当代社会仍有借鉴价值。当代女性活跃在社会各领域，不仅需要"盥浣尘秽，服饰鲜洁"的整洁端庄的形象美，而且需要保持与人交往中"高雅大气、热情时尚"的优雅大方的风度美、气质美和情操美。优雅大方，是现代女性全面发展必须具备的德行能力和形象素质。它具有中国传统文化底蕴的道德精神，是一种努力向上、积极进取的人生态度。自古以来，它被视为女性圣洁的象征，代表一切清净、高贵、美丽和超凡的品质。优雅大方的个人美德不仅仅是女性外在美的表现，也是女性内在美德的体现。当代女性要做到整洁端庄、优雅大方，必须自觉学习人文社科知识和伦理礼仪常识，不断提高自己的文化素养和礼仪修养。

三　当代中国女性个人美德的修养之道

当代中国女性个人美德是社会道德要求内化的产物，是个体对社会道德要求认同和践履的结果。当代中国女性个人美德的形成不仅需要社会、学校和家庭加强对女性的道德教育，更需要女性自身自觉加强道德修养，按照社会道德要求采取正确有效的修养方法，进行自我审度、自我教育、自我锻炼、自我改造和自我塑造，不断提高道德境界，实现道德认知、道德情感、道德意志和道德行为的有机统一。

1. 以知养德——提高道德认知，明确道德要求

个体道德认知是指主体以理想为依托的价值取向。它提供的是特殊的价值知识，这种知识既是主体道德认识的产物，也是主体道德实践的结晶。对于当代女性来说，通过道德认知可以丰富女性的知识，增加女性的阅历，可以形成她们的信念，引导她们追求道德理想，实现自我的道德完善。道德认知活动是一个由多个环节组成的复杂的认识过程。

第一，积极进行道德感知。道德感知是人与人在价值关系中的某种感受、印象或知觉，是一种价值取向。个体只有从一定的价值观念、信念出

发，才会感知一定的道德属性。如中华人民共和国成立初期，广大女性自觉的道德追求是"不爱红妆爱武装"、"勇敢"、"坚贞"、"忠诚"等革命品质。"朴素"、"大方"、"英姿飒爽"等中性化女性特征代替了过去女性的美丽、婉约气质，明显的女性特征的美感日益丧失其道德性基础，从而造就了一批隐匿自我性别特征的中性化女英雄、女模范。

第二，加强道德思维，优化道德感知。道德思维是指根据一定的道德感知进行理性思考，对道德现象的本质、特征、发展规律的认识过程。现代女性加强道德思维，就会使她们借助于归纳推理或演绎推理来拓宽和加深自己的思考，促进自己摆脱片面性、偶然性，而进入全面性、必然性领域，形成人的由己及人或由人及己的认识机制，形成她们对认识对象的道德价值把握。如孔子提出的"己欲立而立人，己欲达而达人"，"己所不欲，勿施于人"的"为仁之方"，就是对道德思维的特征和功能的揭示。

第三，形成道德智慧，明确道德要求。道德智慧是道德认识发展的最高层面。它需要广博的知识、深刻的机智、不断的求索，把知识、道德要求与现实生活、把认识社会同认识自我结合起来，从日常生活中认识道德规律，又把自己对道德的认识转化为道德实践。如由于女性既要像男性一样参加工作、社会活动，还要承担家庭的主要劳动和教育子女的义务，于是"贤妻良母"、"温柔"、"纯洁"、"正派"等女性道德品质就盘桓于两性交往和整个社会的道德评价体系中。

2. 以情激德——丰富道德情感，认同道德责任

个体道德情感是以实践精神去把握世界的一种特殊方式，在一定利益关系中，主体的人通过对世界的体验和对自身情绪的认识而形成的一种高级感情。它是人类道德心理中最深沉又最活跃的因素。个体的道德情感始于道德认识，但并不一定相生于道德认识。只有当道德认识同个体的世界观、人生观和道德理想相结合，才会形成一定的道德情感。因此，女性个人美德的修养要在生活中不断丰富道德情感，认同道德责任。

第一，强化道德情感正向的体验。正向的道德情感体验对女性个人美德修养具有正面的价值作用，因为正向的道德情感体验指向女性对善的追求，奠定了对善的意识的把握以及向善的内驱力的产生，它对女性个体德性造就具有强大的催化、激发作用，对德行的践履产生巨大的调解、支持和推动作用。正向道德情感体验促进着身与心的统一和人我伦理关系的和

谐与健康发展，能够促进女性在社会彼此的关系中达到优化和不断完善，形成亲和、相融的纽带，使德行的向善力得到更好的体现与把握，使女性形成稳定的个人德行，进而在此基础上形成对规范的认同、接受与内化。

第二，加强对情欲的节制和引导。道德情感在性质上与情欲较为接近，而女性多为感性主义者，因此，丰富道德情感时要对情欲有所控制。以理治欲常常走向禁欲主义，以情约情，则常常持论公允、把握适度，更有利于人的全面发展。在道德情感活动"内得于己，外施于人"的能动过程中，通过喜、怒、哀、乐将道德必然性转化为内心的道德要求，通过节制情欲形成道德品质，通过将情感施于人、利于人、使别人有所得，这样就能形成自尊、自重、自爱、知书达理、关怀友爱等个人美德。

第三，开展道德情感活动，形成道德责任。女性道德情感活动形式表现出来主要有两种：一是指向社会的道德情感活动形式，如同情、尊重等。同情是人性中的一个基本原则，是仁慈、博爱、关怀、助人的美德的心理基础。女性具有同情心，她自然就会对不幸者、弱者等怜悯，对他人关心、爱护、帮助。同情被大多数人看作善良的标志。二是指向自身的道德情感活动，如羞耻、自尊等。羞耻是形成良心的基本前提，是良心的重要功能。如自私自利的人对于损人利己的行为就不会感觉到羞耻，就不会有先人后己的品格。人只有知耻，才能反省自己，改过自新，完善自己的人格。

3. 以意固德——磨炼道德意志，坚守道德信念

个体道德意志是指个体在履行道德义务时，自觉地确定目标、克服欲望、支配行动等能动的实践精神。黑格尔说："理智的工作仅在于认识这世界是如此，反之，意志的努力在于使得这个世界成为应如此。"[①] 道德意志本身是认识、情感等诸种意识成分相互作用而形成的，是人的内心行动，是力求使世界发生某种变化的心理过程。它指向高尚的目标，并动员自己全部品德力量来实现这一目标。因此，女性的道德意志修养需要注意以下几个方面：

第一，维护道德意志的自主性。道德意志活动自主性的两个方面是求善和避恶。道德意志的自主性是指主体在自己的活动中，通过理智活动而

---

① ［德］黑格尔：《小逻辑》，贺麟译，商务印书馆1980年版，第420页。

赋予意志，以求善避恶为目的。孔子说："苟志于仁矣，无恶也。"所以，女性维护道德意志的自主性就是摆脱恶这种干扰，克服自己的盲目性，坚守道德信念，最终达到德行的目的。

第二，坚持道德意志的自觉性。意志不仅是主观领域里的东西，而且要从主观进入客观，实现主体的目的。自觉是一项十分艰巨的任务、使命，是意志的道德属性，只有意志坚定的人才会面对冷酷的现实而无所畏惧，投身于生命长河而不任人摆布。丧失道德意志的女性，常常听从命运的安排，把服从命运视为美德。她们在人生中的信条是：命运领着走，命运拽着走。她们习惯于把自己的人生交给他人或权威去安排，按照别人的决定去行动。与此相反，一个具有道德意志的人，总是把自我决定看作不可推卸的职责，看作既带有艰辛又充满胜利希望的开端。因此，在女性发展依然存在着许多亟须解决的问题的情况下，冲破束缚女性发展的因素是需要顽强的道德意志的。当代女性的全面发展是一个趋势，也必将是一个长期的过程。

第三，强化道德意志的自律性。道德意志是由知识、情感、理智构成的现实统一体。由于道德意志是主体的实践表现，所以它既要追求自己的欲望，又要适时地约束自己的欲望，是一种自律性活动。这种意志自律的活动，实际上就是意志主体借助意志力量进行自我控制的过程，使道德意志活动成为有确定方向的有序活动。因此，女性要强化道德意志的自律性，以促进自身人格现代化。

4. 以行履德——选择道德行为，实践积善成德

个体道德行为选择，是指有着多种道德上的可能时，在道德意识的支配下，根据一定的道德价值标准，自觉自愿地进行善恶取舍的行为活动。女性个体道德行为的选择性是当代女性社会道德内化为个体道德的重要途径，是女性个体道德状况的外部表征和客观确证。人类进入文明社会以后，社会的道德体系总是多元化，有过时的道德，有适时的道德，有顺势的道德。这些反映不同阶级或社会集团的利益、具有不同性质的道德体系，都可以作为人们行为选择的道德体系和价值标准，所以，这就要求当代女性选择道德行为，实践积善成德。

第一，正确地认识和对待道德行为选择的道德责任。道德责任是道德行为选择的基本特征和中心问题。当代女性认识道德责任正确与否，是她

们提高自身道德行为选择的能力，认清道德行为选择的正确的方向，培养她们优良的道德品质，完善道德人格的重要条件。如当代女性不再坚守"饿死事小，失节事大"道德责任，甚至有的女性认为可以从自身生活和生理需要出发随意决定自己的"性"行为，那么"第三者，傍大款，扮小蜜，做情妇，当二奶"就不再是社会个别现象。

第二，坚持目的善和手段善辩证统一。在道德行为选择中，必须坚持目的善和手段善的一致性。假如一个人的行为目的是道德的，但总是采取不道德的手段，那么久而久之，就会积以成习，结果目的善被手段恶所取代，走向恶的道路。所以，当代女性在具体道德行为的目的和手段的选择上，还必须有机地统一起来，这样才能保证她们个体道德健康地、持续地发展，推动个体道德人格的不断提升和完善。

第三，正确地处理道德行为选择中的道德冲突。在个体道德活动中，道德冲突是不可避免的，它关系到个体所选择的行为道德责任的确定和道德价值的有无与大小，也是检验个体道德发展水平和道德人格完善程度的试金石。所以，当代女性在选择道德行为时：一是要善于区分虚假的冲突和真实的冲突；二是要正确认识道德准则要求的普遍性和具体性的关系；三是要坚持树立道德准则的价值内涵的等次观念。实践证明，女性个体的道德水平和道德人格就是在不断地解决道德冲突中得到发展和升华的。而任何道德规范和价值标准都不应该是死板教条的，它要求行为者能够把道德规范和价值标准同当时行为的具体情境结合起来，作出行为选择。

第四，要积极进行道德实践，不断积善成德。道德活动是一种实践理性或实践精神。人的道德品质就是通过人的社会实践而形成的。社会实践才是造就人们德行的真正熔炉。因此，当代中国女性的道德修养应与女性的社会实践活动相联系，与具体的道德行为和全部道德实践过程相联系。当代中国女性要以积极的社会道德实践行动来认识、把握和履行女性美德的要求，"不以善小而不为，不以恶小而为之"，不断积善成德，提升道德境界。

总之，当代中国女性美德根本不同于一切私有制社会的女德，它是当代中国社会主义政治、经济、文化和社会制度的反映。作为公民道德建设重要组成部分的当代中国女性美德，是社会主义精神文明建设的重要内容。它既弘扬了中国传统女性美德之精华，又吸取了现代社会女性道德文明之至善，一定程度上解决了女性现实生活中的突出道德问题，为促进女性自身的解放和发展、社会主义精神文明建设及社会的和谐稳定发挥了重要作用。

第五章　当代中国女性美德建设的路径

古人云，"女子是齐家之本、清国之源"。德国教育家福禄贝尔说："国民的命运与其说操在掌权者手中，倒不如说是操在母亲手中。"① 中国第一个母亲研究所创办人王东华先生在他的著作《发现母亲》中说到，女性由其身心特点决定了她擅长于人口再生产，而男性则擅长于从事物质再生产，人口再生产比物质再生产的重要性更大。因此，不应让女性放弃家庭育儿而去从事并不适合她的物质再生产。母亲在子女成长中发挥的作用在90%以上。这些言论深刻地揭示了女性对子女的影响和作用，揭示了女性和国民命运的密切关系。可以说，国家的文明进步程度，体现在国民的素质上。加强国民素质教育，家庭教育是其源起。在家庭教育中，女性尤其是母亲的个人品质极其重要。一个人的成长、性格养成及其人生观、价值观的培养，跟母亲（包括继母）的影响是密不可分的。

21世纪，随着知识经济时代的到来，社会经济生活方式发生了较大的改变，从体力劳动向智力、技术工作的转变，打破了性别差异的局限，给女性发展带来了新的契机。女性走出家庭，参与社会生活的广度、深度与频率是前所未有的，现代社会生活、家庭、职业、媒体、大众娱乐等各种因素对女性道德的影响也是前所未有的错综复杂，女性在贞操观、婚恋观、职业观等诸多方面的价值取向呈现出多元化、差异化趋势。同时，也产生了一系列相关的心理问题、社会问题，其症结在于当代女性道德的迷失。因此，加强当代中国女性美德建设，是时代的要求，也是和谐社会的呼唤，需要发挥社会多方面力量的联动作用，以女子道德教育为主流渠道，与其他多重渠道相配合，全方位地开展女性道德建设，将之系统化、

---

① 陈颐：《现代女子家政》，安徽科学技术出版社1994年版，第157页。

层级化。

第一节　指导思想的确立和资源的吸纳

一　以马克思主义女性观为指导

马克思主义女性观，是马克思、恩格斯经典作家用科学的世界观、方法论，在阐释女性社会历史地位演变的基础上，深入探寻女性受压迫、受奴役的社会经济根源，从而对其在社会历史中的价值作用、权利及其争取解放的途径等一系列根本性问题所作出的深刻分析和科学总结，是马克思主义科学体系不可缺少的重要组成部分。

在社会实践方面，马克思主义女性观在指导各国无产阶级进行本国革命以及建设方面发挥了极其重要的作用，尤其是始终指导着中国共产党从事马克思主义中国化的革命和建设实践活动，为中国社会主义革命与建设事业作出了巨大的理论贡献。正如马克思在致路德维希·库格曼的书信中所写，"每个了解一点历史的人也都知道，没有妇女的酵素就不可能有伟大的社会变革。社会的进步可以用女性（丑的也包括在内）的社会地位来精确地衡量"。① 在中国社会主义革命、建设以及当代改革开放的历史时期，在马克思主义女性观的指引下，中国共产党经过无数次艰苦卓绝的理论研究与实践探索，将马克思主义科学理论与中国革命和建设的具体情况相结合，用其科学的女性观引导中国妇女积极投身社会主义实践，与男性一起共同推动中国向前发展。在当前市场经济与知识经济时代浪潮下，必须以马克思主义女性观作为中国女性道德建设的理论指导，进一步激发中国女性在当代中国社会主义改革开放的历史浪潮中的主动性和创造性，实现中国女性的彻底解放与中华民族的伟大复兴。

马克思、恩格斯虽然没有专门论述女性的专著，但在创建马克思主义理论体系的过程中，从不同的角度，对人类社会历史中女性发展问题进行了一定程度的探索。在《1844 年经济学哲学手稿》、《德意志意识形态》、《共产党宣言》、《法兰西内战》、《给路德维希·库格罗的信》、《英国工人阶级状况》、《家庭、私有制和国家的起源》等著作中有大量女性问题

---

① 《马克思恩格斯选集》第 4 卷，人民出版社 1995 年版，第 586 页。

的相关论述。其中，恩格斯所著的《家庭、私有制和国家的起源》对女性问题的研究最为集中，是马克思主义女性观形成的标志性代表作。其思想主要包括：

1. 男女平等是马克思主义女性观的理论基础与最终归宿

马克思主义女性观的基础与核心是实现男女平等。在历史上，不论东方还是西方，女性社会地位低下，"男尊女卑"一直被视为理所当然。所有父权制或男权制的思想家、理论家们都或从历史、或从现实、或从制度和思想上为女性从属于男性这一伦理观念进行辩护。在西方，亚里士多德曾在《政治学》中指出，女人是"四肢发达而头脑简单的人"，是"不完全的男人"，"男子是标准，女子只是一个不生育的男子，是一个无能的畸形人"，"男人天生高贵，女人天生低贱；男人统治，女人被统治"。中世纪将女性当成邪恶之门，《圣经》将传说中的第一个女人——夏娃描绘成由男人的肋骨和肉制作而成，不仅如此，基督教认为，女性是不洁之物。第一个拉丁教父德尔图主教认定女人"是使人类走向灭亡的东西"，"女人！该进地狱之门！"神职人员还就"女性是否有灵魂"进行探讨并得出结论：女性只有"类似灵魂的东西"，从根本上确定了男尊女卑的社会价值观念。即使进入近代，主张社会平等的卢梭，在男女关系方面也主张"他们的相互依赖性是不平等的。没有女人，男人仍然存在，没有了男人，女人的存在便有问题"。叔本华、尼采也都有对女性歧视的言论，叔本华也曾经挖苦女人"既愚蠢又浅见"，是"精神上的近视眼"，妇女受压迫以"上帝的旨意"而合理存在，尼采则认为女性是"病态的、衰退的、腐败的"传播者；社会学创始人孔德认为，女性的制度性低于男性。斯宾塞从进化论与有机论的角度提出，"男主外、女主内"是人类社会最好的制度安排，这种男女分工有利于实现社会的平衡。20 世纪初，著名心理学家弗洛伊德仍旧认为，女人是"被阉割了"、"不完全的"族类。在中国，封建社会一直认为女人"头发长，见识短"。儒家文化里含有众多对女性的不公正言说，如父死守孝三年、母死只守一年等，自董仲舒始，强调"夫为妻纲"，用夫妻关系的纲目化强化了女性在两性关系中的不平等地位。封建社会固守"三从四德"，束缚了女性的一言一行。宋明理学进一步提出了"饿死事小，失节事大"、"女子无才便是德"、"女子不言外"的妇道观，自五代、宋朝流行的"缠足为美"的观念从生理上、心理上进一步摧残了女性。新文化运动以前，女性不上族谱，婚后要冠夫姓，要认男方祖宗祠堂，表示其嫁入男方家庭，成为其家庭成员之一，死后葬入夫家祖坟。

马克思、恩格斯对女性不平等问题赖以产生的社会历史条件以及社会经济文化根源进行了深入考察，指出女性的不平等问题属于历史范畴，而非超历史的范畴，是人类社会发展到一定历史阶段的社会现象。在远古时代，女性曾经与男性一样享有平等、自由的地位，共同劳作、平均分配劳动成果。恩格斯在《家庭、私有制和国家的起源》一书中，以丰富的史实加以论证，"在一切蒙昧人中，在一切处于野蛮时代低级阶段、中级阶段、部分地还有处于高级阶段的野蛮人中，妇女不仅居于自由的地位，而且居于受到高度尊敬的地位"。① 如在社会生产力较为低下的母系社会时期，以女性劳作为主导的采集业与种植业在当时经济生活中占据非常重要的位置，因此，当时的女性在社会劳动和家庭生活中也相对应地处于高于男性的支配地位。"通常是女方在家中支配一切……倒霉的是那种过于怠惰或过于笨拙因而不能给公共贮藏品增加一分的不幸的丈夫或情人。不管他在家里有多少子女或占有多少财产，仍然要随时听候命令，收拾行李，准备滚蛋。对于这个命令，他不可有反抗的企图"。② 然而，伴随生产力的不断提高，出现了社会大分工，畜牧业发展起来，男性开始成为社会和家庭的主要劳动力，并发挥出越来越大的作用，创造出更多的社会财富。而女性由于体力以及家务劳作的作用局限而导致地位下降，沦为家庭的奴隶与男性的附属物。母系社会随之终结，父系社会取而代之，男性便获得了支配家庭财产、妻子儿女的权力与地位。正如恩格斯所说：母权制的被推翻，乃是女性的具有世界历史意义的失败③。随着社会生产力的发展与人们精神层次的提高，新的社会历史条件下必然形成新型的男女平等关系，从而取代与旧社会旧制度相联系的两性不平等现象。

马克思主义妇女观倡导男女平等，是在承认两性存在生理差异的前提下，认同两性拥有平等的人格、尊严和价值追求，保障和促进男女两性拥

---

① 《马克思恩格斯选集》第 4 卷，人民出版社 1995 年版，第 45 页。

② 同上。

③ 同上书，第 54 页。

有平等的社会地位和家庭生活、均等的发展条件与机会，建立两性对等的权利义务关系。中华人民共和国成立以来，社会主义新中国确立了男女平等的基本国策，从国家政策层面上积极推进男女平等地位的实现。如，提供平等的就业机会、经济以及教育资源、实行男女同工同酬、支持和鼓励女性参政议政、婚恋自由等。中华人民共和国成立 60 多年来，在党及各级妇联组织的领导和推动下，我国女性的社会地位、经济文化地位得到极大的提高，男女平等观念普及，实现两性平等的各项政策得以有效实施。但是，改革开放以来，受"理性经济人""个人主义"等观念的影响，社会价值追求发生了偏移，男女关系开始出现了一些新的问题，比如女大学生、甚至女硕士、女博士的择业问题等。胡锦涛曾经就此指出，要"牢固树立马克思主义妇女观，坚决贯彻男女平等的基本国策，通过扎实有力的工作促进妇女事业的发展"。"想问题，做决策，办事情，都要充分考虑妇女的意愿，切实维护妇女的权益，真正体现对妇女的关心。"①

2. 女性解放及其实现程度是衡量人类普遍解放的天然尺度

由于社会生产发展水平的限制，女性卑贱、低下的家庭地位和社会地位在相当长的历史时期之内作为普遍的社会价值观念为人们所接受。从理论上看，女性解放的实现是以生产的高度发达、社会产品极大丰富为前提的。正如恩格斯所说，"结婚的充分自由，只有在消灭了资本主义生产和它所造成的财产关系，从而把今日对选择配偶还有巨大影响的一切附加的经济考虑消除以后，才能普遍实现。到那时，除了相互爱慕以外，就再也不会有别的动机了"。② 从历史上看，女性遭受不公正待遇的实质是阶级压迫。毛泽东在对中国女性社会处境进行了大量的调研和详细考察后指出："她们没有政治地位，没有人身自由，她们的痛苦比一切人大。"③ 农村妇女拥有更为迫切的反抗意愿，因此拥护女性解放的社会基础极为扎实，支持力量尤其强大。他认为，女性解放离不开阶级解放与社会解放，两性平等必须通过阶级解放和社会解放这一重要途径才能得以实现。同时，女性解放及其实现程度也是阶级解放和社会解放的衡量标准。因此，

---

① 湖北日报：《胡锦涛向全国妇女提出三点希望》，新浪新闻 http：//news. sina. com. cn/c/2003 - 08 - 2810744651195s. shtml。

② 《马克思恩格斯选集》第 4 卷，人民出版社 1995 年版，第 80 页。

③ 《毛泽东农村调查文集》，人民出版社 1982 年版，第 177—178 页。

女性要获取自身的解放，就必须致力于阶级解放和社会解放的革命实践。1955 年，他在《发动妇女投入生产，解决了劳动力不足的困难》一文的按语中指出，"中国的妇女是一种伟大的人力资源"①，因此，必须挖掘女性这一重要的人力资源，共同建设社会主义新中国。

尽管女性的解放必须要以阶级解放和社会解放为前提，但真正实现妇女解放及其实现程度还受到经济地位、社会文化、意志形态等各方面发展程度的影响。当前，构建和谐社会是中国特色社会主义的本质要求与中国共产党的社会理想，男女和谐共处、平等发展是和谐社会的重要特征之一。在当代中国，由于历史、经济、文化等方面的原因，男女两性在社会分工和资源享有方面仍存在不公平的现象，这就制约了女性解放的实现，也势必影响到社会和谐的实现。这就需要广泛宣传马克思主义妇女观，摒弃男尊女卑、重男轻女的传统偏见，为妇女发展创造良好的社会文化与思想环境。同时，女性的解放还应以大力提高妇女自身素质为重要条件。马克思、恩格斯曾经指出，实现女性解放是一个漫长的历史过程。早在1998 年，胡锦涛在中国妇女第八次全国代表大会上的祝词也指出：中国女性解放要"由法律上的男女平等达到事实上的男女平等，任务仍十分艰巨"②，这就要求我们要认清提高妇女素质关系到整个国家综合国力的增强与社会的可持续发展，关系到中华民族整体素质的提高，关系到保护妇女合法权益和实现男女平等的进程。中国妇女第九次全国代表大会提出，妇女是先进文化建设的重要力量，因此，要努力培育新时代女性的精神风貌，不断丰富女性的精神层面，通过弘扬中华民族的优良传统，积极建设社会主义道德，塑造"四有"、"四自"的时代新女性。

3. 支持和鼓励女性积极参与社会劳动是女性保持经济与思想独立的现实途径

如前所述，恩格斯以大量史实无数次证明，人的社会地位与家庭地位，归根到底取决于其在社会生产过程中所取得的地位。他指出："只要妇女仍然被排除于社会的生产劳动之外而只限于从事家庭的私人劳动，那

①　中共中央办公厅编：《中国农村的社会主义高潮》中册，人民出版社 1956 年版，第 675 页。

②　胡锦涛：《胡锦涛在中国妇女第八次全国代表大会上的祝词》，新华网 http：//news. xinhuanet. com/ ziliao/ 2001—01/05/content_502255. htm。

么妇女的解放，妇女同男子的平等，现在和将来都是不可能的。"① 列宁也指出："要彻底解放妇女，要使她们同男子真正平等，就必须有公共经济，必须让妇女参加共同的生产劳动。"② 因此，实现男女平等的主体不是他人，亦不是社会，只能是女性本身。他人与社会只能提供男女平等的文化、思想、制度环境支持，而女性参与社会劳动，是成就个体独立与尊严的先决条件。女性只有积极投身于社会劳动，通过推动社会生产力的发展、创造社会物质精神文明等实践活动来体现个人价值，实现经济、思想上的独立，从而获得社会认可与尊重。总而言之，女性保持自身的"自尊、自立、自信、自强"才是最终实现男女平等的根本助力与现实路径。其一，获取经济独立是女性解放的物质基础。恩格斯在《家庭、私有制和国家的起源》中指出，男性在婚姻家庭中的统治地位直接源于其在经济上的支配地位，并进一步指出，它会随着男性经济统治的消失而消失③。女性通过劳动就业、参与社会生产，获取维持自身生存与发展的经济报酬，有利于打破传统社会中男性在家庭乃至社会的经济统治地位，为实现男女平等打下了现实基础。在 2013 年课题组的女性美德建设现状分析数据中，认为参加社会劳动用于维持自己及家庭生活的占 51.3%，认为用于实现自己理想与价值和用于经济独立的女性分别占 33.1%、33.3%。这从侧面反映出，女性职业化为国民经济发展发挥了重要作用。女性在为社会创造了巨大财富的同时，也取得了经济权利，提高了价值存在感与自豪感，极大增强了独立性。在农村，妇女是农、林、牧、副、渔的主要生产力量，在城市，妇女就业涉及各个领域。可以说，妇女发挥了"半边天"的角色，由此产生了"谁说女子不如男"的独立意识。其二，女性在参与社会劳动前的教育准备以及在社会劳动中的受教育，提升了自身的思想文化素质。一方面，女性在劳动实践中获得了教育，提高了自身认知与技能水平。另一方面，由于国家积极的教育政策，很多年轻女性在参与社会劳动前得以参加教育活动，促进了女性自身科学文化水平与道德水平的提高，从而促进了职业女性群体的发展与壮大。

---

① 《马克思恩格斯选集》第 4 卷，人民出版社 1995 年版，第 162 页。

② 《列宁选集》第 4 卷，人民出版社 1995 年版，第 47—48 页。

③ 参阅《马克思恩格斯选集》第 4 卷，人民出版社 1995 年版，第 81 页。

4. 女性解放是一个长期的历史过程

马克思、恩格斯早就指出，女性解放不仅仅受一定的生产力与生产关系的制约，也受物质生产水平与精神文明程度的影响。因此，女性解放不是一蹴而就的事情，需要经济建设与精神建设两者的契合发展。中华人民共和国的成立，为推翻人压迫人的社会制度，实现妇女解放、两性平等提供了根本保证。同时，女性职业化及职业女性群体的发展与壮大，是我国妇女工作取得重要成就的重要标志。近些年来，在市场经济自由、平等、竞争等市场规范的刺激下，现代女性越来越敢于打破封建道德束缚，积极追求个体解放与幸福，但另一方面，一部分女性在寻求自身独立的道路上走入了极端个人主义、享乐主义和物质主义的误区，看似在追求独立、解放，实质上仍旧在寻求依附。目前，为数不少的青年知识女性职业期待与职业信心不断降低，男女平等的观念受到一定程度的冲击，"干得好不如嫁得好"、"事业型不如生活型"等思想观念大有蔓延之势。从我们的女性美德调查数据来看，在家庭经济条件允许的前提下，对工作还是回家持无所谓的观点者占 35.6%，选择回家当全职太太的女性达到了 33.4%。2001 年，由全国妇联和国家统计局举办的第二期中国妇女社会地位抽样调查数据显示，在 1 万 9 千多名接受调查的女性当中，赞同社会广泛流传的所谓"干得好不如嫁得好"的说法的女性占 34.1%[1]，10 年后的第三期调查中，持该观点的人数比例不降反升，有 44.4% 的被访者表示认同，与 2000 年相比，对此持认同观点的男女比例分别提高了 10.5 个和 10.7 个百分点[2]。根据2013 年国内知名婚恋网站百合网与全国妇联联合进行的大学生婚恋观调查，在 2400 多名受访大学生中认同该观点的女大学生高达 66.7%。[3] 这一思想面貌反映出较多女性存在着依附心理，是女性缺乏独立性的表现，其实质是女性"自尊、自立、自强、自信"意识的倒退。因此，克服女性在自我高度关注下的自身价值迷失，重塑新时代女性美的时

---

① 第二期中国妇女社会地位调查课题组：《第二期中国妇女社会地位抽样调查主要数据报告》，《妇女研究论丛》2001 年第 5 期。

② 第三期中国妇女社会地位调查课题组：《第三期中国妇女社会地位调查主要数据报告》，《妇女研究论丛》2011 年第 6 期。

③ 张鹏：《大学生婚恋观调查：逾六成女生认为"干得好不如嫁得好"》，新华网 http://education.news.cn/2013—07/03/c_116394270_2.htm。

代内涵，是当前中国妇女工作长期而又艰巨的任务。

二 弘扬中西女性道德的积极成果

当前，加强中国女性道德建设要立足中国社会现实，在业已取得的成就的基础上，推动女性道德建设再上新的台阶。这就要求在建设过程中，不能忽视传统文化的力量，同时也要吸取西方女性道德建设的精华，中西合璧，在中国现代化进程中完成中国女性传统性与现代性的有机结合。

1. 传承中国传统文化中女性道德的优质基因

我国女性道德源远流长，历史悠久。从原始社会末期到奴隶社会初期，人类刚刚进入一夫一妻制的婚姻家庭阶段，就已经有了对女性的道德规范。随着宗法制度的发展，"妇德"一直被视作重要内容加以规定。从此，对妇女的道德要求日益理论化、体系化和规范化。在中国封建社会制度发展过程中，女性道德体现在封建社会的礼法制度与伦理规范当中，通过对起居言行的规定进而渗透到传统社会民众的思想观念、道德意识中，发挥出"家国一体"重大的社会功用。尽管封建礼教对女性的压抑与束缚使得"妇德"建立在男尊女卑的基础之上，其内容往往是糟粕与精华并存，但不能由此对传统女德进行全盘否定，认为它只有对女性的道德禁锢。

首先，传统社会的女德观肯定了女性在家庭中的角色价值。

传统社会对女性的道德培养与要求更多地侧重于其家庭内的角色承担，提倡女性在家庭中发挥和乐家庭、相夫教子、勤俭持家的作用，即使在现代来看也并未失去其指导意义。

和乐家庭，又可称为"娱亲"，即家庭关系和谐、成员快乐幸福。家庭是社会的细胞，"家和万事兴"。古人认为，家庭和睦，具有兴家、兴国的重要作用。明成祖朱棣之妻仁孝文皇后在《内训》中指出："内和而外和，一家和而一国和，一国和而天下和"[1]，"纵观往古，国家废兴。未有不由于妇之贤否，事君者不可以不慎。"[2] 女性如果具有坚韧、温顺、宽和、仁慈等良好的道德品质，有助于营造家庭和谐的氛围。因此，传统

---

① 中华文化讲堂：《女四书 女孝经》，团结出版社2014年版，第51—52页。

② 同上书，第44页。

女训要求女性与人为善、谦恭礼让，处理好家庭关系。如道教丹书《壶天性果女丹十则》里说："譬如翁姑在堂，朝夕孝敬，视膳问寝。善事翁姑，此便是第一功，第一大行。果能尽心竭力而为之，则仙女便可立地成就。"[①] 其中规定："第一戒：要孝养翁姑。若无翁姑，凡族亲以及尊长于我者，皆宜谦恭尽道。敬老尊贤。……以上六戒，诚为女子修行要道，着实功夫。"[②] 元代郑太和所撰的《郑氏规范》在第十二条引用《女训》相关部分说："家之和与不和，皆系妇人之贤否。何谓贤，事舅姑以孝顺，奉丈夫以恭敬，待娣姒以温和，接子孙以慈爱，如此之类是已。"[③] 在目前流传最广的《女儿经》中提出，女性婚后要尊敬"公姑"，其中说道"事公姑，如捧盈"；如果丈夫贫困，要"莫生瞋"，强调"夫妇和，家道成，妯娌们，要孝顺"，"亲戚来，把茶烹，酉长至，要亲敬"。《四字女经》讲："嫁作媳妇，敬奉大人"，"见伯叔公，规矩当存"，"姆娘伯母，相敬如宾"，"一家和顺，远近传名"。古代女性这些家庭道德规范显然有助于家庭内部的和谐共处，实现夫妻、姑妇、妯娌之间的礼让团结。

在相夫教子方面，首先要相夫成业，充当"贤内助"。中国历史上在此方面曾经涌现出大量让人称颂的贤妻，一直令人津津乐道。晏婴车夫之妻，以委婉方式劝谏丈夫学会谦恭礼让；长孙皇后对唐太宗的温敦谏言；春秋时期晋文公妻齐姜的助夫成就霸业；乐羊子妻劝夫勿眷恋家室，一心求学问道等故事能名垂青史，也是对女性家庭角色重要性的认可。其次是教子成才。母亲在教育中的作用历来受到人们的重视。清朝陈宏谋在《教女遗规》序中将母亲的道德修养与后代的个人品质相提并论，在其书中提道："有贤女然后有贤妇，有贤妇然后有贤母，有贤母然后有贤子孙。"[④] 古代诸多女性相关典籍中，记载了大量善于教子的良母。例如，春秋时期鲁国的敬姜教育儿子要懂得"劳则思，思则善心生；逸则淫，淫则忘善，忘善则恶心生"的道理；战国时期"孟母三迁"、"断杼教子"，以此来劝勉年幼不更事的孟子要善于勤学好问，最终成就孟子，使之成为战国时期闻名的儒学大师；北宋著名文学家苏轼之母程氏夫人教导

---

① 贺龙骧：《女丹合编选注》，上海翻译出版公司1991年版，第20页。
② 同上书，第23—24页。
③ 郑太和：《郑氏规范》，中华书局1985年版，第2页。
④ 陈宏谋：《教女遗规译注》，中国华侨出版社2013年版，第1页。

二子，"非分之财，分文不能妄取"；南宋抗金英雄岳飞之母姚太夫人更是母教典范，在民族处于危亡之际，勉励岳飞精忠报国，等等。

此外，传统女性道德观除了强调要赡养翁姑、父母，相夫教子之外，也提倡女性要有勤俭节约的持家观。历代有名的《女训》、《女诫》大都有"早起"、"学作"、"习女工"、"勤俭"、"戒懒"等要目，如《四字女经》中便有"……持家有道，纺织当勤。喂养家牲，打点宜殷"等相关记载；司马光在《温公家范》中通过援引汉明德马皇后的"袍衣疏粗"、鲍宣妻的"归侍御服饰，著短衣裳"、梁鸿妻的"屏绮缟，著布衣、麻履"等古代女性勤俭持家的美德故事，要求家中女性要"固以俭约为美，不以侈丽为美"①；明仁孝文皇后徐氏所撰的《内训》也劝诫说："夫锦绣华丽，不如布帛之温也；奇羞美味，不若粝粢之饱也。且五色坏目，五味昏智；饮清茹淡，祛疾延龄。"② 要求后宫女性要以历史上节俭为名的妃嫔为榜样，以身示范，"上以导下，内以表外，故后必敦节俭，以率六宫；诸侯之夫人，以至士、庶人之妻，皆敦节俭，以率其家"③。这些女德观反映了中国广大传统女性在家庭中发挥了不可磨灭的重要作用，培养了吃苦耐劳的精神与美德。从现代的眼光来看，传统的女德观并没有过时，仍旧具有现代价值。当前有学者提出，女性在家庭中的家务劳动具有社会价值，是社会分工的重要组成部分，是颇有见地的。

其次，古代女德倡导的女性美为当代女性美提供了指导。

审美观是指一个人在对自然、社会生活、文学艺术和人生进行审美活动时所持有的观点、态度和审美方法的总称。对女性美的审美标准反映了人类社会某一历史发展阶段的价值取向。中国自古强调以善为美，其具体内涵是重教化、尚伦理。这一审美标准体现在对女性美的规定上，就是强调与注重外在美和内在美的统一。如女学家班昭所作的《女诫》在提及"四德"时提到："夫云妇德，不必才明绝异也；……妇容不必颜色美丽也……"④ 并进一步阐释："清闲贞静，守节整齐，行己有耻，动静有法，是谓妇德。择辞而说，不道恶语，时然后言，不厌于人，是谓妇言。盥浣

---

① 齐豫生：《中华文学名著百部　温公家范》，新疆青少年出版社 1995 年版，第 88 页。
② 中华文化讲堂：《女四书　女孝经》，团结出版社 2014 年版，第 29 页。
③ 同上书，第 30 页。
④ 中华文化讲堂：《女四书　女孝经》，团结出版社 2014 年版，第 8 页。

尘秽，服饰鲜洁，沐浴以时，身不垢辱，是谓妇容……此四者，女人之大德。"①《女三字经》里也就女性容貌要求方面提道："修女容，在自然。忌重彩，倡静娴。"可见，提倡讲究整洁干净、服饰得体，是女性美的重要尺度之一。不仅如此，古之人在赞扬外在容貌之美与修整之美的同时，讲究女性气质美的修炼，即讲求女性的"端庄典雅"，从班昭对"妇德"的阐释，以及历代女学名作中都能找到大致的论述，强调女子要"正色端操"、"清静自守"、"端庄敬一"。唐代宋若华在《女论语》中，对女子未嫁前的言容，和女子出嫁后的事夫教子等行为规范作出了详尽的要求与规范。同时，古人也提出了气质与素养的修炼方法，东汉蔡邕在《女训》中说："人咸知饰其面，而莫修其心，惑矣。"②魏晋时期，贵族女性都注重习文，普遍拥有较高的教育文化水平。《女论语》撰者宋若华善诗文、懂经史，深得德宗称赞。这些行为训诫以及修炼方法，虽说是为维护封建等级制度服务的，但要求女性具备庄重典雅、和颜悦色、谦恭有礼的气质素养，则仍具有很强的生命力与时代超越性。

再次，继承中国传统女性自强不息的积极立世精神。

中国传统社会女性地位低下，没有独立人格。婚前"待字闺中"，嫁娶后随夫姓，以丈夫的名字取字，这一传统习俗直接体现了女性对男性的从属地位。但在强调"曲从"、"柔弱"的文化大环境下，女性并没有止于对自身卑下地位的被动接受，反而从现实中积极寻找追求独立人格和美好生活的方式与途径。比方说，在"相夫教子"这一传统路径中寻求个性解放、追求自身价值的实现，众多贵族女性如汉代的吕后、王太后、唐朝的长孙皇后、明朝的马皇后等都是通过"相夫教子"辅佐皇帝成就事业，在女性直接参与政治生活不被接受的社会环境下，间接实现了对个体价值的追求。西汉《列女传》中列举了众多女性不懈追求幸福、成就自身的种种事例，如晋文公夫人齐姜用自己的远见卓识襄助晋文公成就霸业等。即使在战场上，中国古代的女性也打破了世人对女性"柔弱"的界定。在捍卫民族尊严方面，她们或鼓励夫与子"精忠报国"，参与"卫国"战争，或亲上战场奋勇杀敌，如花木兰代父从军、杨门女将、穆

---

①　同上。

②　时习之：《蔡邕〈女训〉》，《现代养生》2006 年第 2 期。

桂英挂帅等女性立志故事也彰显了中国古代女性自强不息、积极参与社会事务的立世精神，值得当代女性学习并加以弘扬。

2. 借鉴西方女性美德的传统与建设新成果

东西方思想传统、生活方式的不同，决定了东西方妇女面临的问题也不尽相同。但是，女性在人类历史当中所处的地位、所面临的现实问题存在着相似性，因而其使命与目标也具有共同性，这就决定了中国的女性美德研究与建设有向西方女性学借鉴与学习的可能性。

当前西方女性所获得的自由、平等地位是西方女性在两千多年漫长的历史中，围绕着获取与男性同等的参政权以及工作权所开展的艰苦卓绝的社会斗争的结晶。自 18 世纪女权运动从法国兴起以来，女性要在政治、经济等方面与男性完全平等的社会意识的产生，推动了女性主义理论的形成与发展，这成为中国女性道德建设的重要资源。女性主义，又名"女权主义"，试图以女性的眼光替代传统社会的男性或男性经验视角，来阐释人类文化体系和解决社会问题，主张从男性中心话语权转向女性语境解读。作为当代西方一种文化思潮，女性主义在 20 世纪末形成了独特的价值观念、思维模式，给教育领域带来了革命性的发展。近年来在社会性别理论的基础上，两性平等问题从追求与男性"相同的平等"走向寻求两性"差异中的平等"。女性主义虽然流派较多，但都一致以解放女性、摆脱对女性的歧视为目标。在女性主义的影响下，并以此为基础产生了女性主义伦理学，旨在在批判传统社会忽视、歧视甚至压迫妇女的道德观念的基础上建构伦理学，以达到男女两性平等、社会和谐的目的。其具体内容主要包括：一是倡导两性平等、"男女同德"。女性主义者认为当前的道德发展标准主要是以男性的道德心理发生发展作为研究对象建立起来的，以男性的经验作为人类经验准则，用于衡量女性道德，从而得出女性的道德发展水平低于男性的结论是有失公允的。男性在道德方面倡导正义、理性，女性关注责任、义务。两性在价值取向上存在着性别差异，但非差距，谈不上孰高孰低，应该公平对待。二是提倡关怀，将女性特有的道德心理特质作为德育的主要方法与目标。这是以关怀伦理学为代表的女性主义伦理学的核心观念。其主要代表人物——20 世纪美国斯坦福大学的教育学教授诺丁斯，就强调母亲的声音——关怀。她认为，关怀是一种关系行为，道德也是一种关系的德行。因而，道德行为处于各种关系情境之中，应该以情感来进行引导，而非"公平正义"为主的道德原则。她指出，"女性在进行道德推理时的确以一种不同于男性的声音说话。她们围绕自身和所爱的人发表观点，她们强调人际关系。她们的话语来自具体情境，也指向具体情境。她们的推理与自身所处的环境息息相关。"① 关怀伦理学提倡关怀，主张情境德育以培养个体道德能力，强调"母性思考"等。伴随其理论的多元发展，以女性道德视角来研究社会政治、经济、生态、两性关系，进一步促进了女性意识的成熟发展，同样对中国女性道德建设具有一定的指导意义。

第二节　国家的规制和引导

道德的培育离不开国家的积极作为，需要个人、社会、国家三维度联动。就女性道德建设来说，只有促进经济发展，完善社会保障体系，给人以充分的物质保障，消除经济上的"不安全感"，进而消除女性在工作上恐被忽视及被歧视、在婚姻中恐被遗弃甚至被奴役、在参与公共生活时恐被排斥的种种焦虑，让以不同方式伤害女性的行为受到严惩，女性道德才能得到活水之源。

古语有言："人无常心，习以成性；国无常俗，教则移风。"国家的职责，不仅仅在于向全体社会成员提供公平、公正的外在环境，还在于对其成员进行道德上的引导和精神上的塑造。以国家的力量匡扶正义，以法制的威力惩恶扬善，激发亿万民众焕发道德热情。

一　促进生产力发展，为女性道德建设提供物质基础与条件

马克思主义认为，经济基础决定上层建筑。经济发展水平，必然制约着道德发展的水平。一定的社会物质生活条件决定相应的道德内容，道德观念也不可能脱离或超越其所处的特定的社会经济文化发展水平，亦会随之变化而变化。尽管道德作为意识形态的上层建筑，具有相对的独立性，其发展水平与物质生活条件并不一一对应，但归根到底受社会物质生活条件水平的限

---

① ［美］内尔·诺丁斯：《学会关心——教育的另一种模式》，于天龙译，教育科学出版社2003年版，第30—31页。

定与制约。就像恩格斯在《反杜林论》中所提到的，"一切以往的道德论归根到底都是当时的社会经济状况的产物"①。从历史上看，女性地位低下是社会生产力发展到一定阶段的产物，与当时落后的生产力有密切关系，随着社会生产力水平不断提高，男女两性间因生理上的差异所引起的经济、文化、甚至心理上的差距已经开始不断缩小。因此，女性解放与发展必须以生产力的发展为前提。从现实来看，当前某些女性提出的"宁可在宝马车里哭，不愿在自行车上笑"虽然反映了一部分女性拜金主义、享乐主义的思想意识倾向，但也从侧面折射出女性对经济安全的心理诉求，反映了女性道德建设离不开经济建设、离不开国家生产力水平提高的经济大环境。

1. 促进经济发展，是民生之重，也是女性道德水平提升的基石

管仲云："仓廪实则知礼节，衣食足则知荣辱。"东汉末年的王充也提到过："让生于有余，争起于不足，谷足食多，礼义之心生，礼丰义重，平安之基立矣。"邓小平在物质文明与精神文明、经济与道德的关系问题方面，也有过相关论述。他指出："发展才是硬道理"，"不讲多劳多得，不重视物质利益，对少数先进分子可以，对广大人民群众不行；一段时间可以，长期不行。革命精神是非常宝贵的，没有革命精神就没有革命行动。但是，革命是在物质利益的基础上产生的，如果只讲牺牲精神，不讲物质利益，那就是唯心论。"② 振兴中华离不开中国经济的腾飞与国民素质的提高，但关键在于经济的发展与繁荣。精神文明建设固然重要，但其建设效果同样也离不开物质文明建设的水平与状况。观以往我们道德建设的经验教训，主要问题在于过去我们将道德教育停留在空洞的道德说教，没有合理认识道德意识与物质利益即义与利的关系，忽视了一定的物质生活条件的保障和正当的利益引导。因而，道德教育收效甚微，无法取得良好的教育效果。

同样，加强女性道德建设，推动女性进步，促进妇女解放也离不开生产力水平的发展、国民经济水平的提高。社会经济的发展状况最终决定和制约女性思想道德认知能力与道德实践能力的提高，从而决定和制约了女性进步与解放的程度。这主要表现在两个方面：

---

① 《马克思恩格斯选集》第 3 卷，人民出版社 1995 年版，第 435 页。
② 《邓小平文选》第 2 卷，人民出版社 1994 年版，第 146 页。

一方面，较高的经济发展水平提供了女性受教育权利及社会参与权利的物质保障，有助于女性思想道德水平的提高。女性道德发展出现偏差，主要原因之一是女性的社会地位问题。当前女性的社会地位尤其是经济地位依然处于劣势，不利于女性摆脱人身依附、积极投身于中国的经济政治建设，不利于女性身心的全面发展。根据由全国妇联和国家统计局2011年所公布的《第三期中国妇女社会地位调查》数据来看，一是男女经济收入差距仍旧巨大，女性经济状况仍旧有待改善。调查显示，城乡从业女性的年平均工作收入分别仅为男性的67.3%和56.0%，而且处于不同发展水平地区的城乡从业女性，如京津沪、东部和中西部地区，其年平均劳动收入均比男性要低。二是女性特别是农村女性的受教育水平仍旧低于男性。中西部农村妇女平均受教育6.8年，而该地区农村男性受教育年限高于女性0.5年。同时，接受过高中及以上教育程度的中西部农村女性只占10.0%，比京津沪和东部地区农村女性要低得多，也比该地区受过同等教育的农村男性低4.6个百分点。三是女性家务劳动负担依旧较重，以女性为主的家务劳动格局仍然没有改变。与十年前第二期中国妇女社会地位调查数据相比，在家中从事"大部分"和"全部"做饭、洗碗、洗衣服、做卫生、照料孩子生活等家务工作的女性比例仅从85.0%下降为72.0%，而男性与十年前相比一直没有超过16.0%。在家承担"辅导孩子功课"和"照料老人"主要责任的女性分别为45.2%和39.7%，仍旧高于承担相应家庭责任的男性28.2个和22.9个百分点。四是性别歧视现象仍旧存在，女性"四自"意识有弱化趋势。该调查表明，10.0%的女性在就业过程中曾遭受过性别歧视，而遭遇过性别歧视的男性只有4.5%；7.8%的女性在工作、劳动、学习中遭遇过性骚扰；24.7%有求职经历的女大学生表示曾经被不平等对待。即便是女性高层人才中也有19.8%的女性表示，性别成为自己职业发展的障碍①。经济发展水平，直接影响到国民教育水平的高低，尤其是在相对贫困的农村，在有限的物质生活条件下，将受教育的机会让给家中的男性幼儿，是农村女性面临的普遍现象。2001年国务院发布了《中国儿童发展纲要（2001—2010）》，其

---

① 第三期中国妇女社会地位调查课题组：《第三期中国妇女社会地位调查主要数据报告》，《妇女研究论丛》2011年第6期。

数据表明，尽管目前中国适龄女童入学率已上升为98.8%，但女童约占总失、辍学率的70%，其失、辍学率仍高于男童①。这进而影响到女性尤其是农村女性对两性关系的认知，容易产生女性不如男性，需要依附家庭与男性的错误认识和道德偏误。因此，促进生产力的发展，有助于改善女性的社会经济地位、受教育状况，培育女性"自有"精神与"四自"能力，提高女性的思想道德水平。

另一方面，一定的物质生活条件保障了利益分配的公正性，直接影响到女性道德心理。社会生产力的发展水平也会影响到国民经济收入的分配和再分配。2011年《第三期中国妇女社会地位调查主要数据报告》中的数据显示，18—64岁从业女性其工资收入大多处于低收入和中低收入阶层。城乡低收入女性分别为59.8%和65.7%，而低收入男性则分别为40.2%和34.3%，女性比男性分别高出19.6和31.4个百分点；城乡高收入女性仅占高收入人群的30.9%和24.4%，皆明显低于男性。利益分配的不公正，加深了女性对男性的依附思想。该调查还显示，2001—2010年这十年间，要求女性"回归家庭"的声音在不断地升温并放大。数据显示，认同"男主外，女主内"观点的男性占61.6%，女性占54.8%，而在2000年的数据表明，男女两性持认同观点的比重分别为53.9%和50.4%，分别上升了7.7个和4.4个百分点②。这些观点呈现出来的态势使女性有重新回到对男性的经济上乃至精神上依附的趋势，使女性有失去经济独立地位与社会地位，家庭地位下降的趋势。长此以往，很可能会导致中华人民共和国成立以来在妇女工作方面取得的一系列进展付之东流。

2. 促进生产力的发展，为女性参与社会、经济、文化生活提供更广阔的前景，在实践中锻炼与成长，发挥社会主义主力军的作用

马克思主义认为，社会实践是道德修养的基础，参加社会实践是提高道德修养的基本途径。马克思、恩格斯在《德意志意识形态》中指出："那些发展着自己的物质生产和物质交往的人们，在改变自己的这个现实的同时也改变着自己的思维和思维的产物。不是意识决定生活，而是生活

---

① 参阅梁洪波：《女童教育　性别公正的起点》，《中国妇女报》2003年4月10日。
② 第三期中国妇女社会地位调查课题组：《第三期中国妇女社会地位调查主要数据报告》，《妇女研究论丛》2011年第6期。

决定意识"①，"生产者也改变着，他炼出新的品质，通过生产而发展和改造着自身，造成新的力量和新的观念，造成新的交往方式，新的需要和新的语言"②。日渐成为社会生产力的组成部分并不断发挥重要作用的女性，包括中国女性，尤其是具备较高的文化教育水平或较熟练的专业技能、较丰富的劳动经验的现代职业女性，在长期从事社会劳动生产和科学技术文化活动的过程中，其道德品质会在一定程度上发生相应的改变，产生与之相适应的新的道德心理和道德行为。同时，由于生产劳动所带来的交往领域不断扩大，也会促使女性原有的道德心理与道德行为发生变化，并不断加快新的道德观念的生成。2008—2009 年中国社会科学院妇女性别研究中心所作出的关于"返乡打工妹的生存现状与政策需求"的研究报告表明，农村女性通过到沿海发达地区打工，大大地提升了她们的文明程度和文化素质，从某种角度来看，实现了"人的现代性"。由此可见，女性只有广泛参与到社会政治、经济、文化生活中，特别是参与到生产劳动这一人类最基本的实践活动当中，才能增长才干，增强"自尊、自信、自立、自强"的能力，提高自己的科学文化素质与思想道德素质。因此，抓住经济建设，是中国女性进步与发展的关键。这就需要国家政府提供制度上、经济上的保障与支持，如扩大就业，为女性创造良好的就业环境，积极开发符合女性特点的就业领域与就业方式，发展针对女性的职业培训、介绍、咨询等服务事业，提供资金解决女性生育保障问题等，这一系列支持行为都必须以国家生产力的发展为依托。

二 法律的完善

女性道德建设是一项长期且复杂的系统工程，不仅需要女性自身的能动自觉和社会的持续重视、倡导，也需要法律支持和制度保障。提高女性的法律地位，是增强女性道德建设实效性的重要保证。这是因为法律具有制度性的优势，以国家强制力为后盾，弥补了道德自律的不足。在女性道德建设过程中，必须积极寻求法律的有力支持，保证女性在家庭、职场、公共生活各领域的权益，才能促进女性道德建设的良性发展。

---

① 《马克思恩格斯全集》第 3 卷，人民出版社 1960 年版，第 30 页。
② 《马克思恩格斯文集》第 8 卷，人民出版社 2009 年版，第 145 页。

1. 完善法律，保障女性爱情、婚姻生活中的各项权利

家庭作为社会的最基本单位，是个体的幸福感以及心理成长的基石。女性在家庭当中的地位，很大程度上决定了女性的自我认知，进而影响到女性的道德心理。中华人民共和国成立以来，国家就将男女平等作为一项基本国策，并在《宪法》、《婚姻法》、《妇女权益保障法》等法律当中重视并加强了对女性合法权益的保护。如在《宪法》中规定："妇女在政治的、经济的、文化的、社会的和家庭生活各方面享有同男子平等的权利。"在新《婚姻法》当中指出："实行婚姻自由、一夫一妻、男女平等的婚姻制度。保护妇女、儿童和老人的合法权益"，"夫妻在家庭中地位平等"，等等。

尽管如此，在这些法律中还是存在着内容比较模糊、不够具体等问题，对女性在现实爱情、婚姻生活中所出现的法律侵害的界定存在着一定程度的困难。因此，国家有必要进一步完善相关法律，保障女性在家庭中的合法权益。

尝试一，借鉴西方发达国家的经验，完善对女性免于家庭暴力的法律。虽然人身权利作为女性的一项重要权益，很早就被写进法律，但现实生活中伤害女性的违法现象屡见不鲜。种种家庭暴力必然不利于女性的身心健康状态的维持与发展，女性道德建设对这一群体也必然会失效。研究显示，大约有 24.7% 的家庭有不同程度的家暴行为，多数遭受家庭暴力的女性因焦虑、抑郁及失眠需要就医，63.6% 的人需要服用精神类药物，企图自杀的人达 45.5%。[①] 有的女性因不堪虐待甚至出现暴力反抗，此类因暴杀夫的案件在现实中并不鲜见，成为一个不能忽视的社会问题。因此，反家庭暴力法的制定，是反对家庭暴力、维护女性权益的主要途径之一。当前，国际上约有 40 多个国家制定了单行的家庭暴力法。如美国1994 年的《针对妇女的暴力法案》，英国 1996 年出台的《受虐者宪章》，澳大利亚各个州几乎都通过了有关家庭暴力的具体法案。中国相关法律的制定较晚。2015 年12 月27 日，中国十二届全国人大常委会十八次会议才通过了《中华人民共和国反家庭暴力法》，这一专门法律的通过，使得对家庭暴力行为有了更加清晰和全面的界定，改变了以往对相关受害者法律

---

① Lockton, D. & Ward, R. Domestic Violence, Cavendish Publishing Limited, 1997, p. 20.

保护与社会救济的不足，有利于为其提供有效的心理辅导、法律援助、人身庇护等，保障了中国女性的生存质量，为女性道德的建设提供了有力的法律支持与保障。

尝试二，制定并完善婚前同居的法律，保障单身女性的合法权益。如前所述，随着社会、经济的飞速发展，性观念也在发生着不断的变化。传统社会观念中，婚姻、性、生育三位一体，如今，性与婚姻、生育独立开来，婚姻不再是通往性与生育的唯一途径。社会公众对非婚同居的观念与态度从不认同转变为将之作为一种自由选择的生活方式加以尊重。非婚同居这一种生活模式已经成为中国社会以及世界的普遍现象。当前，中国城市"剩女"问题日益突出，一些已婚男性利用大龄女性"恨嫁"心理，隐瞒自己婚姻状况，欺骗女性的事件时有发生，使"被小三"的女性的价值观、异性观、婚姻观发生异化，甚至出现心理扭曲。自中华人民共和国成立以来，我国只界定了事实婚姻，并未对非婚同居男女双方的权利义务关系进行明确具体的规定。并且对非婚同居采取"不制裁，不保护，不干预"的漠视态度，基本上回避了这一问题，这既不符合时代要求，也不利于对非婚同居双方合法权益的保护，反而会使居心不良者钻法律的空子而不负担任何责任。同时，从生理学、心理学、经济学的角度来看，女性往往在同居关系中处于"弱者"的地位。在没有法律保护和制度支持下，处于弱势地位的女性往往可能通过采取某种非道德方式来保障自己的权益。在这种情况下，单纯谈女性道德建设，容易陷入空洞。

2. 制定和完善就业方面的相关法律，保障女性经济独立、思想独立

就业是女性参与社会生活的主要方式，是女性获取经济资源、提升社会经济地位、保持其人格独立与尊严的重要途径。保障女性拥有与男性同等的就业机会以及经济地位，为女性提供安全、自由的就业环境，是女性主体意识形成并发展、保持良好道德心理的关键。

目前，我国既没有成立专门的保护平等就业权的机构，如英国的公平就业委员会、美国劳工部分设的平等就业委会员，也没有单项的《男女平等就业法》。关于两性平等就业的法律规定也比较模糊，如在《妇女权益保障法》第四章中，笼统地规定了男女同工同酬，在就业、晋升方面处于平等地位，任何单位不能歧视妇女，男女拥有同等的劳动权利和社会保障权利；但是，对于侵犯女性平等就业权的法律责任以及对受害人的救

济途径没有作出详细规定，存在着重大缺陷。因此，必须建立和完善两性平等就业的立法，制定反妇女歧视的一系列相关法律，并成立专门的反歧视机构对受害女性提供法律救济。

女性在学习、工作、社会生活中，可能会遭到性骚扰，这也会影响到女性身心健康。对于当代妇女解放运动而言，女性独立的前提是经济独立。现代女性要参与经济生活，必然要在职场上与男性同等竞争，性骚扰行为会严重影响到她们的生存质量。2005 年全国人大常委会通过了《妇女权益保障法》修正案，新修订的《妇女权益保障法》规定："禁止对妇女实施性骚扰。受害妇女有权向单位和有关机关投诉。"至此，性骚扰首次被明确写入中国的法律当中。但是它对于何为性骚扰以及性骚扰的主体对象、表现形式、行为后果、类型等并没有作出具体的规定，因而受害人举证困难。需要加强相关法律的建设，以维护女性的心灵和尊严。

3. 完善女性参与国家、社会公共生活的法律制度与监督机制，确保女性的主人翁地位

女性参与社会公共生活，尤其是国家、社会事务的管理活动当中，是女性解放程度的重要尺度，也是社会文明程度的重要尺度。1995 年第四次世界妇女大会在《行动纲领》中提出："如果各级决策进程没有妇女的积极参与，没有吸纳妇女的观点，就不可能实现平等发展与和平的目标。"

目前，我国妇女参政尚且缺乏规范的运行机制、完善的法律保障，导致"男女平等"在参政议政方面难以从法律上的平等向事实上的平等转化。针对如何维护和保障妇女参政方面的权益，我国在《宪法》、《人代会选举法》、《村民委员会组织法》、《妇女权益保障法》中都进行了相关规定。但这些立法也依旧存在一些问题。例如，女性参政途径、形式的相关规定不够具体化，一般泛化地规定女性参政的"适当名额"，但对此又缺乏明确的指标，以致在保障女性参政尤其是保障农村妇女参与农村事务管理工作时操作存在一定的困难，往往容易流于形式；全国各级人大对于女干部的培养和选择以及政策执行情况缺乏有效的监督机制，有些地方妇女参政仅只充当点缀、只是几个象征性的代表，并没有真正发挥女性参政重要角色的作用，使得一些影响妇女参与国家、社会公共生活的问题无法得到及时、有效地解决，也就无法真正代表女性行使当家作主的权利，无

法在国家、社会事务当中保护女性应当具有的权利，无法真正促进中国女性的解放与进步。因此，完善相关法律政策，加大对于女性参与公共生活的监督力度，让女性在社会公共生活当中拥有一定的话语权，才能真正实现女性在政治、经济、文化生活当中的主人翁地位。

三　国家计划及政策的实施

任何一种意识形态的形成与发展，都离不开现实的社会制度与历史条件，也离不开国家的政策扶持与规划。因此，充分发挥政府的主导与控制作用，是我们党加强意识形态建设的重要举措。2001年，中共中央颁布了《公民道德建设实施纲要》，其中指出，"社会主义道德建设是发展先进文化的重要内容"，加强公民的道德建设是"一项长期而紧迫的任务"，作为"一个复杂的社会系统工程，要靠教育，也要靠法律、政策和规章制度。必须综合运用各种手段，把提倡与反对、引导与约束结合起来，通过严格科学的管理，培养文明行为，抵制消极现象，促进扶正祛邪、扬善惩恶社会风气的形成、巩固和发展"[1]，由于"各项经济、社会政策，对人们的价值取向、道德行为有着直接影响。各地区、各部门在制定政策时，不仅要注重经济和社会事业发展的需要，而且要体现社会主义精神文明和公民道德建设的要求"。[2] 女性道德作为社会意识形态的一种，其发展同样也遵循社会意识形态发生发展的规律，离不开国家政策体系的支持与制度保障。

1. 将男女平等的基本国策贯彻并深化下去

基本国策，顾名思义，是一国在立国、治国之策当中最基本的政策。在我国，是指中央政府制定的对国家经济建设、社会发展和人民生活发挥全局性、长远性、广泛性影响的重大决策，处于政策体系的最高层，引导着具体法律和一般政策的制定和实施。

我国历来重视女性在社会进步当中的作用。早在新民主主义革命时期，毛泽东同志就深刻分析了中国农村妇女的生存状况，为妇女解放指明

---

[1]　《公民道德建设实施纲要》，人民日报出版社2001年版，第16页。

[2]　同上。

了道路。他指出："全国妇女起来之日，就是中国革命胜利之时"①，"妇女在革命战争中的伟大力量，在苏区是明显地表现出来了"②，中华人民共和国成立之后，他指出"为了建设伟大的社会主义社会，发动广大的妇女群众参加生产活动，具有极大的意义。"③ 邓小平同志也充分肯定了妇女在政治、经济发展中的重要作用，并且非常重视女性参政议政和劳动就业权利，他说："党还应特别加强妇女群众的工作，注意吸收妇女群众中的先进分子入党"④，"她们是党的干部的最大的来源之一"⑤。他还指出，妇联是做政治工作的，"政治工作要从经济的角度来解决……经济不发展，这些问题永远不能解决"⑥。江泽民同志在1995年北京举办的联合国第四次世妇会上致欢迎词时指出："妇女是人类社会的'半边天'。妇女与男子共同创造了人类的物质财富和精神文明，都是社会发展和进步的推动者"，"我们十分重视妇女的发展与进步，把男女平等作为促进我国社会发展的一项基本国策⑦"，至此，男女平等在我国被纳入国家政策体系最高层次。胡锦涛同志也十分重视女性在经济建设当中的作用，2010年3月7日，他在纪念"三八"妇女节100周年大会上的讲话中指出："在人类社会发展的历史长河中，妇女始终是推动文明进步的伟大力量。没有妇女的解放，就没有全人类的解放；没有妇女事业的进步，就没有全社会的进步。"⑧ 2013年10月31日，习近平总书记在与全国妇联新一届领导班子成员集体谈话时指出："各级党委和政府要充分认识发展妇女事业、做好妇女工作的重大意义，加大重视、关心、支持力度。要抓好妇女发展纲要实施，改善发展环境，解决发展中的突出问题，依法维护妇女权益，严

---

① 中华全国妇女联合会编：《毛泽东周恩来刘少奇朱德论妇女解放》，人民出版社1988年版，第44—45页。

② 《毛泽东农村调查文集》，人民出版社1982年版，第325页。

③ 中共中央办公厅编：《中国农村的社会主义高潮》上册，人民出版社1956年版，第357页。

④ 《邓小平文选》第1卷，人民出版社1989年版，第247页。

⑤ 同上书，251页。

⑥ 《邓小平文选》第2卷，人民出版社1994年版，第195页。

⑦ 江泽民：《江泽民主席在联合国第四次世界妇女大会欢迎仪式上的讲话》，中国网 http://www. china. com. cn/ chinese/funv/232697. htm。

⑧ 胡锦涛：《在纪念"三八"妇女节100周年大会上的讲话》，新华网 http://news. xinhuanet. com/politics/2010—03/07/content_13119258. htm。

厉打击侵害妇女权益的违法犯罪行为。要加强和改进对妇联工作的领导，为妇联组织履行职能、开展工作提供更好条件，把党和政府所急、广大妇女所需、妇联组织所能的事情更多交给妇联组织去办。"①

将男女平等作为中国的基本国策，不仅是中国历史之必然，也是对联合国所提出的"性别平等意识纳入决策主流"的积极响应和郑重承诺。我国宪法在总则中明确提出："妇女在政治的、经济的、文化的、社会的和家庭生活各方面享有同男子平等的权利。"2005 年《妇女权益保障法修正案》把"实行男女平等是国家的基本国策"写入总则，这表明男女平等作为中国的基本国策已经采取法律形式固定下来。2012 年，党的十八大明确提出："坚持男女平等基本国策，保障妇女儿童合法权益。"首次将男女平等作为基本国策写入报告，成为举国上下都必须贯彻落实的根本政策，对一般性政策起到导向与规范的作用。将男女平等作为基本国策继续贯彻并不断深化，有利于增强性别平等意识，为女性解放事业保驾护航，更有利于改变传统观念所造成的性别歧视，将男女平等发展推广到社会各个领域，使女性获得与男性一起参与经济社会发展的平等机会，共同享受社会经济文化的进步成果。

2. 继续推动女性发展与国家经济、社会发展同步规划

1990 年，国家为保障男女平等基本国策的真正落实，成立了妇女儿童工作协调委员会，1992 年，更名为妇女儿童工作委员会，用以协调和推动政府有关部门执行妇女儿童的各项法律法规和政策措施，发展妇女儿童事业。其基本职能有：协调和推动政府有关部门做好维护妇女儿童权益工作；协调和推动政府有关部门制定和实施妇女和儿童发展纲要；协调和推动政府有关部门为开展妇女儿童工作和发展妇女儿童事业提供必要的人力、财力、物力；指导、督促和检查各省、自治区、直辖市人民政府妇女儿童工作委员会的工作。它的成立，标志着我国对妇女儿童工作全方位的加强，标志将妇女发展纳入国家社会、经济发展的总体规划的考虑日渐形成。

1995 年在第四次世界妇女大会即将召开之际，国务院常务会讨论通过并正式颁布了《中国妇女发展纲要（1995—2000 年）》，这是我国政府

---

① 王翰林：《习近平同全国妇联新一届领导班子集体谈话》，新华网 http：//news. xinhuanet. com/ video/ 2013—10/31/c_ 125632159. htm。

第一次直接关注妇女生存与发展并专门针对女性作出的第一项规划，是我国把女性未来发展的目标及其任务纳入到全国经济文化社会发展总规划的一项重大举措，成为中国女性发展史上的一件大事。到目前为止，国务院根据中国经济文化发展的现实情况与实际需要，先后发布了三部《中国妇女发展纲要》（以下简称《纲要》），分别为《纲要（1995—2000年）》、《纲要（2001—2010年）》《纲要（2011—2020年）》，明确了当代女性发展在不同时期、不同社会发展阶段的总目标和任务，并且形成了总目标与阶段性目标相结合、全国整体目标与地方具体目标相结合的妇女发展目标体系；《纲要》提出了相应政策及措施，并且初步建立了组织与实施、监测和评估的配套体系，要求各级政府和有关部门运用目标分解的手段与方法，将妇女发展子目标结合并落实到各岗位的工作职责之中。通过十几年连续几个《中国妇女发展纲要》的实施，各省、市、自治区、直辖市以及地（市）、县（区）结合本地经济、社会发展的实际，陆续制定了适合本地区的妇女发展规划，有步骤、有区分地提出了适合当地妇女发展的实施步骤和策略措施，通过强化政府职能保障妇女权益、优化妇女发展的社会环境等方面，进一步促进了我国妇女的发展。党的十八大将男女平等的基本国策写入报告，这是对我国妇女事业的重视与推进，是我国经济社会全面发展的需要，也是国际社会文明进步的趋势。今后，在我国社会主义建设的进程中，如何继续推动妇女发展与国家经济社会发展同步规划，这对女性发展以及女性道德建设具有非常重要的意义。

3. 实施积极的政策帮扶女性发展，提高女性生存质量

道德、政策、法律是实现社会目标的三驾马车。发挥社会控制机制的作用，三者相辅相成，缺一不可。女性道德建设同样也离不开政策保障，公共政策以其国家的公共权威以及利益驱动机制为女性道德建设提供强有力的外在支撑和价值导向。

中华人民共和国成立以来，我国一直实行积极的性别保护政策，保障女性自由、平等地参与经济、政治、社会生活。但是，现行的退休政策、计划生育政策、就业政策、婚姻政策对女性发展均存在一定程度的制约。例如，在退休政策方面，国家出于对女性身心特点的考虑及保护，将男女退休年龄分别规定为男工人55岁。男干部60岁，女工人50岁，女干部55岁，但随着经济发展、社会文明程度的提高，以及医疗水平的上升，

当前这一规定相对降低了高知妇女进一步提升的机会，造成优秀女性人力资源的浪费；在计划生育政策方面，1988 年制定的相关法律已显陈旧，对女职工生育保险的内容因不够具体，难以应对当前市场经济条件下复杂的现实情况，甚至出现了"真空"地带，如私企以及外来务工女性的生育保险难以得到政策保障等；在就业政策方面，我国政府一向高度重视并采取有效措施，加大资金投入用于扶助女性创业、就业，帮助女性能够有效参与经济、社会生活，并通过法律将保护女性平等就业的权利明确规定下来，大大增加了中国女性的就业机会，使中国女性从 20 世纪 50 年代开始保持了很高的就业率。但是，随着改革开放的到来，产业结构、经济体制发生了重大调整，女性与男性的就业人数比例、层次与结构、工作酬劳等方面差距不断拉大，并且出现了女大学生就业难、下岗女性增多等社会问题；在婚姻政策方面，2011 年最高人民法院审判委员会第 1525 次会议通过了《关于适用〈中华人民共和国婚姻法〉若干问题的解释（三）》（以下简称新《婚姻法》），对于个人财产进行了有效的保护，避免了动机不纯者对有产者的伤害，纠正了一部分人不当的婚恋观。但是《新婚姻》法对婚恋观的影响相对较小，且过分强调财务付出，在保护有产者的同时，从另一方面弱化了在家庭生活当中承担更多家务劳动的女性的权利，以至于有不少人质疑"新《婚姻法》到底保护了谁?"，并提出女性"三做三不做"，其中包括"儿媳不应该赡养公婆，房子没你的份，养他们不如把钱留着养自己"，没有起到维护、敦化女性道德风尚的作用。这些女性相关政策不足的问题，都有待国家逐步对其不足之处进行积极的修补。例如，在生育政策与就业政策方面，我国可以借鉴瑞典，为解决企业对育龄女性用工"自然成本"的顾虑，设立相关的生育基金或发放父母津贴。

第三节　社会组织的倡导和示范

如前所述，女性美德建设，需要国家、社会、个人形成三维支持系统。社会组织在女性道德建设当中，固然不能替代国家法律、政策的有力支持，但对于国家法律、政策起到"查漏补缺"的作用。通过社会组织，加大对女性美德的倡导与示范，是女性美德建设的有力补充。

一　妇联和其他非政府组织的倡导和监督

建设当代女性美德不仅需要经济、政治制度、法律环境的保障，还需要通过组织建设、通过专门的社会机构来倡导与监督。

1. 要充分发挥妇联思想建设、组织建设上的工作优势，推广当代女性美德

中华全国妇女联合会，简称中华妇联，是 1949 年为争取妇女解放和妇女权利而成立的、由政府主导的、全国最大的非政府组织，发挥着联系党、政府与妇女群众的桥梁和纽带作用，是国家政权的重要组成部分。其基本职能在于代表和维护妇女权益、促进男女平等、促进女性自我发展。随着改革开放的进一步深化和社会主义市场经济的繁荣发展，社会的经济结构、组织形式、利益层级和分配方式日渐多样化，利益群体也在不断分化，各种非政府自治组织大量涌现，代表不同阶层妇女利益诉求的妇女组织也随之大量涌现，这包括专业行业协会相关的女性组织，如中国女企业家协会、中国女法官协会等，以及跨行业、跨地区的协会，如中国人才妇女人才工作委员会，等等。但中华妇联作为全国最大的妇女组织，在推动中国妇女解放与发展方面一直发挥着骨干作用。

中华妇联自成立伊始，就围绕着党的中心任务，开展独立自主的工作。在不同历史时期，中华妇联根据党在这一时期的中心任务，提出妇联的工作方针、任务、目标，制定相应的政策路线，开展积极有效的活动，逐步发展为具有广泛性、代表性和号召力的社会组织。"目前，全国已有83.3 万多个妇联基层组织，7.6 万多名妇联干部和近万名兼职妇女工作者。"① 在组织建设方面，妇联通过推动村女代会主任进"两委"、保留乡镇妇联主席的行政编制、积极培养农村妇女骨干等方式巩固了乡镇村妇女组织，加强了农村基层妇女组织的建设；在城市社区建设中，妇联通过街道、社区妇女联谊会，加强了街道、社区妇联组织建设；通过在非公经济领域围绕妇女维权和素质教育展开一系列活动、在事业单位充分发挥女性高级知识分子在女性组织中的作用，形成了一个开放性、综合性的妇女组织网络体系。在社会功能方面，妇联充分发挥其维护女性权益守护者的角

---

① 顾秀莲：《中国特色妇女发展之路》，人民出版社 2010 年版，第 159 页。

色，关注女性身心健康、关注女性就业、关注家庭暴力，时刻准备为维护和争取女性的权益挺身而出，如对用工单位歧视女性的行为进行界定，团结、帮助、教育女性，为女性尤其是低收入阶层提供积极就业和创业指导，帮助其掌握各种社会技能尤其是社会急需的求职、生产技能等，得到了广大妇女的支持与信任。因此，妇联在女性美德建设上具有独特的工作优势。

加强女性美德建设，离不开宣传，妇联可以利用其广泛的组织网络体系，在农村、社区、街道、企事业单位，采取多样化的形式，如"三八红旗竞赛"、"五好家庭"评选活动、"两型示范家庭"评比、对先进个人进行表彰、开办"魅力女性"课堂、"女性家庭美德"大讲堂等，积极开展当代女性美德宣传与推广活动，既通过理论学习帮助广大女性全面提升自身综合素质，塑造现代女性新形象，培育女性的独立意识、竞争意识、创造意识，同时通过鼓励女性与家庭参与评比活动，树立女性榜样，激发广大女性形成健康向上、奋发有为的精神风貌和生命活力。

另外，妇联还要加大对妇女权益的维护，帮助女性在生活、工作、学习等实践中，培育起女性自强、自立、自尊、自爱的能力，将女性美德落到实处。如前所述，女性美德的建设，离不开女性个体的道德认同与道德践行，更离不开国家、社会以及男性对女性能力的认可与尊重，为女性"四自"能力创造良好的社会、政策、法制环境。这就需要妇联继续发挥其特有的维权职能，在女性权益受到家庭、工作、社会生活等不同层次的侵犯时，能主动出击保护女性的权益、为女性伸张正义、消除女性谋求发展的种种障碍。同时，还要监督和审查社会媒体当中女性话语权缺失的情状，维护女性话语权、维护女性的尊严。

除此之外，妇联还要做好女性道德理论工作的建设。道德建设需要以理论为纲，女性道德建设更需要女性学研究的积极成果作为有力的理论武器。妇联可以通过对妇女运动发展史的经验教训总结，探寻中国女性解放的心理支撑系统，为女性道德建设工作提供丰富的心理辅助性资源；通过加强和开展东西方妇女发展理论以及性别文化的相关研究，为女性道德建设提供理论支持和思想指导。当前，在我国高等院校、科研机构以及妇联系统，已经成立了一些女性的研究机构、学术组织和团体，这些机构在女性学研究、女性教育研究等各方面都取得了一定的理论成果，作出了极大的贡献。妇联应继续推动这些女性研究机构、学术组织及团体的发展壮大，培养和造就一批女性学研究的专门人才，为女性的发展提供强大的人才资源的支持。

2. 要重视其他非正式组织的力量，给予女性道德建设多方位、多层次的助益

中国自近代民国时期开始，民间组织便为女性的解放与发展作出了不可磨灭的贡献：通过创办妇女报刊、女子学堂，深入民间演讲以启蒙女性意识，为女子的受教育权摇旗呐喊，以及建立各种类型的女子学校等方式，将女性从封建社会的禁锢当中解放出来。近些年，中国民间女性社团开始"火"起来，到 2004 年，民政部门登记注册的女性社团达到 1762 个，登记注册的民办非企业妇女组织达 7253 个①。因此，发挥其他非正式组织的作用，与妇联做好协调配合工作，有助于女性美德建设网络化，形成多位一体的女性美德教育、宣传和监督体系。

二　大众传媒的引导与示范

大众传媒，是指大众传播媒介，其表现形式包括报纸、杂志、广播、电视以及当前发展迅猛的网络媒体等，具有传播速度快、覆盖面广、渗透力强、影响力广等特点。随着信息化时代和知识时代的到来，人们物质生活水平和精神要求不断提高，大众媒体日渐成为人们日常生活中不可缺少的组成部分，广泛渗透到社会的各个角落，对人们的思想态度、价值取向和行为方式发挥着关键性的作用，加速了人的社会化进程。现代女性，作为伴随生产力提高、社会文明变迁而不断发展起来的社会群体，大众传媒的影响对其具有非常特殊的意义。

美国著名传播学、社会学学者拉扎斯菲尔德和罗伯特·默顿在《大众传媒的社会作用》中说到，大众媒介具有"正负"两种功能，可以为善服务，也可以为恶服务。如果不对其进行适当控制，其为恶的可能性更大。从女性主义视角来看，长期以来，大众传媒的表达方式一直以男性为中心，在广告、影视作品、新闻等传播内容上往往带有浓厚的男权意识特征，有意无意地迎合男性审美标准与价值判断，固守传统的性别观念，折

---

① 谭琳：《1995—2005 年：中国性别平等与妇女发展报告》，社会科学文献出版社 2006 年版，第 116 页。

射出男女两性关系不平等的落后意识。如电视连续剧《中国母亲》、《渴望》等一些家庭剧，习惯性把女性母亲形象塑造成一个隐忍、善良、家庭至上、委曲求全的女性，对男性的出轨与不忠表现出极大的宽容度，表面上在宣传女性的传统美德，事实上是对某些男性心理的屈从；在一些报纸、杂志、网站上，衣着暴露或紧束身形的女性照片大量传播，其视觉消费受众以男性为目标，以刺激和满足男性的玩狎心理来赚取点击率，即使是对社会问题相关的事件、案件进行报道时，也存在弱化女性的问题。2004 年中山大学教授艾晓明在接受媒体采访时，就黄静案感叹："好多报纸一开始报道的时候，给她的界定就是'漂亮女教师'，然后是'裸体'、'裸死'。我觉得这些报道有很多问题，它反映出非常传统的对妇女的'观看'。因为传统的'观看'，看妇女第一眼就是漂亮不漂亮，就是看外貌。就是说，她的生命价值跟她的外貌有很大关系。……然后，为什么在'裸'字上做文章呢？那是因为'裸'就是用'性'作卖点嘛。实际上，她差不多是裸死，但她不是说光着身子就死掉了。她是身上有伤。"[①] 在1995 年第四次世妇女会上由 189 个国家政府和观察员签署的《行动纲领》里，在谈及"妇女与大众传媒"关系时指出，"在大多数国家，大众传媒并没有用均衡的方式描绘妇女在不断变化的世界中对社会的贡献，相反宣传报道的往往是妇女的传统角色，或有关暴力、色情等行为。"中国非政府组织撰写的《妇女与传媒紫皮书》也指出："性别歧视语言和陈规定型的妇女形象，甚至在妇女节目和报刊中也有存在。"[②] 不仅如此，大众传媒在以男性立场消费女性的同时，即便在针对女性受众的相关节目里，也以大量平庸的商业文化和消费主义因素为主，教导女性如何追求外在美，刺激女性的非理性购物，影响了女性的消费观念、进而影响到了其金钱观念，扭曲了女性的审美情趣、意识与价值追求。

　　诚然，大众传媒作为"喉舌"，从产生伊始，便是作为信息交流与传播的载体与平台，道德并不是其自身固成的。然而大众传媒所承载的大量信息当中，既包括科学文化知识、大众娱乐信息，还有大量的道德文化信

---

① 王金玲：《中国妇女发展报告 NO.2（2007）：妇女与传媒》，社会科学文献出版社 2007 年版，第 241 页。

② 转引自罗红《透视女性传媒中几种不良倾向》，《新闻记者》2007 年第 12 期。

息。因此，实际上，大众传媒不仅具有信息传播与沟通的社会功能，更具有通过信息传递过程中所包含的价值观念发挥社会影响的德育功能。从内容上看，它所承载的道德规范、道德传统、社会传统道德心理、道德评价等对人们的道德意识的形成与再塑会产生不可忽视的影响。即一方面，大众传媒把一定社会倡导的道德观念传递给其受众，影响受众的道德心理意识；另一方面，它通过自身特有的纠偏机制对违背社会主流意识的道德心理和行为进行谴责并予以纠正。从载体上看，大众传媒各种生动、多样的表现形式，提高了德育内容的说服力、渗透力和有效性，就像法国著名新闻学者贝尔纳·瓦耶纳所言：真正的教育也需要依赖新闻媒介的作用；这是因为大众传媒类似扩大器，有助于放大教育者的作用和影响，从而超越传统教育载体的传播范围。尤其是互联网时代，网媒的出现，通过对网络内容的"转帖"，进一步加速并扩大了道德教育的影响。因此，通过大众传媒进行女性道德教育，对女性自我意识乃至整个社会对待女性的态度、观念、价值评判等发挥着敦促纯化的作用。

1. 利用大众传媒平台承载的教育信息，增加女性受教育的机会与途径

女性受教育程度会影响到女性对社会资源的获取能力，有利于保障女性人身、经济上的独立，因此，女性受教育权的平等实现对于两性平等、家庭与社会的和谐有着极为重要的意义。

在大众传媒产生之前，人们主要通过学校、家庭、社会三种途径来接受教育信息。大众传媒的产生，增加了人们受教育的途径。对于女性而言，大众传媒不仅仅是信息的传播者，更多的意义在于实现了信息获取方面的男女身份的平等，消除了人种、性别上的教育藩篱。女性可以利用大众传媒获得与男性同等的信息，扩大了受教育的机会。信息化时代下，电视、报刊、网络上的知识性内容已经成为女性学习科学文化知识、了解世界的窗口；通过互联网的远程教育，为女性提供了不受时空限制随时随地接受教育、掌握信息的便捷，大大节省了食宿费用，减少了女性受教育的经济成本和时间成本，为经济条件差或家务繁忙无暇上课的女性提供了相对低廉的受教育机会。因此，有学者更将大众传媒称为女性的"窗口"。

2. 增加女性语境下的节目内容，转换媒体表达方式，以男女平等的视角塑造女性形象

大众传媒在人们日常生活中发挥着极其重要的作用，影响着人们的思维

方式、道德观念，其中也包括男性对待女性的看法，以及女性对其自身的身份定位。有些女性主义者认为，当前男女地位依旧处于不平等状况的根本原因在于，传统社会对两性的角色分职仍旧在现代社会被加以宣传。男女两性关系和谐的实现，并非谁主谁从的问题，关键还在于必须改变现有的社会文化媒体在男女性别方面的误导宣传，转换以男性为中心的媒体表达方式，帮助形成正确的社会性别意识。1995 年世妇会上签署的《行动纲领》在"促进媒体对妇女作出均衡和非陈规定型的描绘应采取的行动"（战略目的 J.2）中明确表示了对大众媒体的关注，充分肯定了大众传媒在改变社会舆论方面的重要作用，将促进媒体对妇女作出平衡和非陈规定型的描绘作为两大战略之一。在《行动纲领》中，鼓励媒体展示男女两性形象是平衡的、非陈规定型的、多样化的、平等分担家庭责任的；妇女期望被反映为现实生活中具有创造性的人、重要的行动者、发展进程的促进者和受益者。《行动纲领》也鼓励对妇女领袖的宣传，特别是要宣传妇女领袖在领袖位置上给她们带来的多种不同生活经验，包括她们以母亲、专业人员、管理者和企业家等多重身份存在时，在工作和家庭责任之间进行平衡的经验，以向青年妇女提供榜样。《行动纲领》反对对妇女进行如下的描绘：低人一等的人、性玩物、商品、消费者以及色情作品中的暴力对象等。

因此，大众传媒首先要树立社会性别平等意识，传播先进的性别文化，有意识地颠覆传统、保守的性别意识，消除对女性的歧视和偏见；其次，要通过新闻传播，加强宣传和报道成功女性的典型事迹，加大对在经济、政治、文化领域取得优异成绩、作出巨大贡献的成功女性的采访、报道与宣传，树立健康、自信的女性形象，鼓励广大女性以此为榜样，促进广大女性"四自"精神的培育与自身素质的提高；最后，要调整广告及影视文化中的女性形象，减少并逐步消除消费女性的商业化行为，营造公平竞争、男女平等的社会氛围，充分发挥大众传媒的文化导向作用。

3. 弘扬女性新风尚，对当前女性道德建设及其问题进行监督

美国传播学及社会学学者拉扎斯菲尔德在提到大众传媒具有的两种正功能时，他指出，大众传媒将背离社会公共道德规范的行为公之于众，起到唤起社会普遍谴责的作用，从而对道德违反者形成强大的"制度性压力"，使其在普遍的社会压力下被迫自觉遵守社会规范。因此，大众传媒要加大对社会上不利于女性美德建设的行为、歧视女性、侵犯女性权益的不

良现象以及部分女性的不正言行进行报道并加以谴责，为女性成长成才创造良好的舆论环境。如 1996 年，首都女记协妇女传媒监测网络成立，以中国妇女报社为活动基地的妇女传媒监测网络先后集结了大约 50—100 家政府主流媒体的记者、编辑，通过双月信息交流会、组织报道、社会性别培训等方式，鼓励主流媒体关注性别平等问题。"2000 年以后，妇女传媒监测网络集体加入'反对家庭暴力项目'，成立'宣传媒体'分项目，促进了媒体对家庭暴力问题的评论和报道①。"不仅如此，大众传媒也要深切关注女性弱势群体的生存状况，如贫困地区女童为家中男性幼童放弃受教育机会的社会现象、单亲母亲的生存质量等，争取社会、国家对女性的政策支持。

三　学校及家庭的教育与培养

女性受教育是女性实现自身的社会化、现代化的重要途径，有利于女性整体素质的提高，也有利于女性独立意识、参政意识、竞争意识、创造意识的提高。这就需要通过学校、家庭两大重要的教育阵地进行女性教育，对女性进行思想引导，增强其人格力量和为自身的解放与平等而努力奋斗的自觉性，帮助女性提高自身思想道德水准，克服传统观念束缚下形成的依赖、自卑等心理，树立独立人格，认识到自身对家庭乃至社会的历史使命以及所具备的潜能。强调女性道德教育，不应仅仅是公民道德教育在女性身上的延伸和扩展，还应根据女性身心所独有的特点，结合公民道德教育的目标、任务与内容，加入更多女性素材与理论知识。

1. 加强与女性道德相关的知识教育

道德教育必须以理论知识为依托，女性美德建设同样离不开对女性进行相关理论教育，女性美德的相关知识教育是女性道德教育的核心内容。从内容上来看，女性美德教育主要包括"四自"教育、家庭婚姻美德教育、职业道德教育、审美教育。首先，要对广大女性广泛开展"四自"教育。即教育女性树立"自尊、自爱、自立、自强"的精神，增强女性的主体意识与独立精神，鼓励女性保持独立的人格，摒弃传统依附思想和依赖心理，摆脱传统女性角色的束缚，积极参与家庭、社会、经济、文化

---

① 王金玲：《中国妇女发展报告 NO.2（2007）：妇女与传媒》，社会科学文献出版社 2007 年版，第 270—271 页。

生活，勇于确立自己的生活目标，选择自己想要的生活，敢于独立主宰个人命运。教育广大女性要想获得社会的认同与尊重，就必须充分了解自身优缺点，并积极寻找有效的方式在工作中、社会上发挥自己的创新精神，体现自己的社会价值和实现个人价值，只有靠自身的努力创造幸福，才能真正收获幸福，也最终才能获得自己的主体地位。其次，要加强家庭美德教育。家庭美德作为人们在家庭生活领域必须遵循的道德行为准则，用以调节家庭内部各个成员以及家庭外部的人际交往关系，其涵盖了夫妻、长幼、邻里之间的关系。个人的主观幸福感，不仅来自于社会的文明进步程度，还取决于家庭内部关系是否和谐融洽，基本上表现为两性平等、夫妻和睦、勤俭持家、孝顺父母、团结邻里。通过加强家庭美德教育，使女性形成正确的恋爱观、婚姻观、家庭观，讲求奉献与担当，增强其对婚姻家庭的责任感，从自身做起，达到夫妻和睦、勤俭持家、敦亲睦邻、尊老爱幼。再次，加强女性职业道德教育，倡导女性爱岗敬业、忠于职守、遵纪守法，培养女性的诚信意识、规则意识、合作意识，帮助女性树立大局观。最后，加强对女性的审美教育，教导女性"什么是真正的女性美"以及如何追求美，帮助广大女性树立正确的审美观念，培养其感受美、鉴赏美、创造美的能力，激发女性热爱生活、热爱美好事物的热情，陶冶情操，拓展女性的精神世界，进而培养起女性高尚的道德品质。

2. 在学校、家庭教育中，消除性别刻板印象，树立全新的社会性别模式

《第二性》作者西蒙娜·德·波伏娃基于对男女生理上的差异及其后天成长发展的考察，得出结论："女人并不是生就的，而宁可说是逐渐形成的"，"决定这种介于男性与阉人之间的、所谓具有女性气质的人的，是整个文明。"① 揭示出女性是性别社会化的产物。学校和家庭作为人的性别社会化的重要场所，对于女性的自我身份认知、主体意识培养具有至关重要的作用。

（1）要消除教育内容当中的传统性别角色，改变性别刻板印象

当前的教育，不论是学校的还是家庭的，都极为注重系统性知识的传授。在很长一段时间里，教育研究集中于如何进行有效的知识传播，在学

---

① ［法］西蒙娜·德·波伏娃：《第二性》，陶铁柱译，中国书籍出版社2004年版，第309页。

校教材中，偏重于传统经验的传承与发展；在家庭教育当中，通过古代神话、童话故事以及夫妻关系，影响受教育者的思想意识与自我定位。但是，知识作为传统经验的集合体时，往往包含有大量传统的性别角色意识，在历史教材中，几乎所有涉及国家政治、经济、文化的历史大事件，女性要么集体缺席，要么以"和亲"等方式自我牺牲成就民族利益；在文学读物中，对男性的叙述与对女性的叙述上存在着明显的差异——男性强调其智勇双全、志向高远的一面，女性则强调善良、温柔、勤劳、充满爱心的一面。如对宋庆龄的描述，侧重于她和蔼可亲的传统美德、淡化了她作为杰出女性在中国政治舞台上的优异表现。在童话故事当中，女性的幸福归宿基本上是回归家庭；甚至在少儿插图中，理工科工作者如科学家、医生等往往由男性承担，而女性较多地出现在语言、文科、医学护理的角色设定上。"我们的教育是为了'人'的发展，但当'人'成为男性的代名词时，当学科、知识、教育理念是透过男性的认知框架来建构时，教育在男女两性发展的天平上自然就会失去平衡。女性一旦走入这样的教育造型，就意味着要接受自己不如男性的基本定位，按照男性的模式不断塑造自己，习惯于用男性的眼睛看生活、看社会、看自己。"①

因此，在教材内容的选择上要充分体现社会性别理念，淡化女性的传统角色，避免性别成见，以两性平等的视角建立新的角色模式，引导学生树立男女平等的性别观念，增加女童的自豪感，培育其主体意识。

（2）在教育目的、方法和教育评价上，倡导性别平等教育

我国在2001年5月由国务院所颁布的《中国妇女发展纲要》中提出："要在课程、教学内容、方法改革中，把社会性别意识纳入教师培训课程之中，在高等教育相关专业中开设妇女学、马克思主义妇女观、社会性别与发展等课程，增强教育者与被教育者的社会性别意识。"当前中国的教育依旧沿袭旧有的教育理念，家长、老师往往带有自己的性别经验、性别角色认同，并将之投射到孩子身上。表现在教学活动过程中，就是在男女教育态度上、价值取向上存在着明显的不同。在家庭教育中，家长为男生购买的玩具，多为小汽车、机关枪，而为女童购买的玩具多为洋娃娃、小钢琴；通过赞美和批评要求男孩、女孩养成符合传统性别角色的举

---

① 史静寰：《走进教材和课堂教学的性别世界》，教育科学出版社2004年版，第10页。

止，如男孩不能哭，否则就是过于女性化；男孩的淘气被认为是创造力、勇敢的象征，女孩则被教育为乖巧、听话；家长鼓励男孩参加体育活动多一些，以培养其勇敢的品质，鼓励女孩参加艺术活动多一些，以培养其优雅的品质。在对待男孩时，强调要"穷养"以保持其坚韧的性格，对待女孩时，则强调要"富养"，以养成其高雅不俗的风范，等等。在学校教育当中，在教育态度上，教师往往会更重视男生，认为男生拥有较女孩更多的发展前途，担任班干部的多为男生。另外，在教学方法上，教师也会对男生、女生的学习进行不同的安排，国内外课堂社会学学者经过研究发现，在课堂教学当中教师与男女生进行的师生互动模式不同，与男生的交流亲切、自然、随意，是一种"自然焦点互动"，而与女生的交流则小心翼翼，亲切当中透着礼貌，被称为"礼貌规避型互动"。家庭与学校这种有差异的对待与处理方式可能会直接导致男女生的心理以及行为上的不同选择，影响到女性的身份定位，甚至自信心。当然，性别平等教育并不是提倡无视男孩、女孩的差异，而是要改变以男性为标准的教育方式和教育评价。总而言之，如何建立课堂师生间的互动关系，既促进受教育者男女平等观念的形成，又要尊重并承认女性道德发生发展中与男性存在的差异，针对女性心理特点实施教育，改变以男性为中心的教学评价体系，从而增强女生的主体意识，是当前研究的关键。

（3）加强性别教育，增设相关课程，树立科学的性别观念

性别教育，即性别角色教育。性别角色是指个体在社会化过程中根据性别所获得的行为及思维模式。性别教育就是指教育者依据社会性别角色标准以及个体的理解对受教育者性别角色社会化施加影响的过程[1]。它不同于性教育对性观念、性行为、性道德的内容阐释，而是立足于社会性别理论，强调性别文化的社会性。

不论是前面提到的教育内容上的性别角色设定，还是教育方法、评价上的男孩、女孩区别对待，都存在两个共同点。其中之一就是，不论家庭还是学校，都意识到了性别教育的重要性，意识到了男孩、女孩之间是存在着区别的，需要因材施教，加强教育的针对性。另一个共同点就在于，

---

① 盖笑松等：《走向双性化的性别角色教育》，《东北师大学报》（哲学社会科学版）2009年第5期。

家庭和学校都存在一个问题，即在对待男孩、女孩进行性别差异化教育时，往往将两者对应起来，形成二元化的性别观念，即陷入非此即彼的教育模式。致使家长和老师在实行教育的过程中，将教育内容、方法一分为二。其问题的实质在于，教育者没有认识到人的性别不只是二元的，而是多元的，因而在教育过程中没有采取多维视角来界定性别角色。事实上，有些教育内容与方法、教育目的不只适用于某个单一性别，而是对男孩和女孩都具有普适性。1974年，心理学家桑德拉·贝姆根据1964年A. S. Rossi所提出的双性化概念并在此基础上，依据男性化特质与女性化特质两个维度编制了双性化量表。他通过实验证实，两种特质并非是对立的两极，而是两个不同的维度，进而认为性别角色具有四种类型：男性化、女性化、双性化和未分化①。他认为，双性化是最理想的性格角色，即既具有男性坚毅、果敢的优点，又具有女性细腻、体贴的优点，对环境的适应与掌控能力相对较理想。近年来，美国心理学家通过对2000多名儿童的调查发现：男孩过于男性化以及女孩过于女性化，一般会导致智力、体力和性格等方面的发展过偏，无法得到全面发展，智商、情商都较处于中间区间的男女童低。而具有双性化气质的男孩和女孩则与之相反，其智力、体力和性格等方面的发展相对全面，文理各科均衡发展，成绩都相对比较好，性格开朗，往往会得到老师和同学的喜欢②。2005年，香港中文大学的张雷教授在对北京、上海、深圳等大城市近1000名家长进行调查后，得出一个结论：九成以上的父母对女孩的教育方式趋于男性化。"无论是女孩还是男孩，父母倾向于用传统的男性价值观来鼓励独生子女在社会中发展和竞争"③。因此，学校和家庭必须用多元性别观念取代二元化性别观念，帮助孩子形成科学的社会性别意识和平等的性别观念，同时创设两性平等的家庭氛围与学校环境，让孩子在自由民主中形成灵活多样的性格角色，获得更广阔的发展空间。尤其是学校，在当今女大学生人数普遍高于男生的现实背景下，根据不同的教育层次设立专门的性别教育课程，更具有时代意义。2011年9

---

① Bem S L. Gender schema theory, A cognitive account of sextyping. Psychological Review, 1981 (88).

② 孟婆汤：《美国教育流行"双性化"》，《婚育与健康》2010年第6期。

③ 韩娜、罗德宏：《九成女防教育趋于男性化？》，人民网http://edu.people.com.cn/GB/1055/3818755.htm/。

月，上海首套中小学性别教育教材《男孩女孩》在上海杨浦区18所小学推广开来，随后正式在上海理工附小投入使用，取得了良好的教学效果。统计显示，90%的孩子相当接受这门课，97.8%的同学表示很喜欢，这说明性别教育在中国具有较高的认可度。

第四节　男性的认同和女性自身的践行

马克思主义认为，道德作为一种社会意识形态，是调整人与人之间、个人和社会之间相互关系的行为准则和伦理规范的总和。它是在一定的生产方式中产生，受社会经济关系的制约，并随社会经济关系的变化而变化。美国心理学家雷斯特也认为，个体道德根植于社会环境：人类生活的特点是寻求群居生活，人们在从事各种实践活动中既需要协调和合作，又需要竭力避免矛盾和冲突，道德便得以产生，并开始发挥与礼仪、习俗、法律等相仿的制约、调节作用。女性道德心理的产生，同样也源于社会关系，离不开女性所生活的家庭环境、学校环境、社会环境、文化环境的影响。在这些环境当中，作为女性对应面的男性，对女性的认同与尊重与否直接影响到女性道德意识的形成与发展。

一　男性树立性别平等意识

尽管女性发展与解放的主体是女性自身，但女性发展又不单单是女性本身的问题，而是一个复杂的社会性问题，需要全社会的支持，尤其是男性的支持和尊重。

人们的社会意识（其中包括性别意识）作为经济基础的产物这一原理揭示出，男女两性，通过实践这一人类所独有的存在方式参与社会生活，两性关系必然受特定的社会经济关系的制约，也必然会随社会关系以及社会性别观念的变化而变化。因此，男女的性别意识必然也会具有强烈的时代烙印。母系社会与父系社会的两性分工与定位不同，因此，其性别意识也完全不同。如前所述，在母系社会中，女性在地位与权力上均高于男性。进入父权或者说男权社会之后，男性不断在政治、经济、文化等各领域日益发挥重要作用，从而加强了对女性的控制，确立并不断巩固了以男性为中心的等级制政治结构，女性的社会、经济地位随之下降。相对应的，社会价值观与伦理观、历史观亦开始以男性为中心，关注于男性权利及其保护，产生了"男性为强者，女性是弱者"的男性意识与男性权威观。正如美国妇女运动代言人凯特·米利特在其代表作《性政治》中所说，政治"不是那种狭义的只包括会议、主席和政党的定义，而是指一群人用于支配另一群人的权利结构关系和组合"①，两性关系从实质上来看也属于一种政治关系，体现为男性支配女性。"性政治通过两性的'交往'获得对气质、角色、地位这些男权制的基本手段的认同。"就地位而言，"对男性优越这一偏见的普遍赞同保证了男尊女卑的合理性"②。女性在这一观念意识之下主体人格不断弱化，女性主体意识不断被奴化，进而女性意识分裂，"把真实自我异化为'非我'，亦如罗兰·巴特所说的'活在他们的注目之中'的自我，其最终结果是无论男性还是女性，都将女性作为一个'他者'看待"③。因此，西方女性主义自产生以来，就积极致力于女性权利的获得与女性地位的提高。经过不同阶段的发展，女性主义者，从激进转向温和，从男女二元对立走向争取获得男性支持。在第二次浪潮中，激进女性主义以将女性绝对化的方式，在男权制度之下为女性争夺话语权是一种历史的必要和必然，而第三次浪潮中的温和女性主义将矛头指向父权制度，而不再是具体的男性，为两性的共同发展找到了一条和谐之路。事实上，不管是激进的还是温和的女性主义，都通过各自的方式，渴望并争取作为父权社会受益者和社会权力拥有者的男性对女性平等意识的觉醒与支持。

从中国近代史来看，女性的解放与发展一直受到男性的支持与帮扶。如果说，西方当代女性地位的提高与女性的解放得益于18世纪后期以来妇女运动的产生与发展，来自于女性主义者对传统社会的男权中心文化与政治体制的批评、剖析以及理论建设上的摇旗呐喊。那么，中国女性的解放与发展与其说是其自身追求两性平等自由的产物，还不如说是中国男性精英帮扶倡导而成的，尤其离不开中华人民共和国成立之后中国政府的鼎力支持。谭嗣同、梁启超早在1897年就在上海组织成立解放女性的"不缠足会"，1898年，康有为在向光绪帝进言的《请禁妇女裹足折》中呼吁，全国上下应禁止缠足；新文化运动时期，李大钊分析中国女性社会地

---

① ［美］凯特·米利特：《性政治》，宋文伟译，江苏人民出版社2000年版，第32页。
② 同上书，第34—35页。
③ 王虹：《女性意识的奴化、异化与超越》，《社会科学研究》2004年第4期。

位低下的原因时指出："经济问题的解放，是根本的解决，经济问题一旦解决，……女子解放问题、工人解放问题都可以解决。"① 胡适、鲁迅分别写了《贞操》与《我之节烈观》，揭露封建贞操观对女性的摧残。1919年，毛泽东发表了《民众的大联合》，在其文中专门讨论了相关的女性问题，1927年，他在《湖南农民运动考察报告》中强烈地抨击了君权、族权、父权、夫权，认为这是封建社会束缚女性的四大绳索；1928年12月在井冈山颁布的《井冈山土地法》中规定，土地要以人口为标准，男女老幼实行平均分配。中华人民共和国成立以来，政府一直倡导"妇女能顶半边天"，并通过一系列的法律、政策、措施保障了女性与男性的平等地位和合法权益，从各个层面为女性的发展事业作出了极大的努力。因此，中国女性社会地位的提高主要得益于"他人给予"，即中国男性精英的大力推动。"与西方妇女解放相比较而言，中国女性缺少西方女性那种痛苦的自我追寻过程，没有自我解放的压力和经验。在被动地接受男女平等思想的同时，缺乏对自身、对男性的客观认识，没有建立起自觉的主体意识。"②

中华人民共和国成立以来，政府所提倡的妇女解放，实质上是将女性视作丰富的人力资源，弥补男性劳动力资源的不足，发掘女性在中国经济发展中的潜在力量，没有同时解放她们在家务上的负担，因此也就没有彻底批判和清除在人们的思想意识当中长期盘踞着的女性从属于男性的传统性别意识。正如联合国社会性别主题工作组、联合国妇女发展基金的项目官员马雷军所指出的："到目前为止，中国还是个男权社会"，他说，"其实中国在各个领域，都是对女性不公平的。……很多人认为我们邻国日本的女性没有地位，其实日本的社会性别发展指数排名是57，是排在中国前面的。"③ 要"解决中国的社会性别问题还任重道远"，在中国"教育里面辍学的，或者无法上学的都是女孩，尤其是贫困的地区"；"根据反家暴网络的调查，30%多的家庭中存在家庭暴力，高达90%的家庭暴力受害者为女性"；在中国，女性占无地人口的70%；"在就业中，中国女性就

①　《李大钊文集》下，人民出版社1984年版，第89页。

②　林吉玲：《20世纪中国女性发展史论》，山东人民出版社2001年版，第277页。

③　网易女人：《网易女人专访联合国妇女发展基金的马雷军》，网易女人 http：//lady.163.com/09/ 1202/10/5PH96QOI002626I3.html。

业率为 63%……而平均工资水平只有男性的 64%"①。在这样的社会、文化背景下，"男主外，女主内"、"全职太太"的思想意识依然大行其道，男人买房、买车被当成天经地义，成为一部分女性的婚恋观，这是女性在市场经济大环境下急功近利的表现，也是女性传统性别角色在道德意识上的反映。"三无男"、"凤凰男"等表述的出现，不仅仅成为当前女性道德现实水平的衡量标尺，更是传统性别意识文化在女性身上再现的体现。

综上所述，促进性别平等，不仅仅是女性的事，也是男性的事。女性主义并不是将女性凌驾于男性之上，而是倡导男性发展与女性发展并行。贝尔·胡克斯在《女权主义理论：从边缘到中心》中就曾经阐述过，男人同女人一起平等地参与到消灭性别歧视的革命当中，男性可以成为女性主义的同盟军②。马克思、恩格斯也指出：女性和男性相联合，不仅能带来女性的发展、也会促进男性乃至整个人类的发展。"做女人真难"与"做男人真累"向世人昭告，性别歧视的受害者不仅是女性，还有男性。现实生活中，要求男性买房、买车，对男性形成了性别上的压迫，是对男性的不公平。因此消除性别歧视，提倡解放女性，给女性平等的社会、经济、文化参与机会，本质上就是在解放男性，双方都是性别平等的受益者。女性道德水平的提高离不开女性的发展，而女性发展也绝不是单一的、狭隘的，两性携手并进、共同发展才是最终目的。如亚洲宗教学家阿博都·巴哈所说，"人类有一双翅膀，一边是女性，另一边是男性。只有在两翼均衡地成长后，这鸟儿才能飞翔"③。马克思在《1844 年经济学哲学手稿》中也就两性关系指出："人对人的直接的、自然的、必然的关系是男人对妇女的关系。在这种自然的类关系中，人对自然的关系直接就是人对人的关系，正像人对人的关系直接就是人对自然的关系，就是他自己的自然的规定。因此，这种关系通过感性的形式，作为一种显而易见的事实，表现出人的本质在何种程度上对人来说成为自然，或者自然在何种程度上成为人具有的人的本质。因此，从这种关系就可以判断人的整个文化教养程度。从这种关系的

---

① 网易女人：《网易女人专访联合国妇女发展基金的马雷军》，网易女人 http：//lady. 163. com/09/1202/10/5PH96QOI002626I3_3. html。

② ［美］贝尔·胡克斯：《女权主义理论：从边缘到中心》，晓征、平林译，江苏人民出版社 2001 年版，第 97 页。

③ 转引自李翠荣《当代女性的科学发展探略》，《社会科学家》2011 年第 12 期。

性质就可以看出，人在何种程度上对自己来说成为并把自身理解为类存在物、人。男人对妇女的关系是人对人最自然的关系。因此，这种关系表明人的自然的行为在何种程度上成为人的行为，或者，人的本质在何种程度上对人来说成为自然的本质，他的人的本性在何种程度上对他来说成为自然。"① 女性主义者西蒙娜·德·波伏娃就此指出，这是关于人类夫妇关系的真正形式的表达。她在其著作《第二性》的结尾部分由衷地希望："要在既定世界当中建立一个自由领域……要取得最大的胜利，男人和女人首先就必须依据并通过他们的自然差异，去毫不含糊地肯定他们的手足关系。"②

因此，男性要树立性别平等意识，转变以男性为本位的传统观念，充分尊重女性的社会价值与家庭价值。一方面，男性可以通过参加性别培训，学习并获得女性主义的一些知识，以女性视角进行换位思想，来重新理解自己的生活，重塑自我以及行为；另一方面，在实际生活中，男性要主动承担一定的家务劳动和养育子女的责任，为女性从家务劳动中解放出来，增加参加社会生活的机会提供支持，积极促进两性和谐、共同发展。在父母与子女的关系方面，尊重妻子，摒弃"男尊女卑"等封建思想，为子女性别平等意识培育营造良好的家庭氛围。

二　女性提高文化素质和心理素质

个体道德的产生与发展是一个复杂的心理过程，既有源于社会的一面，也有个体因素的作用。要获取男性的支持与尊重，女性不能被动等待。相反，女性要靠自身的努力与主动追求，积极参与男性活动领域，在与男权意识抗争的过程中促使男性对女性再发现，从而实现两性的相互尊重与相互支持。因此，女性美德建设必须要通过女性自身的努力、自我意识的提高来实现。

知识文化教育与道德教育作为社会主义精神文明的两大支柱，两者有着紧密的关联。知识文化素质的提高，是人类道德进步的动力之一，对人的道德品质的形成与发展具有直接作用。随着从事生产劳动的人们的知识文化水平的不断提高，一定程度地引起人们的道德心理与道德行为的改变。科学研究表明，女性的文化素质、心理素质与其教育水平存在直接关系，而女性受

---

① 《马克思恩格斯文集》第 1 卷，人民出版社 2009 年版，第 184—185 页。

② ［法］西蒙娜·德·波伏娃：《第二性》，陶铁柱译，中国书籍出版社 2004 年版，第 669 页。

教育程度的高低同时也是衡量女性发展程度以及社会参与能力的尺度，是女性社会、经济地位的重要标志。换言之，女性受教育程度决定了女性的心理文化素质、社会角色以及社会地位。早在 1990 年，西安交通大学人口与经济研究所针对陕西省部分地区进行了农村妇女参与发展与社区发展相结合的实践研究，研究表明，经过四年对该地区农村女性进行以扫盲、职业培训为主的文化交流活动后，该地区农村女性的文化素质有了较明显的提高。在经济收入得到增长的同时，其在家庭事务当中的决策权、话语权都发生了变化。不仅如此，文化水平带来的还有视野的开阔，以及参与社会社区活动的意识的增强。上述变化提高了该地区农村女性的自信心，从而培育了她们自立自强的精神，强化了其主体意识。可见，只有提高女性的科学文化知识水平，才能真正摆脱经济上对男性的从属地位，才能实现从法律上的平等到事实上的男女平等。在参与经济、政治、社会生活当中发挥主力军作用的同时，掌握并充分利用女性的话语权，不断提高自身的独立意识与权利意识，真正树立起自信、自强、自尊、自立的生活信心与道德观念。

自中华人民共和国成立以来，我国政府一直通过加大对女性教育的支持与投入，致力于改变女性经济、社会、文化生活质量不高的现状。从对女性的教育保障上看，一是通过财政投入与积极的教育政策，消除义务教育阶段的性别差距，改善女童的受教育环境，尤其是农村地区女童的义务教育的环境。2004 年国家用于农村义务教育的财政性教育经费达到 1393.62 亿，比 1995 年高出两倍[①]。二是努力保证女性平等接受中高等教育的机会。从女性教育层次上看，政府对女性教育的支持主要是以下几个方面：一是重视扫除妇女文盲，遏制女性新文盲与女性复盲，提高妇女基础教育水平，重点推进贫困地区和少数民族中的女性扫盲教育，如"巾帼扫盲运动"；二是大力发展对女性的职业教育、成人教育和技术培训，对女性进行多层次、多门类、多形式的培训，提高她们的生产技能。如对在岗女工进行在岗专业培训，对下岗女性进行再就业教育，提高女性工作者的职场专业技能、竞争意识及其转岗就业能力，利用职业技术教育时间短、见效快的特点，广泛培养女性专业技术，帮助女性赢得更多的参与社

---

① 郭剑：《〈中国性别平等与妇女发展状况〉白皮书发表》，新浪网 http：//news. sina. com. cn/c/2005— 08—25/ 03176777916s. shtml。

会、经济发展的机会。政府一系列教育政策的出台，有力地保证了女性文化水平的提高，据 2004 年中华人民共和国国务院新闻办公室发布的《中国性别平等与妇女发展状况》数据表明，"到 2004 年，普通初中和高中在校女生的比例分别达到 47.4％和 45.8％；中等职业学校在校女生的比例达到 51.5％；全国普通高等院校在校女生为 609 万人，占在校生总数的 45.7％，比 1995 年提高 10.3 个百分点；女硕士、女博士的比例分别达到 44.2％和 31.4％，比 1995 年分别提高 13.6 个和 15.9 个百分点"[1]。从 2005 年开始，中国按照《行动纲领》和《中国妇女发展纲要》所提出的中国妇女教育规划的目标，采取一系列措施保护女性权益、推动中国女性发展，并取得了重要成就，直接影响到了女性自我意识的改变与发展，出现了"白领丽人"、"粉领"、"女强人"等现代女性的标准与理想追求。

当然，仅仅依靠国家、社会来实现文化水平的提高，以达到提高女性"四自"意识与能力是远远不够的。女性，作为国家经济、文化建设的主力军，必须要发挥自己在文化追求与心理保健中的主体性作用。

1. 女性积极主动创造机会接受学校、社会教育

长期以来，中国女性一直浸淫在我国封建社会"男女有别"、"女子无才便是德"的性别文化当中。古代中国虽然也存在丰富的女性教育内容，但其侧重于灌输"三从四德"的伦理观念，对女性的性别角色的分配一直定位在男女分职、相夫教子的贤妻良母之上。这一单一化的社会角色的扮演，阻碍了女性对自我产生多元化的认知，使女性易产生与之相应的固有的封建思维模式和价值取向，导致在现代社会相对宽松的经济、文化环境中，仍旧有女性尤其是大部分农村女性依然受传统观念主宰，习惯用传统的性别观念来看待自己。甚至歧视女性的，恰恰是女性自己，如频发的堕胎事件的参与者或支持者当中，不乏孕妇自己及其婆婆。另外，女性自身的生理及心理特点，如自卑、不够大胆、害羞、缺乏好强心等，也使得女性在以公平竞争为主要原则的市场经济中容易放弃对经济、文化、政治生活的积极追求，不自觉地迎合了传统观念对女性的角色定位。

---

① 郭剑：《〈中国性别平等与妇女发展状况〉白皮书发表》，新浪网 http：//news. sina. com. cn/c/2005—08—25/ 03176777916s. shtml。

因此，女性首先要改变观念，打破传统束缚，坚强意志，树立"自助者，人恒助之"的意识，积极主动地参与学校教育以及各种形式的社会教育，努力提高自身文化修养，增强自己的职业技能与职业道德。

2. 女性要提高自学意识，加强自我教育

当前社会处于瞬息万变的情状之下，观念更新与转化日益加快，知识内容不断丰富，已有知识折旧速度也在不断加剧。处于这一时代下的每个人，只有具备终身学习的观念与能力，才能占据竞争优势。坚持文化追求亦是女性成才之路。因此，女性要树立危机意识，形成终身学习的观念，努力提高自己对学习的主动性、自觉性以及自学能力，通过文化学习提高自身的知识文化素质，摆脱愚昧获得进步，培养起自己争取经济独立的能力，形成与之相应的自尊、自强、自信精神，获得社会的认同与尊重，使自己自立于社会，促进社会和谐、平稳、健康的发展。

3. 女性要关注心理健康，提高心理素质

女性在追求文化素质提高的同时，也要关注自身心理健康，打造良好的心理环境。女性心理健康主要是"指女性心神境况、智能发展、社会互动与道德修养处于和谐完好的状态"，其"主要标志包括心境良好、意志坚强、人格健全、智力正常、道德高尚、人际关系和谐、社会反应适度以及心理表现符合年龄特征等"[1]。如前所述，传统性别文化不仅束缚了女性的解放与发展，同时也给寻求自身幸福的女性造成了道德上的困境——注重女性家庭角色的传统观念与独立、平等地追求个体价值的现代要求这一双重压力，往往使得女性容易陷入道德人格的分裂与道德迷茫。另外，女性在学习、就业、参政过程中所可能面临的性别歧视，还有婚姻、家庭、爱情等方面的情感困扰，再加上女性本身所具有的细腻、敏感等心理情感上的特质，容易导致女性出现心理问题。

如何缓解心理压力，提高幸福体验，不仅需要心理学的扶助、社会的支持、男性的关怀，也需要女性对精神家园的自我维护。女性尤其是职业

---

① 叶文振：《中国女性心理健康：现状、原因与对策》，《马克思主义与现实》2010年第5期。

女性，要注重心理建设，不断增强自我心理调适的能力，通过正确面对社会、自我悦纳、培养广泛的兴趣、营造良好的人际关系等来增进心理健康。面对不良情绪，要积极寻找适当的发泄方式，进行有效的心理疏导。同时，还要加强自身意志力的锻炼，增强对外在干扰的对抗能力，帮助自己成就良好的心理素质。

三　女性加强自身道德修养

女性的发展首先是女性自己的事。所以，女性必须要具有主体意识，提高自己的主体能力，必须注重自我、完善自我并且超越自我，才能真正地为自身赢得发展的广阔空间。

1. 发现自我价值，树立道德主体地位

具有主体意识的女性，往往不再受制于并会超越以男性为中心的社会所制定的道德规范。她们会根据自身的生存发展需要，而不是男权社会要求来设计自己的道德体系和塑造自己的道德人格，将社会的道德要求与自身的道德追求统一起来。从过去的受男性支配，男人叫我怎么做，我就怎么做，从属于男性、依附于男性的观念，转变为男女平等、女性能顶半边天的观念，承认男女两性生理、心理差异的前提下，充分发挥女性优势，做到在女性擅长的领域亦能有所斩获。摆脱过去温柔为贵的"弱质女流"形象，培养起"女汉子"精神，形成多元化的性别角色。然而，受传统社会道德观念和性别文化的影响，女性往往有自我弱化的倾向。因此，女性要学会自我悦纳，发现自身独有的潜能，在道德实践当中，找到自我价值，树立起女性的主体意识与道德行为的主体地位。

首先，女性要树立以个体完善发展为本位的道德观。具有强烈主体意识的女性，往往已经摆脱传统道德对自身的束缚，不会把道德当偶像来崇拜，也不把道德作为人生追求的终极价值目标，而是将个体的生存与发展、个人的需要、个体幸福放在第一位。因此，她们将道德看成是为人的发展服务的工具，将道德当作人生的向导，而并非人生主宰。因此，自己才是价值判断的主体，会根据已有的道德规范并结合自我需求来重新选择道德。凡是不利于人的发展、人的幸福追求的道德规范，就加以否定与摒弃。她们始终以主人的身份审视一切伦理文化，以清醒的态度看待人与道德之间的关系，不断批判旧道德、创造新道德。

其次，要自觉培育积极的自我意识。自我意识是主体在与客体交互关系当中，对自我个性、个人情感、个人利益与权利的体认，"以自己的生命、活动作为自己对象的存在物"①，是人作为自身存在的基础，是个体不被他人随意雕饰，保持其自身独立性的主观认知。良好的自我意识，是强调个人既是感觉体，又是认识活动和价值判断的主体。女性自我意识的内容主要包括男女平等意识、优胜意识、竞争意识、参与意识、创造意识等，通过在社会实践与人际交往当中的自我观察、自我评价、自我体验、自我教育与自我控制等形式表现出来。中国女性在长期的"男尊女卑"、"夫唱妇随"文化影响下，自我意识往往具有消极性，主要表现为压抑、苦闷，往往缺乏打破现状、创造个体幸福的主动性与自觉性。而具有积极自我意识的女性通常会不拘泥于性别陈规角色，不墨守过时的道德规范，也不以权威的态度和多数人的标准来进行自我道德选择和道德评价，而是根据自身的价值追求和相应的道德原则、行为主体面临的道德情境以及道德行为产生的行为效果来进行独立的判断、选择与评价。把道德活动作为个人能动的选择与创造活动，将自我的个性渗透到自己的道德行为当中去。因此，女性要在社会实践当中自觉培养积极的自我意识，通过参与社会、经济、文化、政治生活，去竞争、去创造、去改变，成为独立、能动的社会主体。

最后，要具备开放、包容的眼光。随着近年来东西方文化交融发展，女性要将自己从一个狭小的伦理文化圈中跳脱出来，不断开阔自己的文化视野与活动天地。一方面，通过直接以及间接的生活素材去了解人类社会不同发展阶段曾经出现过的各种积极的道德经验；另一方面，要尽可能地掌握同一发展阶段、同一时期不同国家、地区、民族所表现出的不同价值取向和行为准则。从坐井观天、自怨自艾的狭隘心理当中解脱出来，以开放、学习的眼光来看待世界女性运动与发展的历史，自觉将自己置于社会发展的历史潮流当中，寻求自身道德发展的动力。如超越历史与地域的界限，通过比较、借鉴东西方道德文化的优秀成果，结合自身道德需要，打破传统社会道德思想对女性要求所制定的一元化行为模式，主动进行女性道德的创造与个体道德能力的提升。

---

①　赵泳：《社会自我意识研究》，陕西人民出版社1998年版，第1页。

2. 勇于道德实践，锤炼自我道德素质，重塑爱情与家庭美德、职业道德与社会公共道德

道德实践指人类有目的地运用一定的是非、善恶、正义等道德观念评判并改造客观世界的社会活动，是道德主体在社会生活中通过协调自我与他人、群己关系，对自身道德修养加以锤炼、调整、检验并进一步提高的能动过程。就个体道德素质组成而言，除了对道德知识的理解与把握之外，还包含对道德知识的践行。道德知识是通过家庭、学校、社会等社会环境传递并习得的，而要促成道德知识转化为道德行为，则需要个体参与到道德实践当中，在实践中体会道德知识，并将其内化形成道德习惯。因此，道德实践是道德意识产生、巩固并发展的现实基础。女性，作为道德主体，要勇于实践，不断磨炼自我的道德素质。在实践中锻炼自己、改造自己，不断提高自己的思想道德修养水准。在实践中检验自己的思想道德修养，认识自己的缺点和不足，找出努力方向。

在爱情方面，女性要将爱情与事业有机结合起来，认识到爱情要服从于事业；同时，不将个人价值实现寄托于对方身上，注重双方的志同道合，对待爱情保有专一严谨的态度，文明恋爱，健康交往；在家庭生活当中，要将家庭美德的相关范畴与新形势下的家庭生活相结合，对待子女，尽心尽责，用自己高尚的情操和正确的言行去感染孩子，使其成为德、智、体、美全面发展的有用之才；对待老人，要继承和发扬中华"养老"、"敬老"的传统美德，尤其是在中国老龄化的社会发展形势下，为老人提供健康、快乐的家庭环境。在夫妻关系上，要平等尊重，相互信任，将个人幸福与家庭幸福作为最高目标，将勤奋劳动作为家庭幸福的根本途径，自立自强，赢得家人的尊重与支持，培育起家庭的良好风尚；在职业道德方面，女性应树立优胜意识、公平竞争意识，用模范女性的典型事迹鼓励自己，积极投身于个人事业，充分发挥性别特有优势，立足本职工作，创佳绩、争一流，通过在自己岗位上发光发热来实现个人的价值与幸福，为中国社会作出女性的新贡献，实现女性新发展。在社会公共生活当中，女性要自尊、自爱，培养独立意识、健康意识、环保意识和生态意识，注重人与自然、人与社会的和谐发展，"以情恕人"，"以理律己"，助人为乐，诚实交往，遵纪守法，充分展示新时代女性的文明风貌。

参考文献

一 著作

[1] 马克思、恩格斯：《马克思恩格斯选集》第1—4卷，人民出版社1995年版。

[2] 马克思、恩格斯：《马克思恩格斯文集》第8卷，人民出版社2009年版。

[3] 马克思、恩格斯：《马克思恩格斯全集》第4卷，人民出版社1958年版。

[4] 马克思、恩格斯：《马克思恩格斯全集》第32卷，人民出版社1974年版。

[5] 马克思、恩格斯：《马克思恩格斯全集》第3卷，人民出版社1972年版。

[6] 马克思、恩格斯：《马克思恩格斯全集》第46卷上，人民出版社1960年版。

[7] 马克思：《资本论》第1卷，人民出版社1975年版。

[8] 马克思：《1844年经济学哲学手稿》，人民出版社2000年版。

[9] 毛泽东：《毛泽东文集》第1卷，人民出版社1993年版。

[10] 毛泽东：《毛泽东农村调查文集》，人民出版社1982年版。

[11] 中央档案馆编：《中共中央文件选集》第1册，中共中央党校出版社1989年版。

[12] 李大钊：《李大钊选集》，人民出版社1959年版。

[13] 孙中山：《孙中山全集》第2卷，中华书局1982年版。

[14] 梁启超：《饮冰室合集·文集》第1册，中华书局出版社1989年版。

［15］康有为：《大同书》，中华书局 1936 年版。

［16］胡适：《胡适散文选集》，百花文艺出版社 2004 年版。

［17］鲁迅：《鲁迅杂文精读》，东方出版中心 2007 版。

［18］陈独秀：《独秀文存》，安徽人民出版社 1987 年版。

［19］《民国丛书》编辑委员会编：《民国丛书》第一编，《中国妇女问题讨论集》，上海书店出版社 1989 年版。

［20］太平天国历史博物馆编：《太平天国文书汇编》，中华书局 1979 年版。

［21］张玷、王忍之编：《辛亥革命前十年间时论选集》第 3 卷，生活·读书·新知三联书店 1960 年版。

［22］中华全国妇女联合会妇女运动历史研究室编：《五四时期妇女问题文选》，生活·读书·新知三联书店 1981 年版。

［23］中华全国妇女联合会研究所、陕西省妇女联合会研究所编：《中国妇女统计资料（1949—1989）》，中国统计出版社 1991 年版。

［24］张福清：《女诫——妇女的枷锁》，中央民族大学出版社 1996 年版。

［25］中华文化讲堂：《女四书　女孝经》，团结出版社 2014 年版。

［26］贺龙骧：《女丹合编选注》，上海翻译出版公司 1990 年版。

［27］齐豫生：《中华文学名著百部　温公家范》，新疆青少年出版社 1995 年版。

［28］刘巨才编：《中国近代妇女运动史》，中国妇女出版社 1989 年版。

［29］郑永福、吕美颐：《近代中国妇女生活》，河南人民出版社 1993 年版。

［30］李小江：《女人的出路——致 20 世纪下半叶中国妇女》，辽宁人民出版社 1989 年版。

［31］孟宪范：《转型社会中的中国妇女》，中国社会科学出版社 2004 年版。

［32］李银河：《中国女性的感情与性》，内蒙古大学出版社 2009 年版。

［33］李银河：《女性主义》，山东省人民出版社 2005 版。

［34］史静寰：《走进教材和课堂教学的性别世界》，教育科学出版社

2004 年版。

[35] 王东华:《发现母亲》,中国妇女出版社 2003 年版。

[36] 权雅宁、王磊:《中国女性道德的文化透视》,陕西人民出版社 2006 年版。

[37] 裴烽、张庆云、李寄秦:《妇女伦理学》,辽宁大学出版社 1987 年版。

[38] 张勤:《女性人格构建学》,南京大学出版社 1995 年版。

[39] 唐凯麟:《伦理学教程》,湖南师范大学出版社 1999 年版。

[40] 史莉:《角色·困惑·追求——当代女性形象探索》,中国妇女出版社 1988 年版。

[41] 蒋美华:《20 世纪中国女性角色变迁》,天津人民出版社 2008 年版。

[42] 顾秀莲主编:《20 世纪中国妇女运动史》(上、下),中国妇女出版社 2008 年版。

[43] 顾秀莲:《中国特色妇女发展之路》,人民出版社 2010 年版。

[44] 中华全国妇女联合会编:《中国妇女运动史》,春秋出版社 1989 年版。

[45] 宋秀岩主编:《新时期中国妇女社会地位调查研究》(上、下),中国妇女出版社 2013 年版。

[46] 丁娟:《男女平等基本国策研究》,中国妇女出版社 2005 年版。

[47] 韩湘景:《中国女性生活状况报告 NO.9（2015）》,社会科学文献出版社 2015 年版。

[48] 谭琳:《1995—2005 年：中国性别平等与妇女发展报告》,社会科学文献出版社 2006 年版。

[49] 王金玲:《中国妇女发展报告 NO.2（2007）：妇女与传媒》,社会科学文献出版社 2007 年版。

[50] 张国刚主编:《中国家庭史》第 5 卷,广东人民出版社、人民出版社 2013 年版。

[51] 徐安琪等:《转型期的中国家庭价值观研究》,上海社会科学院出版社 2013 年版。

[52] 陈方:《失落与追寻：世纪之交中国女性价值观的变化》,中国

社会科学出版社 2003 年版。

[53] 夏国美：《女性主义的东方之路》，上海人民出版社 2015 年版。

[54] 谈社英：《中国妇女运动通史》，妇女共鸣社 1936 年版。

[55] 国家统计局社会科技和文化产业统计司编：《中国妇女儿童状况统计资料（2010）》，中国统计出版社 2011 年版。

[56] 王凤华、贺江平：《社会性别文化的历史与未来》，中国社会科学出版社 2006 年版。

[57] 陈东原：《中国妇女生活史》，上海书店出版社 1984 年版。

[58] 朱聿君：《男人的恐惧——中国当代男性恐惧心理分析与咨询》，南方日报出版社 1999 年版。

[59] 林可行：《男人手记》，中国广播电视出版社 2001 年版。

[60] 方刚：《男人解放》，中国华侨出版社 1999 年版。

[61] 周华山：《阅读性别》，江苏人民出版社 1999 年版。

[62] 甄砚：《中国农村妇女状况调查》，社会科学文献出版社 2008 年版。

[63] 钟一彪：《大学生公益活动实务》，中山大学出版社 2013 年版。

[64] 洪天慧：《中国和谐家庭建设报告》，社会科学文献出版社 2011 年版。

[65] 沈奕斐：《被建构的女性——当代社会性别理论》，上海人民出版社 2005 年版。

[66] 沈奕斐：《个体家庭 iFamily》，上海三联书店 2013 年版。

[67] 黄春晓：《城市女性社会空间研究》，东南大学出版社 2008 版。

[68] 易银珍等：《女性伦理与礼仪文化》，中国社会科学出版社 2006 年版。

[69] 周安平：《性别与法律》，法律出版社 2007 年版。

[70] 韩贺南：《女性学导论》，教育科学出版社 2005 年版。

[71] 王宇：《女性新概念》，北京大学出版社 2007 年版。

[72] 刘筱红等：《改革开放以来中国农村妇女角色与地位变迁研究》，中国社会科学出版社 2012 年版。

[73] 周小李：《社会性别视角下的教育传统及其超越》，教育科学出版社 2011 年版。

[74] 肖巍：《女性主义教育观及其实践》，中国人民大学出版社 2007

年版。

[75]［古希腊］亚里士多德:《政治学》,吴寿彭译,商务印书馆1983年版。

[76]［法］卢梭:《爱弥尔》,李平沤译,商务印书馆1978年版。

[77]［德］叔本华:《爱与生的苦恼》,金铃译,光明日报出版社2006年版。

[78]［奥］弗洛伊德:《性欲三论》,赵蕾、宋景堂译,国际文化出版公司2000年版。

[79]［日］山川丽:《中国女性史》,高大伦、范勇译,三秦出版社1987年版。

[80]［德］奥古斯特·倍倍尔:《妇女与社会主义》,葛斯、朱霞译,中央编译出版社1995年版。

[81]［美］小哈德罗·莱昂:《温柔就是力量——男性解放的特征》,袁莉莉译,作家出版社1989年版。

[82]［美］贝蒂·弗里丹:《女性的困惑》,陶铁柱译,黑龙江教育出版社1988年版。

[83]［日］小野和子:《中国女性史1851—1958》,高大伦、范勇译,四川大学出版社。

[84]［苏］苏霍姆林斯基:《教育的艺术》,肖勇译,湖南教育出版社1983年版。

[85]［美］卡罗尔·佩特曼:《参与和民主理论》,陈尧译,上海人民出版社2006年版。

[86]［美］内尔·诺丁斯:《学会关心——教育的另一种模式》,于天龙译,教育科学出版社2003年版。

[87]［美］内尔·诺丁斯:《始于家庭:关怀与社会政策》,侯晶晶译,教育科学出版社2006年版。

[88]［美］凯特·米利特:《性的政治》,钟良明译,社会科学文献出版社1999年版。

[89]［法］西蒙娜·德·波伏娃:《第二性》,陶铁柱译,中国书籍出版社2004年版。

[90]［美］沃尔斯通克拉夫特:《女权辩护》,王蓁译,商务印书馆

1995 年版。

［91］［美］吉利根：《不同的声音——心理学理论和妇女发展》，肖巍译，中央编译出版社 1999 年版。

［92］［美］朱迪斯·巴特勒：《性别麻烦：女性主义与身份的颠覆（性与性别学术丛）》，宋素凤译，上海三联书店 2009 年版。

二 论文

［1］刘晓辉：《女性解放的困惑与出路——马克思思想的启示》，《妇女研究论丛》2008 年第 4 期。

［2］梁旭光：《男女平等基本国策与中国妇女社会地位变化》，《理论学刊》2005 年第 12 期。

［3］周全德：《我国存在某些男女不平等现象的原因探析》，《中州学刊》2003 年第 1 期。

［4］秦玉香：《从平等原则谈婚姻家庭中的男女平等》，《青海社会科学》2006 年第 4 期。

［5］谭琳：《男女平等的理论内涵与社会推动：基于中国现实的讨论》，《妇女研究论丛》2002 年第 6 期。

［6］刘淑娟：《男女平等社会性别视角解读》，《东北师大学报》（哲学社会科学版）2011 年第 5 期。

［7］梁理文：《论男性在实现男女平等中的重要作用》，《妇女研究论丛》2003 年第 4 期。

［8］王志岚：《实现男女平等构建两性和谐发展的社会》，《宁夏社会科学》2006 年第 1 期。

［9］董凤芝：《对婚姻家庭中男女不平等问题的探讨》，《学习与探索》1998 年第 3 期。

［10］杨根乔：《论妇女参政与男女平等》，《江淮论坛》2004 年第 4 期。

［11］张艳：《谈女性社会角色与家庭角色的协调与平衡》，《求实》2006 年第 S2 期。

［12］吴铎：《女性家庭角色与社会角色的冲突》，《社会》1994 年第 6 期。

［13］孙艳艳：《"女汉子"的符号意义解析——当代青年女性的角色认同与社会基础》，《中国青年研究》2014 年第 7 期。

［14］许放明：《女性家庭角色和谐关系探讨》，《社会主义研究》2006 年第 6 期。

［15］戴雪红：《女性解放的哲学思考——女性异化与社会性别意识形态的消解》，《福建论坛》（人文社会科学版）2005 年第 3 期。

［16］金卓、王晶：《人的自由全面发展视域的女性解放》，《理论探索》2012 年第 1 期。

［17］张明芸、蔡志敏：《解放与创造：新世纪女性的发展趋势》，《东北师大学报》2002 年第 3 期。

［18］畅引婷：《中国近代知识女性自我解放意识的觉醒》，《妇女研究论丛》1998 年第 3 期。

［19］李小江：《50 年，我们走到了哪里？——中国妇女解放与发展历程回顾》，《浙江学刊》2000 年第 1 期。

［20］焦润明：《论近代中国的妇女解放思想》，《社会科学期刊》1995 年第 5 期。

［21］董妙玲：《中共领导妇女解放 80 年的理论与实践》，《河南师范大学学报》（哲学社会科学版）2001 年第 5 期。

［22］刘建新：《妇女的解放等于男人的解放》，《社会》1996 年第 3 期。

［23］张彤：《近现代中国妇女解放运动中的男权陷阱》，《海南大学学报》（人文社会科学版）2007 年第 3 期。

［24］高虹：《论当代妇女解放的现实标准》，《学习与探索》1999 年第 2 期。

［25］冷东：《妇女解放运动与"双性同体"观念的衍变》，《妇女研究论丛》2000 年第 2 期。

［26］汤水清：《从社会解放到自我解放：60 年来中国妇女解放的历程》，《江西社会科学》2009 年第 10 期。

［27］杨洁：《关于妇女解放过程男性化的思考》，《陕西师范大学学报》（哲学社会科学版）1998 年第 4 期。

［28］畅引婷、光梅红：《当代中国妇女与社会性别史研究述评》，

《山西师大学报》（社会科学版）2015 年第 2 期。

　　［29］揭艾花：《权利、能力与自由发展——一种对妇女解放实践历程的解读》，《浙江学刊》2003 年第 5 期。

　　［30］董妙玲：《中共领导妇女解放 80 年的理论与实践》，《河南师范大学学报》（哲学社会科学版）2001 年第 5 期。

　　［31］董美珍：《参政是妇女走向解放的必由之路》，《南通大学学报》（社会科学版）2013 年第 1 期。

　　［32］程同顺、邝利芬：《中国民族解放运动对妇女解放的双重作用》，《理论与现代化》2015 年第 4 期。

　　［33］李静之：《论妇女解放、妇女发展和妇女运动》，《妇女研究论丛》2003 年第 6 期。

　　［34］江建文：《从政治解放到性别解放——论中国妇女解放理论构建》，《妇女研究论丛》2003 年第 4 期。

　　［35］冯尚春、李艳梅：《和谐社会视阈下的妇女解放层次研究——兼论马克思主义妇女观》，《社会科学战线》2010 年第 12 期。

　　［36］张彤：《近现代中国妇女解放运动中的男权陷阱》，《海南大学学报》（人文社会科学版）2007 年第 3 期。

　　［37］仲秋月：《略说中国妇女传统美德》，《道德与文明》1995 年第 2 期。

　　［38］张兴国：《公共生活的伦理视野》，《河北学刊》2006 年第 6 期。

　　［39］曾璐：《国际发展援助视角下的妇女公共参与》，《南京政治学院学报》2013 年第 4 期。

　　［40］郑素娟：《公民社会视阈下推动女性公共参与的路径探索》，《兰州学刊》2011 年第 9 期。

　　［41］第三期中国妇女社会地位调查课题组：《第三期中国妇女社会地位调查主要数据报告》，《妇女研究论丛》2011 年第 6 期。

　　［42］刘伯红：《国际妇女参政的实践及其对中国妇女参政的影响》，《国家行政学院学报》2015 年第 2 期。

　　［43］曾璐：《女性主义视角下的公共参与问题》，《民族论坛》2012 年第 11 期。

　　［44］王虹：《女性意识的奴化、异化与超越》，《社会科学研究》

2004 年第 4 期。

　　[45] 吴潜涛、杨峻岭：《社会公德建设与公民耻感涵育》，《道德与文明》2008 年第 1 期。

　　[46] 何艺、檀传宝：《诺丁斯的关怀伦理学与关怀教育思想》，《伦理学研究》2004 年第 1 期。

　　[47] 马万华：《美国高等教育与女性学研究》，《清华大学教育研究》2001 年第 3 期。

　　[48] 沈美华、施健、朱安平：《女性道德教育需因时而变不断出新》，《中国妇女报》2008 年 1 月 15 日。

　　[49] 林葆先：《妇女权益保障与和谐家庭构建的问题及对策》，《河北师范大学学报》（社会科学版）2007 年第 2 期。

　　[50] 王歌雅：《性别排挤与平等追求的博弈——以女性劳动权益保障与男性家庭责任意识为视角》，《北方法学》2011 年第 6 期。

　　[51] 谭琳：《论先进性别文化的构建》，《南开学报》（哲学社会科学版）2007 年第 2 期。

　　[52] 赵莉：《师德、做人与职业道德》，《道德与文明》2001 年第 3 期。

　　[53] 杜芳琴：《妇女研究的历史语境：父权制、现代性与性别关系》，《浙江学刊》2001 年第 1 期。

　　[54] 夏国美：《女性、妻性、母性的角色错位和冲突——婚姻家庭中妇女地位变化与面临的挑战》，《社会科学》1999 年第 11 期。

　　[55] 付红梅：《现代夫妻关系的伦理调适》，《经济与社会发展》2014 年第 2 期。

　　[56] 付红梅：《当代中国女性性道德失范的性别文化归因与伦理重建》，《伦理学研究》2014 年第 2 期。

　　[57] 冯西淳：《新〈婚姻法〉下妇女财产权益的研究与保护》，《法制博览》2012 年第 10 期。

　　[58] 李桂梅、黄爱英：《当代中国女性道德人格塑造的困境与出路》，《伦理学研究》2014 年第 2 期。

　　[59] 李桂梅：《女性的自爱意识与道德素质》，《吉首大学学报》（社会科学版）1997 年第 2 期。

［60］李桂梅、欧阳卓灵：《当代中国女性道德状况调查》，《伦理学研究》2015 年第 4 期。

［61］李桂梅、陈俐：《试论五四时期中国女性道德观念嬗变及其启示》，《伦理学研究》2013 年第 6 期。

［62］李桂梅：《女性人格》，《道德与文明》2001 年第 2 期。

［63］李桂梅、李润芝：《论女性道德的社会支持系统》，《伦理学研究》2016 年第 5 期。

［64］周小李：《道德发展的性别差异：女性主义的观点及其对教育的启示》，《中国德育》2006 年第 11 期。

［65］祝平燕：《建立中国女性学需要社会性别视角》，《妇女研究论丛》2001 年第 6 期。

［66］冷绣锦：《从中日文化的历史渊源看日本女性道德观的形成》，《日本学论坛》2000 年第 4 期。

［67］孟娜：《中西方女性意识之异同》，《神州》2011 年第 17 期。

［68］叶文振：《中国女性心理健康：现状、原因与对策》，《马克思主义与现实》2010 年第 5 期。

［69］叶文振：《中国女性教育：一个性别文化与制度的分析》，《福建论坛（人文社会科学版）》2007 年第 5 期。

［70］刘秀丽：《论科学的性别教育》，《教育研究》2013 年 10 期。

［71］高德胜：《女性主义伦理学视野下道德教育的性别和谐》，《教育研究》2006 年 11 期。

［72］梁丽萍：《女性参政与公共政策的选择》，《当代世界与社会主义》2006 年第 1 期。

［73］杨凤：《当代中国女性发展研究》，中山大学博士论文，2006 年。

［74］刘晓辉：《当代中国女性发展探析》，山东大学博士论文，2010 年。

［75］奥多：《改革开放以来中国女性道德教育状况研究》，内蒙古科技大学硕士论文，2010 年。

［76］陈俐：《五四时期中国女性道德观念嬗变研究》，湖南师范大学硕士论文，2013 年。

后 记

本书是我主持的教育部人文社会科学重点研究基地重大项目《当代中国女性美德建设研究》（11JJD720010）的最终成果。全书由我确定思路和详细的写作大纲，课题组成员分头写作一些章节的初稿，黄爱英撰写第三章，付红梅撰写第四章，李润芝撰写第五章，最后由我修改定稿。我的硕士张双双、陈从俊、袁伟宁、申琰等同学在书稿的校对上提供了帮助，我指导的越南留学生潘氏芳英博士为本书设计了形式各样的数据图，非常感谢她们（他们）的付出！

在课题的问卷调查、入户访谈过程中，我的硕士汤丹、殷秀、张倩和湖南师范大学 2010 级哲学系学生李佳臻等，付出了辛勤的劳动，湖南师范大学 2012 级社会学硕士王立娜同学对本课题调查数据进行了细致的分析，在此表示衷心的感谢！

本书的一部分内容已在期刊上发表，我们在书中已说明并列入参考文献。本书的写作参考和引用了中外学者大量的研究成果，在文中我们力求一一注明，但难免有遗漏之处，特在此一并表示歉意和感谢。